KB233047

# 예배와 삶의 일치

복음에는 하나님의 의가 나타나서 믿음으로 믿음에

이르게 하나니 기록된 바 오직 의인은 믿음으로

말미암아 살리라 함과 같으니라

로마서 1 : 17

기독교 신학

쉽게 풀어쓴
기독교 신학

Ⅳ. 교회와 성례전과 기도

박재호 지음

비전북출판사

쉽게 풀어쓴 기독교 신학
Ⅳ. 교회와 성례전과 기도

1판 1쇄 인쇄 : 2001년 3월 30일
1판 1쇄 발행 : 2001년 4월 15일

저 자 : 박 재 호
발행인 : 이 원 우 / 발행처 : 비전 북출판사
주 소 : (121-839) 서울시 마포구 서교동 388-1 대강 B/D 201호
전 화 : (02) 3141-9090(대) / 팩 스 : (02) 3144-6620
E-mail : Vsbook@hitel.net
등록번호 : 제10-1452호

공급인 : 박 종 태 / 공급처 : 비전북
전 화 : (031) 907-3927 / 팩 스 : (080) 403-1004

Copyright ⓒ 2001 비전북출판사 Printed in Korea
값 9,000원
ISBN 89-87613-49-6   04230
ISBN 89-87613-45-3   (전5권)

「기독교 신학」을 쉽게 풀어쓴 것은

하나님께서 인간에게 계시하신 그분의 뜻과 진리를

체계적으로 파악하여 평이하게 기술해 놓음으로써

누구든지 읽고 그 가르치심을 깊이 깨달아

하나님과의 인격적·윤리적·영적 관계를

바로 정립하여 참된 신앙생활을

가능케 하려는데 근본 목적이 있습니다.

하나님께만 모든 영광을 세세 무궁토록 돌려드립니다.

머 리 말

기독 신자가 신앙의 기준인 성경을 알지 못하면 신앙생활을 바로 할 수 없고, 또 성경을 안다고 하더라도 그 안에 담겨진 근본 교의(敎義)를 체계적으로 이해하지 못하고는 성경 진리에 부합되는 올바른 신앙생활이 불가능한 것입니다. 오늘날 교인들 중에는 성경이 가르치는 바른 교리와 기초적 신학 지식이 없어 건전한 신앙생활을 못하고 맹신(盲信)과 미신(迷信), 무속(巫俗) 또는 사이비 기독교 집단이나 이단(異端)의 유혹에 빠지는 경우가 많습니다. 이러한 폐단은 성경의 교의와 기독교 신학에 대한 가르침을 제대로 받지 못한 데 근본 원인이 있는 것입니다.

지난 날 한국에 와 있던 어떤 외국 선교사가 "한국 교회는 신앙은 있으나 신학은 없다."고 지적한 것은 참으로 심사숙고해야 할 교훈이라고 사료됩니다.

이런 취지에서 필자는 기독교 교의(敎義)와 신앙의 근본인 성경의 핵심 교리(敎理)를 누구나 쉽게 이해할 수 있도록 간결 평이한 문체로 기독교 신학 강해서를 기술하였습니다.

루터의 종교개혁 기본 이념과 취지가, 신앙의 근본이요 표준인 성경으로 돌아가자는 것이라면 개혁주의는 한마디로 성경주의라고 단언할 수 있습니다.

   본서는 이러한 개혁주의 정신과 취지에 입각하여 성경 안에 담겨져 있는 기독교 근본 교리와 신학을 조직적으로 체계화하여 엮어 놓은 것입니다.

   필자는 지난 수년 동안 목회 일선에서 성도들에게 성경의 교리와 신학을 강의하면서 준비했던 여러쪽의 교안(敎案)들을 한데 모아 조직 신학적인 논술 체계로 책을 편집하였습니다. 미흡한 점이 있을 듯하나 이 책이 한국 기독교계에 다소나마 보탬이 되기를 바라며 출판이 이루어지기까지 많은 격려와 물심 양면간의 협조에 인색하지 않은 새소망교회의 이중재 장로님을 위시하여 당회원 및 여러 성도님들과 새벽성서대학 학우들에게 감사를 드리는 바입니다.

브라질 상파울루에서

저자 **박 재 호**

추 천 사

한국 교회의 가장 심각한 문제가 무엇이냐고 한다면 목회와 신학의 균형 문제라고 생각합니다. 은혜 치중의 강단에 신학의 빈곤에서 야기되는 폐단으로 말미암아 한국 교회는 사회적인 빈축을 받아 온 것이 심각한 현실의 문제입니다. 이러한 시기에 참으로 적절하게 한국의 목회자와 성도들이 이목을 집중하여야 할 기독교 신학과 교리를 성경 중심으로 체계화한 저서가 발행되었음을 기뻐하는 바입니다.

본서는 저자가 그 동안에 목회현장에서 수년 간 강의한 "성경의 교리" 및 "기독교 신학"의 교안들을 체계적으로 정리하여 편집한 것으로써 이는 그의 목회의 빛나는 결실이 되리라 사료되는 바입니다.

저자는 과거에 한국에서 신학교 교수와 목회자로 활약했고, 현재 전 미주 영성목회협의회 총재직을 맡아 영성목회운동에 앞장서고 있는 미주 지역의 영적인 지도자로도 부각되어 지성과 영성을 겸비한 목회자로 정평이 나 있습니다.

저자는 예전에 국내 목회에도 두각을 나타냈을 뿐만 아니라 남미 브라질의 이민 목회에도 크게 성공한 목회자입니다. 저자는 신학자로서 한국과 브라질 및 미국의 신학교 강단에서 다년간 후학들을 가르쳤고, 국내외 교회에서 부흥회를 통

하여 은혜스러운 말씀으로 성도들에게 영적 양식을 제공해 준 부흥사이기도 합니다. 본서는 목회자요 신학자요 부흥사인 저자의 역작으로서, 주로 평소에 강단에서 일반 성도들에게 강의하기 위하여 내용을 아주 알기 쉽게 풀어쓴 기독교 신학 강해서입니다. 본서를 정독하는 이들은 기독교의 진리를 체계적으로 이해하는데 큰 도움이 되겠기에 적극 추천합니다.

한기총 증경회장
예장 증경총회장
동도교회 원로목사 **최　훈**

추 천 사

한국 기독교인들에게 크게 공헌하게 될 「쉽게 풀어쓴 기독교 신학」의 출판을 축하합니다. 본 저서의 저자이신 박재호 목사님은 이민 목회에 성공한 대표적인 목회자중의 한분입니다. 특히 복음 전파에 열악한 환경인 남미에서 신앙 생활하기에 참으로 버거운 교포들에게 20여년간 꾸준히 사랑과 진실로 사역하여 한인 교회로써는 가장 두각을 나타내는 대형 교회로 새소망교회가 성장하게 된 원동력이 본 저서로 입증이 될 듯합니다.

저자는 영성과 지성을 겸비한 목회자로써 목회에 전심전력 할뿐만 아니라 오랜 기간 신학대학에서도 후진 양성에 심혈을 기울여 왔기에 금번에 강단과 교단에서 강해된 "성경에 기반을 둔 기독교의 진리"를 복음적인 입장에서 해박한 신학논리로 평이하게 강해한 신학서적입니다. 이는 누구든지 기독교를 쉽게 접근할 수 있도록 시도한 공을 높이 인정하게 됩니다.

그의 20여년간의 이민 목회는 단순한 목회에만 급급하지 않고 기회 있을 때마다 기독교의 진리를 이해하기 쉽게 강해한 노력의 흔적이 있었음을 인지하면서 그토록 새소망교회가 이민 성도들에게 신앙의 지주 역할을 감당한 저력이 바로 그의 확고부동한 건전한 신학을 바탕으로 한 영성목회에 있었음을 쉽게 이해하게

될 것입니다.

    저자는 금번에 이민 목회의 결산서답게 평소 목회에 강조점을 두었던 기독교 신학의 강해를 5권의 방대한 저서로 발간하게 되었기에 신학의 부재로 인하여 야기되기 쉬운 한국 교회의 위기적인 상황이 치유되리라고 소망하면서 본서를 적극 추천하는 바입니다.

    이러한 방대한 신학적인 저서가 목회자나 신학자만을 위함이 아니고 모든 한국 성도들을 위한 수고이기에 노작(勞作)을 널리 소개하고 싶습니다.

한기총 증경회장
기성 증경총회장
신촌교회 원로목사 **정 진 경**

차 례

제 17 장
교회론

그리스도의 교회는 그리스도의 복음을 믿고

성령으로 거듭난 자들이 그리스도와 생명적 연합을 이룬 집단으로서,

교회는 그리스도를 머리로 한 주님의 몸이요,

그분의 지체(신자)들의 유기적 통일체이며,

성령에 의하여 일치와 다양성 있는 통일된 신앙 공동체인 동시에

또한 모든 교회는 하나의 기독교 공동체이다.

그러나 교회는 그리스도께서 자기 피로 값 주고 사셨기 때문에 그리스도께 속한다.

기독교의 모든 교인은 그리스도의 몸인 교회를 통하여

그리스도와 한 몸으로 연합되어 신령한 사귐과 사랑의 교제를 가지며

영적 생명을 유지하게 된다(요 15 : 1-19).

교회의 개념

교회는 성령에 의하여 결합되고 예수 그리스도를 구주로 믿는 신자들의 공동체로서 영적 삶의 요람이요 터전이다. 사람의 출생, 양육, 성장, 생활 및 죽음이 모두 다 가정에서 시작되고 가정에서 끝나는 것처럼 신자들도 교회에서 신앙을 받고 중생(영혼의 신생)하여 하나님의 진리의 말씀으로 양육을 받고 성장(성결과 성화)하며, 성별된 성도의 생활을 살다가 마지막에 천국을 향하여 떠나게 되는 것이다. 그러나 오늘날 많은 사람들이 교회에 대하여 바로 이해하지 못하여 혼동을 하고 있다.

본 장에서는 주로 교회는 하나의 조직인지, 아니면 살아 있는 몸인지, 그리고 교회는 언제 어디에서 시작되었으며, 교회의 목적과 하는 일은 무엇이며, 교회의 의식은 무엇이고 특성은 무엇인가, 교회에 대하여 우리가 알아야 할 사항들을 성경의 가르침을 근거로 하여 설명하고 있다.

Ⅰ. 교회란 용어의 뜻

교회를 영어로 "처치"(Church)라 함은 "주께 속한", 혹은 "주의 집"을 뜻하는 헬라어 퀴리아코스(Kyriakos)에서 유래되었다. 그러나 성경에서 교회를 의미하는 용어가 몇 가지 있으니 그 뜻을 살펴보면 다음과 같다.

1. 구약의 용어

1) 카할(Qahal)

구약에는 선민(選民)이 성일(聖日)에 하나님께 예배드리기 위하여 모인 무리(회중) 곧, 성회(聖會) 혹은 총회(總會)를 가리켜 "카할"(Qahal, 밖으로 불러내

다) 이라고 불렀는데(레 4 : 13; 시 22 : 22, 9 : 10, 18 : 16; 왕상 8 : 14, 65; 대하 1 : 5, 7 : 8) 이는 "하나님의 성회"를 가리키는 말이었다.

스데반은 그의 설교 중에 "광야 교회"라는 용어를 사용하였는데, 여기서 "광야 교회"란 광야에 있던 이스라엘의 총회(출 10 : 9; 신 18 : 16), 즉 "카할"(Qahal)을 가리킨 것이다. 그리고 이스라엘의 광야 총회는 신약 교회의 그림자였음을 의미한 것이다. 구약은 전체적으로 신약의 준비요 그림자였으니, 즉 모세는 그리스도, 율법은 복음(말씀), 그리고 총회는 교회의 그림자인 것이다. 유대인들은 열국들 중에서 하나님께 선택된 백성으로 "불러냄(카할)"을 받았던 것이다(롬 9 : 4).

레 4 : 13	만일 이스라엘 온 회중이 여호와의 금령 중 하나라도 그릇 범하여 허물이 있으나 스스로 깨닫지 못하다가
시 22 : 22	내가 주의 이름을 형제에게 선포하고 회중에서 주를 찬송하리이다
시 9 : 10	여호와여 주의 이름을 아는 자는 주를 의지하오리니 이는 주를 찾는 자들을 버리지 아니하심이니이다
시 18 : 16	저가 위에서 보내사 나를 취하심이여 많은 물에서 나를 건져 내셨도다
왕상 8 : 14	얼굴을 돌이켜 이스라엘의 온 회중을 위하여 축복하니 때에 이스라엘의 온 회중이 섰더라
왕상 8 : 65	그때에 솔로몬이 칠 일 칠 일 합 십사 일을 우리 하나님 여호와 앞에서 절기로 지켰는데 하맛 어귀에서부터 애굽 하수까지의 온 이스라엘의 큰 회중이 모여 저와 함께 하였더니
대하 1 : 5	옛적에 훌의 손자 우리의 아들 브살렐의 지은 놋단은 여호와의 장막 앞에 있더라 솔로몬이 회중으로 더불어 나아가서
대하 7 : 8	그때에 솔로몬이 칠 일 동안 절기를 지켰는데 하맛 어귀에서부터 애굽 하수까지의 온 이스라엘의 심히 큰 회중이 모여 저와 함께 하였더니
출 10 : 9	모세가 가로되 우리가 여호와 앞에 절기를 지킬 것인즉 우리가 남녀 노소와 우양을 데리고 가겠나이다
신 18 : 16	이것이 곧 네가 총회의 날에 호렙 산에서 너의 하나님 여호와께 구한 것이라 곧 네가 말하기를 나로 다시는 나의 하나님 여호와의 음성을 듣지 않게 하시고 다시는 이 큰 불을 보지 않게 하소서

두렵건대 내가 죽을까 하나이다 하매

롬 9 : 4　　저희는 이스라엘 사람이라 저희에게는 양자됨과 영광과 언약들과
　　　　　　율법을 세우신 것과 예배와 약속들이 있고

2) 에다(Edhah)

구약에 교회를 가리키는 낱말 중에는 히브리어로 "에다"(Edhah) 라는 말이 또 있다. 이는 회당을 가리키는 말로써, 즉 지정된 장소에서의 모임 또는 만남(회중)을 표현하는 용어이다(출 12 : 6; 민 14 : 5; 렘 26 : 7).

출 12 : 6　　이달 십사 일까지 간직하였다가 해 질 때에 이스라엘 회중이 그
　　　　　　양을 잡고
민 14 : 5　　모세와 아론이 이스라엘 자손의 온 회중 앞에서 엎드린지라
렘 26 : 7　　예레미야가 여호와의 집에서 이 말을 하매 제사장들과 선지자들과
　　　　　　모든 백성이 듣더라

2. 신약의 용어

1) 에클레시아(Ekklesia)

신약에서는 일반적으로 교회를 헬라어의 "에클레시아"(Ekklesia) 라는 말로 표현했다. 이는 구약에서 "집회" 또는 "회중"을 의미하는 "카할"(Qahal)을 번역하면서 70인역이 채택한 단어이며, 그 뜻은 "불러내어 모으다" 혹은 "모인 무리(會衆= 회중)"를 가리킨다(행 19 : 32). 다시 말하면 교회란 그리스도를 구주로 시인하고, 공적으로 고백함으로써 하나님의 복음 진리를 받아들인 신자의 총회에 대하여 적용한 말이다(마 16 : 18; 고전 1 : 2).

교회는 죄악 중에 멸망할 인간들을 하나님께서 건져내사 거룩한 자리에 모이게한 신앙 공동체를 의미한다(행 5 : 10-11; 히 10 : 25; 행 7 : 38; 엡 2 : 19; 딤전 3 : 15). 하나님께서는 당신의 예정 가운데 택한 자들을 불러모으사 교회를 형성하신다(창 3 : 9; 롬 8 : 30; 고전 12 : 13; 고후 6 : 17).

행 19 : 32　　사람들이 외쳐 혹은 이 말을 혹은 저 말을 하니 모인 무리가 분란하여

	태반이나 어찌하여 모였는지 알지 못하더라
마 16 : 18	또 내가 네게 이르노니 너는 베드로라 내가 이 반석 위에 내 교회를 세우리니 음부의 권세가 이기지 못하리라
고전 1 : 2	고린도에 있는 하나님의 교회 곧 그리스도 예수 안에서 거룩하여 지고 성도라 부르심을 입은 자들과 또 각처에서 우리의 주 곧 저희와 우리의 주되신 예수 그리스도의 이름을 부르는 모든 자들에게
행 5 : 10-11	곧 베드로의 발 앞에 엎드러져 혼이 떠나는지라 젊은 사람들이 들어와 죽은 것을 보고 메어다가 그 남편 곁에 장사하니 온 교회와 이 일을 듣는 사람들이 다 크게 두려워하니라
히 10 : 25	모이기를 폐하는 어떤 사람들의 습관과 같이 하지 말고 오직 권하여 그 날이 가까움을 볼수록 더욱 그리하자
행 7 : 38	시내산에서 말하던 그 천사와 및 우리 조상들과 함께 광야 교회에 있었고 또 생명의 도를 받아 우리에게 주던 자가 이 사람이라
엡 2 : 19	그러므로 이제부터 너희가 외인도 아니요 손도 아니요 오직 성도들과 동일한 시민이요 하나님의 권속이라
딤전 3 : 15	만일 내가 지체하면 너로 하나님의 집에서 어떻게 행하여야 할 것을 알게 하려 함이니 이 집은 살아 계신 하나님의 교회요 진리의 기둥과 터이니라
창 3 : 9	여호와 하나님이 아담을 부르시며 그에게 이르시되 네가 어디 있느냐
롬 8 : 30	또 미리 정하신 그들을 또한 부르시고 부르신 그들을 또한 의롭다 하시고 의롭다 하신 그들을 또한 영화롭게 하셨느니라
고전 12 : 13	우리가 유대인이나 헬라인이나 종이나 자유자나 다 한 성령으로 세례를 받아 한 몸이 되었고 또 다한 성령을 마시게 하셨느니라
고후 6 : 17	그러므로 주께서 말씀하시기를 너희는 저희 중에서 나와서 따로 있고 부정한 것을 만지지 말라 내가 너희를 영접하여

2) 퀴리아콘(Kyriakon)

교회를 표현하는 신약의 용어 중에 또 하나는 헬라어의 "퀴리아콘(Kyriakon)" 인데, 이는 히브리어의 "퀴리아코스(Kyriakos)", 즉 "주의 것", "주께 속하는"에서 유래된 말로 교회는 "주께 속하는" 것으로 "주의 것"임을 의미한다. 성경에 "자기 피로 사신 교회"라는 말은 곧 "주의 것(퀴리아콘)"이라는 말과 같다(행 20 : 28).

> 행 20 : 28　　너희는 자기를 위하여 또는 온 양떼를 위하여 삼가라 성령이 저들
> 가운데 너희로 감독자를 삼고 하나님이 자기 피로 사신 교회를
> 치게 하셨느니라

II. 교회의 정의
1. 구약적 정의

구약의 교회는 하나님의 선민들이 모인 공동체를 의미한다. 즉 하나님의 선택을 입은 선민이 하나님의 부르심을 받고, 하나님의 구원을 얻기 위하여 모인 회중(성회 혹은 총회)이 구약 시대에 있어서의 교회였다(출 12 : 16; 행 7 : 38; 민 28 : 18; 신 16 : 8, 31 : 30).

> 출 12 : 16　　너희에게 첫날에도 성회요 제 칠 일에도 성회가 되리니 이 두 날에는
> 아무 일도 하지 말고 각인의 식물만 너희가 갖출 것이니
> 행 7 : 38　　시내 산에서 말하던 그 천사와 및 우리 조상들과 함께 광야 교회에
> 있었고 또 생명의 도를 받아 우리에게 주던 자가 이 사람이라
> 민 28 : 18　　그 첫날에는 성회로 모일 것이요 아무 노동도 하지 말 것이며
> 신 16 : 8　　너는 육일 동안은 무교병을 먹고 제 칠일에 네 하나님 여호와 앞에
> 성회로 모이고 아무 노동도 하지 말지니라
> 신 31 : 30　　모세가 이스라엘 총회에게 이 노래의 말씀을 끝까지 읽어 들리니라

2. 신약적 정의

신약의 교회는 예수 그리스도를 구주로 믿는 사람들의 공동체를 의미한다(마 16 : 18; 고전 12 : 27). 죄악 세상의 여러 대중 속에서 선택되어 부르심을 입은 하나님의 백성들이 모여 그리스도를 중심으로 사랑과 생명적 공동체를 형성한 것이 신약 시대에 있어서의 교회이다(마 16 : 18; 고전 1 : 2, 12 : 27; 엡 2 : 19; 딤전 3 : 15).

마 16 : 18 또 내가 네게 이르노니 너는 베드로라 내가 이 반석 위에 내 교회를
세우리니 음부의 권세가 이기지 못하리라

고전 12 : 27 너희는 그리스도의 몸이요 지체의 각 부분이라

고전 1 : 2 고린도에 있는 하나님의 교회 곧 그리스도 예수 안에서 거룩하여
지고 성도라 부르심을 입은 자들과 또 각처에서 우리의 주 곧 저희와
우리의 주되신 예수 그리스도의 이름을 부르는 모든 자들에게

엡 2 : 19 그러므로 이제부터 너희가 외인도 아니요 손도 아니요 오직
성도들과 동일한 시민이요 하나님의 권속이라

딤전 3 : 15 만일 내가 지체하면 너로 하나님의 집에서 어떻게 행하여야 할
것을 알게 하려 함이니 이 집은 살아 계신 하나님의 교회요 진리의
기둥과 터이니라

Ⅲ. 교회의 상징적 비유

신약에서 교회에 대하여 여러 가지 상징적인 비유가 있다. 이는 곧 교회의 본질과 성격의 특정한 면을 강조하는 것이다.

1. 그리스도의 몸

성경에 교회를 그리스도의 몸으로 비유하고 있다(골 1 : 18; 엡 1 : 22). 그리스도의 몸의 비유는 교회가 그리스도를 머리로 한 생명적 공동체임을 묘사하는 것이지만, 그것이 단 한 명의 성도에게도 적용되는 것이다(고전 12 : 27). 교회를 그리스도의 몸으로 비유함은 교회의 일체성과 통일성 그리고 성도 상호간의 상호의존 및 그 머리되신 주 예수 그리스도와의 불가분의 긴밀한 관계를 강조하는 것이다.

골 1 : 18 그는 몸인 교회의 머리라 그가 근본이요 죽은 자들 가운데서 먼저
나신 자니 이는 친히 만물의 으뜸이 되려 하심이요

엡 1 : 22 또 만물을 그 발 아래 복종하게 하시고 그를 만물 위에 교회의
머리로 주셨느니라

고전 12 : 27 너희는 그리스도의 몸이요 지체의 각 부분이라

2. 하나님의 성전(성령의 전)

성경에 교회를 하나님의 성전 혹은 성령의 전(殿 ; 집)으로 묘사했다. 이는 둘 다 같은 뜻이다(고전 3 : 16; 엡 2 : 21; 벧전 2 : 5). 구약에서 성전(성막)은 하나님께서 자기 백성들 가운데 계시기 위해 택하신 장소였다. 이런 의미에서 교인들을 하나님의 전으로 비유함은 곧 그리스도인은 개인적으로 그리고 단체적으로 하나님의 성령이 그 안에 내주하고 있음을 강조하는 것이며(고전 3 : 16), 또 교회를 하나님의 성전으로 비유한 것은 교회가 신성한 하나님의 시은소(施恩所)임과 거룩하신 하나님께 예배하는 회중임을 뜻하는 것이다.

고전 3 : 16　　너희가 하나님의 성전인 것과 하나님의 성령이 너희 안에 거하시는 것을 알지 못하느뇨

엡 2 : 21　　그의 안에서 건물마다 서로 연결하여 주안에서 성전이 되어 가고

벧전 2 : 5　　너희도 산 돌같이 신령한 집으로 세워지고 예수 그리스도로 말미암아 하나님이 기쁘게 받으실 신령한 제사를 드릴 거룩한 제사장이 될지니라

3. 새 예루살렘(하늘의 예루살렘)

신약에서 교회는 유대인들이 생각했던 바와 같이 영적으로 "새 예루살렘", 혹은 "하늘의 예루살렘"으로 묘사했다(계 3 : 12, 21 : 2, 10; 히 11 : 16). 옛 언약에서는 시온산이 이스라엘의 예배의 중심지였고, 특별한 의미에서 "새 예루살렘"은 "하나님이 현존하시는 곳(살아 계신 하나님의 도성)"으로 간주되었다(히 12 : 22). 신약의 교회는 하늘의 새 예루살렘의 모형이며(갈 4 : 26) 성도들은 하늘의 예루살렘의 시민들이다(빌 3 : 20).

계 3 : 12　　이기는 자는 내 하나님 성전에 기둥이 되게 하리니 그가 결코 다시 나가지 아니하리라 내가 하나님의 이름과 하나님의 성 곧 하늘에서 내 하나님께로부터 내려오는 새 예루살렘의 이름과 나의 새 이름을 그이 위에 기록하리라

계 21 : 2　　또 내가 보매 거룩한 성 새 예루살렘이 하나님께로부터 하늘에서

	내려오니 그 예비한 것이 신부가 남편을 위하여 단장한 것 같더라
계 21 : 10	성령으로 나를 데리고 크고 높은 산으로 올라가 하나님께로부터
	하늘에서 내려오는 거룩한 성 예루살렘을 보이니
히 11 : 16	저희가 이제는 더 나은 본향을 사모하니 곧 하늘에 있는 것이라
	그러므로 하나님이 저희 하나님이라 일컬음 받으심을 부끄러워
	아니하시고 저희를 위하여 한 성을 예비하셨느니라
히 12 : 22	그러나 너희가 이른 곳은 시온산과 살아 계신 하나님의 도성인
	하늘의 예루살렘과 천만 천사와
갈 4 : 26	오직 위에 있는 예루살렘은 자유자니 곧 우리 어머니라
빌 3 : 20	오직 우리의 시민권은 하늘에 있는지라 거기로서 구원하는 자
	곧 주 예수 그리스도를 기다리노니

4. 새 이스라엘

사도 바울은 신약의 교회를 하나님의 새 이스라엘로 보았다(갈 6 : 16). 구약에 의하면 이스라엘 민족은 야곱의 열두 아들로 형성되었으나(창 32 : 28) 신약에서는 그리스도의 교회를 "하나님의 이스라엘"이라고 하는 것이다. 즉 사도 바울은 갈라디아교회에 대하여 편지하면서 "… 하나님의 이스라엘에게 평강과 긍휼이 있을지어다"라고 했다(갈 6 : 16). 그리스도의 교회야말로 역사적 이스라엘이 지니고 온 여호와의 선민(계약의 백성)의 전통을 전승(傳承)하고 있는 참된 이스라엘 곧 하나님의 이스라엘이다(갈 6 : 16; 롬 9 : 6-9). 이스라엘에 대한 하나님의 약속이며 이스라엘의 소망인 "메시야가 올 것이라는 것"은 메시야이신 예수 그리스도께서 도성 인신하심으로써 실현되었다(마 1 : 23). 그러므로 예수님을 믿는 그리스도인은 이스라엘의 참된 후계자이며 따라서 하나님의 이스라엘로 불리우는 것이다. 성경은 그리스도를 믿는 자가 참하나님의 자손이요 참이스라엘이요(롬 9 : 6-9; 갈 3 : 6,6 : 16) 참할례당이라고(빌 3 : 3) 하였다.

신약의 교회가 "새 이스라엘"이라 함은 그리스도인은 인종적 국가적 차별 없이 유대인이든 이방인이든 모두가 다 믿음으로 인하여 아브라함의 자손이 되어(갈 3 : 6,7,9) 아브라함의 복을 받는다는 의미에서 신약 교회를 새 이스라엘이라고 하는 것이다.

갈 6 : 16	무릇 이 규례를 행하는 자에게와 하나님의 이스라엘에게 평강과 긍휼이 있을지어다
창 32 : 28	그 사람이 가로되 네 이름을 다시는 야곱이라 부를 것이 아니요 이스라엘이라 부를 것이니 이는 네가 하나님과 사람으로 더불어 겨루어 이기었음이니라
롬 9 : 6-9	또한 하나님의 말씀이 폐하여진 것 같지 않도다 이스라엘에게서 난 그들이 다 이스라엘이 아니요 또한 아브라함의 씨가 다 그 자녀가 아니라 오직 이삭으로부터 난자라야 네 씨라 칭하리라 하셨으니 곧 육신의 자녀가 하나님의 자녀가 아니라 오직 약속의 자녀가 씨로 여기심을 받느니라 약속의 말씀은 이것이라 명년 이때에 내가 이르리니 사라에게 아들이 있으리라 하시니라
마 1 : 23	보라 처녀가 잉태하여 아들을 낳을 것이요 그 이름은 임마누엘이라 하리라
갈 3 : 6	아브라함이 하나님을 믿으매 이것을 그에게 의로 정하셨다 함과 같으니라
빌 3 : 3	하나님의 성령으로 봉사하며 그리스도 예수로 자랑하고 육체를 신뢰하지 아니하는 우리가 곧 할례당이라
갈 3 : 7	그런즉 믿음으로 말미암은 자들은 아브라함의 아들인줄 알지어다
갈 3 : 9	그러므로 믿음으로 말미암은 자는 믿음이 있는 아브라함과 함께 복을 받느니라

5. 진리의 기둥과 터

신약에 교회를 "진리의 기둥과 터"라고 표현했다(딤전 3 : 15). 교회는 세상에서 부르심을 받은 하나님의 자녀들이 모인 하나님의 집으로서 그 안에 하나님께서 살아 거하시고 이 진리를 믿는 성도들이 모인 곳이다. 그러므로 하나님께서 계시지 않고 성도들이 진리를 잃어버렸을 때의 교회는 이미 교회가 아닌 것이다.

교회는 하나님의 진리를 지켜 보호할 곳이며 전승하며 선포할 곳이다. 교회는 진리의 터전이며, 또한 진리를 굳게 떠받드는 기둥이요 그 진리의 푯대이다. 그러므로 교회 없이 진리가 보수(保守)되고 전승(傳承)될 수 없는 것이며, 진리 없는 교회는 성립될 수 없다.

| 딤전 3 : 15 | 만일 내가 지체하면 너로 하나님의 집에서 어떻게 행하여야 할 것을 알게 하려 함이니 이 집은 살아 계신 하나님의 교회요 진리의 기둥과 터이니라 |

6. 하나님의 집

교회는 하나님의 집이니 그 안에 하나님께서 살아 거하시고 하나님의 선택을 입은 성도들, 즉 세상에서 부르심을 받은 하나님의 자녀들(진리를 믿는 성도들)이 모인 곳이다. 바울 사도도 교회는 하나님의 집이라 했고(딤전 3 : 15), 또 성도들은 하나님의 권속이라고 하였다. 그리고 예수님은 천국을 아버지의 집이라 하였으니(요 14 : 2), 실로 기독교는 가정적인 종교이다.

| 딤전 3 : 15 | 만일 내가 지체하면 너로 하나님의 집에서 어떻게 행하여야 할 것을 알게 하려 함이니 이 집은 살아 계신 하나님의 교회요 진리의 기둥과 터이니라 |
| 요 14 : 2 | 내 아버지 집에 거할 곳이 많도다 그렇지 않으면 너희에게 일렀으리라 내가 너희를 위하여 처소를 예비하러 가노니 |

7. 하나님의 권속

교회는 하나님의 권속(믿음의 권속)으로(딤전 3 : 15; 엡 2 : 19) 예수 그리스도를 믿는 신자들은 보이지 않는 오직 하나의 교회에 속하고 하나님을 아버지로 하는 하나님의 집의(딤전 3 : 15; 갈 6 : 10) 권속이다(엡 2 : 19). 그러므로 모든 그리스도인들은 교회를 통하여 같은 하나님을 아버지로 모시고 한 가족을 이룸으로써 한 형제와 자매가 되는 것이다.

딤전 3 : 15	만일 내가 지체하면 너로 하나님의 집에서 어떻게 행하여야 할 것을 알게 하려 함이니 이 집은 살아 계신 하나님의 교회요 진리의 기둥과 터이니라
엡 2 : 19	그러므로 이제부터 너희가 외인도 아니요 손도 아니요 오직 성도들과 동일한 시민이요 하나님의 권속이라
갈 6 : 10	그러므로 우리는 기회 있는 대로 모든 이에게 착한 일을 하되 더욱

믿음의 가정들에게 할지니라

8. 그리스도의 신부

신약에서는 "그리스도를 하늘의 신랑으로, 교회(신자들)는 그의 신부로" 묘사하고 있다(고후 11 : 2; 마 9 : 15,25 : 1-12; 막 2 : 19; 눅 5 : 34-35; 엡 5 : 22-23). 특히 요한계시록에서는 교회가 신랑이신 그리스도의 신부라는 것을 뚜렷하게 표현하고 있다(계 19 : 7). 이는 교회가 끝까지 신앙의 절개를 지켜 세속화하지 말고 재림하시는 그리스도를 기다려야 할 것을 강조하는 비유이다(약 4 : 4; 살전 5 : 23).

고후 11 : 2	내가 하나님의 열심으로 너희를 위하여 열심 내노니 내가 너희를 정결한 처녀로 한 남편이 그리스도께 드리려고 중매함이로다
마 9 : 15	예수께서 저희에게 이르시되 혼인집 손님들이 신랑과 함께 있을 동안에 슬퍼할 수 있느뇨 그러나 신랑을 빼앗길 날이 이르리니 그때에는 금식할 것이니라
마 25 : 1-12	그때에 천국은 마치 등을 들고 신랑을 맞으러 나간 열 처녀와 같다 하리니 그 중에 다섯은 미련하고 다섯은 슬기 있는지라 미련한 자들은 등을 가지되 기름을 가지지 아니하고 슬기 있는 자들은 그릇에 기름을 담아 등과 함께 가져갔더니 신랑이 더디 오므로 다 졸며 잘째 밤중에 소리가 나되 보라 신랑이로다 맞으러 나오라 하매 이에 그 처녀들이 다 일어나 등을 준비 할째 미련한 자들이 슬기 있는 자들에게 이르되 우리 등불이 꺼져가니 너희 기름을 좀 나눠 달라 하거늘 슬기 있는 자들이 대답하여 가로되 우리와 너희의 쓰기에 다 부족할까 하노니 차라리 파는 자들에게 가서 너희 쓸 것을 사라 하니 저희가 사러 간 동안에 신랑이 오므로 예비하였던 자들은 함께 혼인 잔치에 들어가고 문은 닫힌 지라 그 후에 남은 처녀들이 와서 가로되 주여 주여 우리에게 열어 주소서 대답하여 가로되 진실로 너희에게 이르노니 내가 너희를 알지 못하노라 하였느니라
막 2 : 19	예수께서 저희에게 이르시되 혼인집 손님들이 신랑과 함께 있을 때에 금식할 수 있느냐 신랑과 함께 있을 동안에는 금식할 수 없나니

눅 5 : 34-35　예수께서 저희에게 이르시되 혼인집 손님들이 신랑과 함께 있을
때에 너희가 그 손님으로 금식하게 할 수 있느뇨 그러나 그날에
이르러 저희가 신랑을 빼앗기리니 그날에는 금식할 것이니라

엡 5 : 22-23　아내들이여 자기 남편에게 복종하기를 주께 하듯 하라 이는
남편이 아내의 머리됨이 그리스도께서 교회의 머리됨과 같음이니
그가 친히 몸의 구주시니라

계 19 : 7　우리가 즐거워하고 크게 기뻐하여 그에게 영광을 돌리세 어린양의
혼인 기약이 이르렀고 그 아내가 예배하였으니

약 4 : 4　간음하는 여자들이여 세상과 벗된 것이 하나님의 원수임을 알지
못하느뇨 그런즉 누구든지 세상과 벗이 되고자 하는 자는 스스로
하나님과 원수되게 하는 것이니라

살전 5 : 23　평강의 하나님이 친히 너희로 온전히 거룩하게 하시고 또 너희
온 영과 혼과 몸이 우리 주 예수 그리스도 강림하실 때에 흠 없게
보전되기를 원하노라

9. 하나님의 피로 사신 것

교회를 보고 "하나님이 자기 피로 사신 교회"라고 하였다(행 20 : 28). 여기서
"자기 피"란 "하나님의 피"란 뜻이지만 실은 그런 표현으로써 성자 예수 그리스도
의 십자가의 피를 가리킨 것이다. 이는 교회의 고귀한 가치성과 주(하나님)의 소
유권을 강조하는 표현이다. 교회는 주의 백성으로 부르심을 입고 주의 피로 구속
함을 받은 무리(회중)로서 어디까지나 주께 속하는 것이다. 그러므로 교회는 사
나(현세에서나), 죽으나(내세에서나) 주만 따르고 주만을 위하는 주님의 것이 되
어야 하는 것이다(롬 14 : 8-9).

행 20 : 28　너희는 자기를 위하여 또는 온 양떼를 위하여 삼가라 성령이 저들
가운데 너희로 감독자를 삼고 하나님이 자기 피로 사신 교회를
치게 하셨느니라

롬 14 : 8-9　우리가 살아도 주를 위하여 살고 죽어도 주를 위하여 죽나니
그러므로 사나 죽으나 우리가 주의 것이로라 이를 위하여
그리스도께서 죽었다가 다시 살으셨으니 곧 죽은 자와 산 자의

주가 되려 하심이니라

10. 그리스도를 토대로 한 건물

성경에 하나님의 권속들이 거처하는 하나님의 집으로서의 교회의 집터는 사도들과 선지자들이며, 모퉁이 돌은 그리스도(엡 2 : 20-22; 고전 3 : 10-11)라고 비유하였다. 이는 그리스도가 교회의 기초임을 가리키는 동시에 그리스도와 교회의 유기적 관계를 말해 주는 것이다.

엡 2 : 20-22　너희는 사도들과 선지자들의 터 위에 세우심을 입은 자라 그리스도 예수께서 친히 모퉁이 돌이 되셨느니라 그의 안에서 건물마다 서로 연결하여 주 안에서 성전이 되어가고 너희도 성령 안에서 하나님의 거하실 처소가 되기 위하여 예수 안에서 함께 지어져 가느니라

고전 3 : 10-11　내게 주신 하나님의 은혜를 따라 내가 지혜로운 건축자와 같이 터를 닦아 두매 다른 이가 그 위에 세우나 그러나 각각 어떻게 그 위에 세우기를 조심할지니라 이 닦아 둔 것 외에 능히 다른 터를 닦아 둘 자가 없으니 이 터는 곧 예수 그리스도라

11. 그리스도를 목자로 한 양떼

교회를 그리스도의 양떼로 묘사하고 있는 성경 말씀은 세계 모든 교회가 선한 목자이신 그리스도의 음성을 들으며, 그분의 인도하심을 받고 있는 신령한 양떼라는 사실을 표현한 것이다(요 10 : 11-16; 벧전 5 : 2-4).

요 10 : 11-16　나는 선한 목자라 선한 목자는 양들을 위하여 목숨을 버리거니와 삯군은 목자도 아니요 양도 제 양이 아니라 이리가 오는 것을 보면 양을 버리고 달아나나니 이리가 양을 늑탈하고 또 헤치느니라 달아나는 것은 저가 삯군인 까닭에 양을 돌아보지 아니함이나 나는 선한 목자라 내가 내 양을 알고 양도 나를 아는 것이 아버지께서 나를 아시고 내가 아버지를 아는 것 같으니 나는 양을 위하여 목숨을 버리노라 또 이 우리에 들지 아니한 다른 양들이 내게 있어 내가

인도하여야 할터이니 저희도 내 음성을 듣고 한 무리가 되어 한 목자에게 있으리라

벧전 5 : 2-4 너희 중에 있는 하나님의 양 무리를 치되 부득이함으로 하지 말고 오직 하나님의 뜻을 좇아 자원함으로 하며 더러운 이를 위하여 하지 말고 오직 즐거운 뜻으로 하며 맡기운 자들에게 주장하는 자세를 하지 말고 오직 양 무리의 본이 되라 그리하면 목자장이 나타나실 때에 시들지 아니하는 영광의 면류관을 얻으리라

12. 금 촛대

요한계시록에는 교회를 금 촛대로 비유하고 있다(계 1 : 20). 이는 세상에 대하여 진리의 등대가 되어야 하는 지상 교회의 고귀한 사명을 강조하는 표현이다(마 5 : 15-16).

계 1 : 20 네 본 것은 내 오른손에 일곱 별의 비밀과 일곱 금 촛대라 일곱 별은 일곱 교회의 사자요 일곱 촛대는 일곱 교회니라

마 5 : 15-16 사람이 등불을 켜서 말 아래 두지 아니하고 등경 위에 두나니 이러므로 집안 모든 사람에게 비취느니라 이같이 너희 빛을 사람 앞에 비취게 하여 저희로 너희 착한 행실을 보고 하늘에 계신 너희 아버지께 영광을 돌리게 하라

13. 그리스도와 지체들의 기능 공동체

사도 바울은 교회를 그리스도의 몸으로 교인들을 그 지체로 묘사하였다(고전 12 : 4-5, 12, 27; 엡 1 : 22-23). 바울은 "한 몸에 많은 지체를 가졌으나 모든 지체가 같은 직분을 가진 것이 아닌 것"과 같이(롬 12 : 4) "교회는 그리스도의 한 몸이나 거기에는 다른 직능(직분)을 가진 많은 지체(교인들)가 있다"라고 하였다(롬 12 : 5). 이는 교회의 모든 지체들이 상호 유기적인 협력을 하는 가운데 보이지 않는 그리스도로 하나된 교회(무형의 통일된 교회)에 이바지하며, 그분을 통하여 그리스도를 머리로 한 지체가 되어 한 몸의 유기적 생명체를 형성하는 것과, 그것이 곧 자기를 지키는 동시에 남을 위하는 것임을, 그리고 이것이 이자 결합(異者結

合 ; Unity in Diversity)의 신비이며, 연합 운동(Ecumenism)의 본 뜻임을 보여
주고 있다(고전 12 : 12,27; 엡 1 : 23; 골 1 : 18).

고전 12 : 4-5	은사는 여러 가지나 성령은 같고 직임은 여러 가지나 주는 같으며
고전 12 : 12	몸은 하나인데 많은 지체가 있고 몸의 지체가 많으나 한 몸임과 같이 그리스도도 그러하니라
고전 12 : 27	너희는 그리스도의 몸이요 지체의 각 부분이라
엡 1 : 22-23	또 만물을 그 발 아래 복종하게 하시고 그를 만물 위에 교회의 머리로 주셨느니라 교회는 그의 몸이니 만물 안에서 만물을 충만케 하시는 자의 충만이니라
롬 12 : 4	우리가 한 몸에 많은 지체를 가졌으나 모든 지체가 같은 직분을 가진 것이 아니니
롬 12 : 5	이와 같이 우리 많은 사람이 그리스도 안에서 한 몸이 되어 서로 지체가 되었느니라
골 1 : 18	그는 몸인 교회의 머리라 그가 근본이요 죽은 자들 가운데서 먼저 나신 자니 이는 친히 만물의 으뜸이 되려 하심이요

교회의 특성과 사명(임무)

I. 교회의 특성

교회의 특성은 일반적으로 네 가지를 들고 있다. 즉 교회의 4대 특성은 "일체성", "거룩성", "보편성", "사도성"이다. 그러나 여기에서는 교회의 "불패성" 하나를 더 추가하여 약술하기로 한다.

1. 교회의 일체성(통일성)

교회의 특성 중에 첫째는 일체성(一體性)이다. 이는 그리스도의 교회는 전세계에 하나뿐이라는 뜻이다. 즉 전세계의 교회는 그 머리되신 그리스도를 중심으로 모든 교회, 모든 성도가 다 그분에게 연합함으로써 신비적 일체를 이루어 통일된 하나의 교회 공동체를 이루고 있다는 뜻이다. 이 하나의 통일된 교회는 외적 기구적(機構的)으로 통일된 하나의 교회가 아니라 영적, 신앙적으로 성령 안에서 통일된 교회임을 가리킨다(롬 12 : 5; 엡 4 : 3-6; 롬 10 : 12).

바울이 에베소교회에 말한 "성령이 하나되게 하심"이란 바로 이것을 의미하는 것이다(엡 4 : 3). 교회가 통일된 일체성이 분명한 것은 교회의 주(主)이신 그리스도께서 한 분이시기 때문이며, 모든 신자들은 또 그리스도와 더불어 서로 서로 연합되어 있기 때문이다(엡 4 : 1-6). 교회의 일체성(통일성)은 신앙 고백과 그 행위에서 공중 예배에서 교회의 외부적 조직에서 표현되고 있다. 교회의 일체성(통일성)이란 그 목적과 살아가는 힘과, 의지하는 대상과, 맹세한 결심이 하나라는 뜻이다.

우리 성도들이 가지는 믿음이 하나요, 소망도 하나요, 주도 하나요, 세례도 하나요, 하나님도 하나라는 것이다(엡 4 : 4-6,13). 그러므로 한 목적을 가지고, 한 상대를 가지고, 한 원천(源泉)에서 보급되는 생명의 힘을 가지고 같이 살아 가는 성도들은 어디에 가 있든지 그들은 한 공동체를 형성하게 된다. 하나의 통일된 공동체로서의 교회 앞에는 국경이나 인종이나 남녀의 차별도 없고 계급이나 지위의 고하(高下)도 없다. 그러기에 그리스도인은 어디서든지 누구와도 한 공동체를 이룰 수 있으며 또한 이루어야 하는 것이다. 현재 세계에는 로마카톨릭교회(천주교회)가 있고, 동방정교회가 있고, 개신교(改新敎)가 있다. 그리고 개신교 안에만 도 300개에 가까운 교파가 있다. 그러나 이것은 비정상적인 상태이다. 예수님께서 내세우신 교회는 하나밖에 없다(마 16 : 18). 비록 오랜 역사를 걸어오는 동안에 여러 교회가 생기기는 했으나 이런 것은 성서적이 아니요 하나님께서 원하시는 것도 아닐 것이다. 참된 교회, 그리스도가 주(主)되신 교회는 세계에 하나밖에 없다. 그리고 예수님은 하나의 교회를 원하신다(요 17 : 21; 엡 4 : 3).

롬 12 : 5	이와 같이 우리 많은 사람이 그리스도 안에서 한 몸이 되어 서로 지체가 되었느니라
엡 4 : 3-6	평안의 매는 줄로 성령의 하나되게 하신 것을 힘써 지키라 몸이 하나이요 성령이 하나이니 이와 같이 너희가 부르심의 한 소망 안에서 부르심을 입었느니라 주도 하나이요 믿음도 하나이요 세례도 하나이요 하나님도 하나이시니 곧 만유의 아버지시라 만유 위에 계시고 만유를 통일하시고 만유 가운데 계시도다
롬 10 : 12	유대인이나 헬라인이나 차별이 없음이라 한 주께서 모든 사람의 주가 되사 저를 부르는 모든 사람에게 부요하시도다
엡 4 : 1-6	그러므로 주 안에서 갇힌 내가 너희를 권하노니 너희가 부르심을 입은 부름에 합당하게 행하여 모든 겸손과 온유로 하고 오래 참음으로 사랑 가운데서 서로 용납하고 평안의 매는 줄로 성령의 하나되게 하신 것을 힘써 지키라 몸이 하나이요 성령이 하나이니 이와 같이 너희가 부르심의 한 소망 안에서 부르심을 입었느니라 주도 하나이요 믿음도 하나이요 세례도 하나이요 하나님도 하나이시니 곧 만유의 아버지시라 만유 위에 계시고 만유를 통일 하시고 만유 가운데 계시도다
마 16 : 18	또 내가 네게 이르노니 너는 베드로라 내가 이 반석 위에 내 교회를

세우리니 음부의 권세가 이기지 못하리라

요 17 : 21 　아버지께서 내 안에 내가 아버지 안에 있는 것같이 저희도 다
하나가 되어 우리 안에 있게 하사 세상으로 아버지께서 나를
보내신 것을 믿게 하옵소서

2. 교회의 거룩성

교회는 거룩하신 하나님의 교회로서 거룩성을 지닌다. 하나님께서는 자기 백성들(교회)에게 거룩하기를 원하고 계신다(벧전 1 : 15-16; 고후 1 : 12, 6 : 17; 고전 3 : 17). 거룩이란 신자들 안에서 역사하시는 성령의 산물이며(살후 2 : 13; 벧전 1 : 2; 고전 6 : 11), 거룩하다 함은 죄에서 분리되어 하나님께 속함으로 성별(聖別)된다는 뜻이다(고후 6 : 17; 고전 3 : 17). 그러나 교회도 사람이 모인 단체인 만큼 그 안에는 가지각색의 사람들이 섞여 있다. 비양심적인 사람도 있고, 욕심쟁이도 있고, 수전노도 있고, 위선자도 있으며, 사기한 자도 있을 수 있다. 거기에는 경건한 사람과 불경건한 사람이 함께 모이는 곳임에는 틀림이 없다. 그럼에도 불구하고 교회는 거룩한 모임이다.

교회가 거룩하다는 것은 거기에 모인 사람들이 거룩한 사람이기 때문에 거룩하다는 것이 아니라 거룩하지 못한 사람들을 거룩하게 해주시는 거룩하신 하나님께서 계시기 때문에 교회가 거룩하다고 하는 것이다(살전 5 : 23). 교회에 모이는 사람들이 이미 거룩하게 되어 있다면 모일 필요가 없다. 그러나 사람들이 교회에 모이고 하나님의 말씀에 청종하는 이유는 그들이 거룩하지 못하기 때문이다(요 17 : 17, 19). 그러므로 교회는 거룩하지 못한 사람들이 모여서 하나님의 말씀을 듣고 믿음이 자라며 성령의 감화에 의하여 거룩하게 되어져 가는(살후 2 : 13; 벧전 1 : 2; 고전 6 : 11) 모임이라고 할 수 있다. 교회는 거룩한 모임이기 때문에 목사나, 장로나, 권사나, 집사나, 신자들은 교회를 속되게 만들어서는 안 된다. 그리스도께서 거룩하시듯이 그분의 교회도 거룩하게 보존되어야만 한다(살전 5 : 23). 그리고 하나님께서 거룩하게 만든 교회를 사람이 더럽게 해서는 안 된다.

벧전 1 : 15-16 　오직 너희를 부르신 거룩한 자처럼 너희도 모든 행실에 거룩한
자가 되라 기록하였으되 내가 거룩하니 너희도 거룩할지어다

하셨느니라

고후 1 : 12　우리가 세상에서 특별히 너희에게 대하여 하나님의 거룩함과
　　　　　　진실함으로써 하되 육체의 지혜로 하지 아니하고 하나님의 은혜로
　　　　　　행함은 우리 양심의 증거하는 바니 이것이 우리의 자랑이라

고후 6 : 17　그러므로 주께서 말씀하시기를 너희는 저희 중에서 나와서 따로
　　　　　　있고 부정한 것을 만지지 말라 내가 너희를 영접하여

고전 3 : 17　누구든지 하나님의 성전을 더럽히면 하나님이 그 사람을 멸하시리라
　　　　　　하나님의 성전은 거룩하니 너희도 그러하니라

살후 2 : 13　주의 사랑하시는 형제들아 우리가 항상 너희를 위하여 마땅히
　　　　　　하나님께 감사할 것은 하나님이 처음부터 너희를 택하사 성령의
　　　　　　거룩하게 하심과 진리를 믿음으로 구원을 얻게 하심이니

벧전 1 : 2　곧 하나님 아버지의 미리 아심을 따라 성령의 거룩하게 하심으로
　　　　　　순종함과 예수 그리스도의 피 뿌림을 얻기 위하여 택하심을 입은
　　　　　　자들에게 편지하노니 은혜와 평강이 너희에게 더욱 많을지어다

살전 5 : 23　평강의 하나님이 친히 너희로 온전히 거룩하게 하시고 또 너희
　　　　　　온 영과 혼과 몸이 우리 주 예수 그리스도 강림하실 때에 흠없게
　　　　　　보전되기를 원하노라

요 17 : 17　저희를 진리로 거룩하게 하옵소서 아버지의 말씀은 진리니이다

요 17 : 19　또 저희를 위하여 내가 나를 거룩하게 하오니 이는 저희도 진리로
　　　　　　거룩함을 얻게 하려 함이니이다

고전 6 : 11　너희 중에 이와 같은 자들이 있더니 주예수 그리스도의 이름과
　　　　　　리 하나님의 성령 안에서 씻음과 거룩함과 의롭다 하심을
　　　　　　얻었느니라

3. 교회의 보편성

　교회의 보편성이란 교회가 갖고있는 대중성, 즉 "어디서나 언제나 모든 사람들의 교회" 라는 것을 가리키는 말이다. 보편성이란 말에 해당되는 라틴어는 "카톨리카(Catholica)"인데 이 말의 본 뜻은 어디에서든지 통하고 발견할 수 있는 교회라는 뜻이다. 다시 말하면 교회의 보편성이란 어느 국가나 민족에 따라서 교회의 본질이 다르고 목적이 다르고 기구와 구조가 다른 것이 아니라 어디서든지 같은 본질과 목적과 양태를 가진다는 뜻이다. 기독교는 세계 모든 곳에 있는 모든 사

람을 향해 하나님께로부터 비롯된 것이다(요 3 : 16). 그러기에 그리스도의 교회는 참하나님의 교회요(행 20 : 28), 세계적 교회로서 전세계 인류가 다 이 교회를 통하여 복음을 믿고 구원을 받으며, 이 교회는 처음부터 세상 끝날까지 존재하게 된다(행 4 : 12; 골 1 : 23; 막 16 : 15; 마 24 : 14; 막 13 : 10).

이런 의미에서 원칙적으로 세계의 모든 교회들은 서로 통하고 동일한 목적과 본질을 가져야 한다. 그렇다고 해서 전세계 교회가 단일 기구로써 교권 제도를 확립하여 상부의 지시에 따라 움직여야 한다는 뜻은 아니다. 그것은 로마 천주교가 주장하는 것이다.

교회의 보편성이란 기구적으로 하나가 되어 한 사람의 명령에 의해 움직여야 한다는 뜻은 아니다. 다만 교회의 본질과 목적이 동일해야 하고, 교회의 머리는 언제든지 그리스도가 되며 이 세상에 대하여 구원의 복음을 전하는 기능에 있어서 동일해야 한다는 뜻이다. 현실적으로는 개신교의 교회가 가장 비정상적인 경향을 가지고 있다고 본다. 너무나도 교파주의에 빠져서 다른 교파에는 마치 구원이 없는 것처럼 선전하고 자기 교파에만 구원의 복음이 있다고 주장하는 그러한 독선주의에 빠져 있는 교회가 많다. 그러나 다른 한편 로마 천주교도 교회의 보편성을 오해하고 자기네들이 곧 카톨릭 교회라고 해서 개신교를 심히 압박하고 핍박했었다. 그러나 이러한 과오는 점점 시정되어 가고 있다.

우리는 교회의 보편성을 바로 이해하고 독선주의에 빠지지 않도록 주의해야 한다고 본다. 보편성을 가지고 있는 교회는 모든 족속을 포함하며(마 28 : 19), 구원에 필요한 모든 것을 가르치며(요 16 : 13), 기독교의 진리의 말씀과 모든 은혜 가운데서(엡 5 : 25-27) 그 구성원들을 양육해야 하는 본분이 있다. 교회의 보편성은 전세계적인 선교 활동에만 국한되는 것이 아니고 보편적인 진리를 소유하는 점에도 있다.

요 3 : 16   하나님이 세상을 이처럼 사랑하사 독생자를 주셨으니 이는 저를 믿는 자마다 멸망치 않고 영생을 얻게 하려 하심이니라

행 20 : 28   너희는 자기를 위하여 또는 온 양떼를 위하여 삼가라 성령이 저들 가운데 너희로 감독자를 삼고 하나님이 자기 피로 사신 교회를 치게 하셨느니라

행 4 : 12	다른 이로서는 구원을 얻을 수 없나니 천하 인간에 구원을 얻을 만한 다른 이름을 우리에게 주신 일이 없음이니라 하였더라
골 1 : 23	만일 너희가 믿음에 거하고 터 위에 굳게 서서 너희 들은바 복음의 소망에서 흔들리지 아니하면 그리하리라 이 복음은 천하 만민에게 전파된 바요 나 바울은 이 복음의 일군이 되었노라
막 16 : 15	또 가라사대 너희는 온 천하에 다니며 만민에게 복음을 전파하라
마 24 : 14	이 천국 복음이 모든 민족에게 증거되기 위하여 온 세상에 전파되리니 그제야 끝이 오리라
막 13 : 10	또 복음이 먼저 만국에 전파되어야 할 것이니라
마 28 : 19	그러므로 너희는 가서 모든 족속으로 제자를 삼아 아버지와 아들과 성령의 이름으로 세례를 주고
요 16 : 13	그러하나 진리의 성령이 오시면 그가 너희를 모든 진리 가운데로 인도하시리니 그가 자의로 말하지 않고 오직 듣는 것을 말하시며 장래 일을 너희에게 알리시리라
엡 5 : 25-27	남편들아 아내 사랑하기를 그리스도께서 교회를 사랑하시고 위하여 자신을 주심같이 하라 이는 곧 물로 씻어 말씀으로 깨끗하게 하사 거룩하게 하시고 자기 앞에 영광스러운 교회로 세우사 티나 주름잡힌 것이나 이런 것들이 없이 거룩하고 흠이 없게 하려 하심이니라

4. 교회의 사도성

교회의 사도성(使徒性)이란 예수님의 제자들, 즉 사도(使徒)들이 예수님으로부터 직접 배웠거나 또한 후세에 널리 전하라고 분부하신 복음 진리를 전해 준 그대로 받아들여 그것을 믿고 그것에 의해서 가르침을 받고 있는 교회는 여전히 사도들에 의해 인도되고 그들이 본을 보였던 생활을 본받음을 의미하는 것이다(딤후 3 : 14).

교회는 사람의 교회가 아니라 그리스도의 교회이다. 교회는 무슨 문화 단체나 정당처럼 개인의 유익을 위하여 모인 단체가 아니라 사도들로부터 예수 그리스도의 복음을 받아 그것을 간직하고 그것을 후세에 전달해 주기 위하여 형성된 복음 선교 공동체이다. 그러므로 교회의 믿음의 내용은 사도들이 예수님으로부터 직접 들고 배우고 부탁받은 복음이다(마 28 : 19-20; 행 1 : 8). 따라서 교회는 사도들이 가르쳐 준 믿음의 내용(그것을 사도 신조라고 함)과 그들이 건설한 교회의 제도를 그대로 간직하면서 사도들로부터 이어오는 신앙의 명맥을 주님 오실 때까지 유지 계승해 나아가야 하는데(마 16 : 16-19) 이것을 가리켜 교회의 사도성이라고 한다.

교회의 역사가 아무리 오래 계속된다고 해도 교회의 사도성에 변함이 있어서는 안 된다. 교회는 "예수 그리스도 자신이 모퉁이 돌이 되셨고, 사도들과 선지자들의 터 위에 세워졌기" 때문에(엡 2 : 20) 교회는 마땅히 사도성을 지녀야 한다.

딤후 3 : 14	그러나 너는 배우고 확신한 일에 거하라 네가 뉘게서 배운 것을 알며
마 28 : 19-20	그러므로 너희는 가서 모든 족속으로 제자를 삼아 아버지와 아들과 성령의 이름으로 세례를 주고 내가 너희에게 분부한 모든 것을 가르쳐 지키게 하라 볼지어다 내가 세상 끝날 까지 너희와 항상 함께 있으리라 하시니라
행 1 : 8	오직 성령이 너희에게 임하시면 너희가 권능을 받고 예루살렘과 온 유대와 사마리아와 땅 끝까지 이르러 내 증인이 되리라 하시니라
마 16 : 16-19	시몬 베드로가 대답하여 가로되 주는 그리스도요 살아 계신 하나님의 아들이시니이다 예수께서 대답하여 가라사대 바요나 시몬아 네가 복이 있도다 이를 네게 알게 한 이는 혈육이 아니요 하늘에 계신 내 아버지시니라 또 내가 네게 이르노니 너는 베드로라 내가 이 반석 위에 내 교회를 세우리니 음부의 권세가 이기지 못하리라 내가 천국 열쇠를 네게 주리니 네가 땅에서 무엇이든지 매면 하늘에서도 매일 것이요 네가 땅에서 무엇이든지 풀면 하늘에서도 풀리리라 하시고
엡 2 : 20	너희는 사도들과 선지자들의 터 위에 세우심을 입은 자라 그리스도 예수께서 친히 모퉁이 돌이 되셨느니라

5. 교회의 불패성

교회의 불패성(不敗性)이란 그리스도가 주(主)이신 교회는 어떤 인간의 힘이나 권력이나 또는 악의 세력에 의해서도 유린당하지 않으며 어떤 세력도 교회를 이기지 못한다는 것을 의미한다. 예수님은 바로 이러한 의미에서 "… 내가 이 반석 위에 내 교회를 세우리니 음부(사망)의 권세가 이기지 못하리라"(마 16 : 18)고 하셨다. 이 말씀은 공동체로서의 교회에게 뿐만 아니라 교회의 각 지체들에게도 해당되는 것이다. 자고이래(自古以來)로 참된 교회는 많은 핍박자들이 있었음에도 불구하고 계속 존재해 왔으며 그 교회에 연합된 지체는 어느 지체도 궁극적으로 멸망치 않았던 것이다.

II. 교회의 사명(임무)

교회의 사명(임무)은 크게 나누어 네 가지로 생각할 수 있다. 이에 대하여 약술하면 다음과 같다.

1. 하나님 영광을 위한 예배 기관

성경에 나타난 천상 교회의 예배 광경은 "하늘 보좌에 앉아 계신 하나님께 대한 만물의 찬송과 이에 호응하여 그들의 대표인 네 생물이 아멘으로 화답하며, 모든 성도들의 대표인 24장로들은 경배함으로 하나님께 영광 돌리는 것"으로 묘사되어 있다 (계 4 : 10, 5 : 14, 22 : 8-9). 지상 교회는 천상 교회의 그림자(모형)이다. 그러므로 천상 교회가 하나님께 경배함으로써 하나님을 영화롭게 하는 것같이 현세의 지상 교회도 하나님의 택함을 받은 성도들의 신앙 공동체로서 하나님을 영화롭게 하기 위한 예배는 인간이 하나님을 섬기는 제1조이며, 예배 기관으로서의 사명이 있는 것이다(행 8 : 27, 24 : 11; 엡 1 : 4-6; 마 4 : 10 참조; 요 4 : 23-24). 교회는 하나님을 영화롭게 해야 할 인간의 최고 목적을 실현하는 기관이다(롬 15 : 6, 9; 엡 1 : 5-6, 12, 14, 18, 3 : 21; 살후 1 : 12; 벧전 4 : 11). 그러므로 인간은 무엇보다도 하나님을 예배함으로써 하나님을 영화롭게 한다(요 4 : 23-24; 계 22 : 9).

계 4 : 10   이십사 장로들이 보좌에 앉으신 이 앞에 엎드려 세세토록 사시는 이에게 경배하고 자기의 면류관을 보좌 앞에 던지며 가로되

계 5 : 14   네 생물이 가로되 아멘 하고 장로들은 엎드려 경배하더라

계 22 : 8-9   이것들을 보고 들은 자는 나 요한이니 내가 듣고 볼 때에 이 일을 내게 보이던 천사의 발 앞에 경배하려고 엎드렸더니 저가 내게

말하기를 나는 너와 네 형제 선지자들과 또 이 책의 말을 지키는
자들과 함께 된 종이니 그리하지 말고 오직 하나님께 경배하라
하더라

행 8 : 27　　일어나 가서 보니 에디오피아 사람 곧 에디오피아 여왕 간다게의
모든 국고를 맡은 큰 권세가 있는 내시가 예배하러 예루살렘에
왔다가

행 24 : 11　　당신이 아실 수 있는 바와 같이 내가 예루살렘에 예배하러 올라간지
열 이틀 밖에 못되었고

엡 1 : 4-6　　곧 창세 전에 그리스도 안에서 우리를 택하사 우리로 사랑 안에서
그 앞에 거룩하고 흠이 없게 하시려고 그 기쁘신 뜻대로 우리를
예정하사 예수 그리스도로 말미암아 자기의 아들들이 되게 하셨으니
이는 그의 사랑하시는 자 안에서 우리에게 거저 주시는 바 그의
은혜의 영광을 찬미하게 하려는 것이라

요 4 : 23-24　　아버지께 참으로 예배하는 자들은 신령과 진정으로 예배할 때가
오나니 곧 이때라 아버지께서는 이렇게 자기에게 예배하는 자들을
찾으시느니라 하나님은 영이시니 예배하는 자가 신령과 진정으로
예배할지니라

롬 15 : 6　　한 마음과 한 입으로 하나님 곧 우리 주 예수 그리스도의 아버지께
영광을 돌리게 하려 하노라

롬 15 : 9　　이방인으로 그 긍휼하심을 인하여 하나님께 영광을 돌리게 하려
하심이라 기록된 바 이러므로 내가 열방 중에서 주께 감사하고
주의 이름을 찬송하리로다 함과 같으니라

엡 1 : 12　　이는 그리스도 안에서 전부터 바라던 우리로 그의 영광의 찬송이
되게 하려 하심이라

엡 1 : 14　　이는 우리의 기업의 보증이 되사 그 얻으신 것을 구속하시고 그의
영광을 찬미하게 하려 하심이라

엡 1 : 18　　너희 마음 눈을 밝히사 그의 부르심의 소망이 무엇이며 성도 안에서
그 기업의 영광의 풍성이 무엇이며

엡 3 : 21　　교회 안에서와 그리스도 예수 안에서 영광이 대대로 영원
무궁하기를 원하노라 아멘

살후 1 : 12　　우리 하나님과 주 예수 그리스도의 은혜대로 우리 주 예수의 이름이
너희 가운데서 영광을 얻으시고 너희도 그 안에서 영광을 얻게

하려 함이니라

벧전 4 : 11   만일 누가 말하려면 하나님의 말씀을 하는 것같이 하고 누가 봉사
하려면 하나님의 공급하시는 힘으로 하는 것같이 하라 이는 범사에
예수 그리스도로 말미암아 하나님이 영광을 받으시게 하려 함이니
그에게 영광과 권능이 세세에 무궁토록 있느니라 아멘

계 22 : 9   저가 내게 말하기를 나는 너와 네 형제 선지자들과 또 이 책의 말을
지키는 자들과 함께 된 종이니 그리하지 말고 오직 하나님께 경배
하라 하더라

2. 복음 선포를 위한 선교 기관

예수님은 제자들에게 땅 끝까지 가서 복음을 전하라고 명령하셨다(마 28 : 19-
20; 행 1 : 8). 사도 바울은 그리스도인들에게 필연적으로 복음을 전해야 할 사명
과 임무가 부여되어 있다는 사실을 강조하였다(롬 10 : 13-15; 고전 9 : 16; 딤후
4 : 2). 교회는 그리스도의 복음을 세계 만민에게 선포하여 주의 생명의 복음이
땅 끝까지 전파되고 온인류가 구원을 얻게 해야 할 복음 선교 기관으로서의 사명
이 있다(행 1 : 8, 5 : 42). 복음 선교 기관인 교회는 언제까지나(주님 오실 때까
지) 하나님의 생명의 말씀(복음)을 충실히 선포해야 한다.

마 28 : 19-20   그러므로 너희는 가서 모든 족속으로 제자를 삼아 아버지와 아들과
성령의 이름으로 세례를 주고 내가 너희에게 분부한 모든 것을
가르쳐 지키게 하라 볼지어다 내가 세상 끝날까지 너희와 항상
함께 있으리라 하시니라

행 1 : 8   오직 성령이 너희에게 임하시면 너희가 권능을 받고 예루살렘과
온 유대와 사마리아와 땅 끝까지 이르러 내 증인이 되리라 하시니라

롬 10 : 13-15   누구든지 주의 이름을 부르는 자는 구원을 얻으리라 그런즉 저희가
믿지 아니하는 이를 어찌 부르리요 듣지도 못한 이를 어찌 믿으리요
전파하는 자가 없이 어찌 들으리요 보내심을 받지 아니하였으면
어찌 전파하리요 기록된 바 아름답도다 좋은 소식을 전하는 자들의
발이여 함과 같으니라

고전 9 : 16   내가 복음을 전할지라도 자랑할 것이 없음은 내가 부득불 할

딤후 4 : 2　일임이라 만일 복음을 전하지 아니하면 내게 화가 있을 것임이로라
너는 말씀을 전파하라 때를 얻든지 못 얻든지 항상 힘쓰라 범사에
오래 참음과 가르침으로 경책하며 경계하며 권하라

행 5 : 42　저희가 날마다 성전에 있든지 집에 있든지 예수는 그리스도라
가르치기와 전도하기를 쉬지 아니하니라

3. 진리를 가르치는 영적 교육 기관

　　교회는 하나님의 말씀을 선포하는 동시에 그 말씀이 지니고 있는 진리를 가르치는 일을 수행해야 할 신령한 교육적 사명이 있다(행 5 : 42). 예수 그리스도께서 제자들에게 진리이신 당신을 배우라고 하셨고(마 11 : 29), 또 배운 바 진리를 다니며 널리 가르쳐 주라고 하셨다(마 28 : 19-20). 그러기에 초대 교회는 가르치는 일을 중요시했다. 사도 바울은 자기의 사랑하는 제자 디모데에게 가르치는 것에 착념하라고 하였다(딤전 4 : 13).

　　복음이 내포하고 있는 진리는 너무나 깊고 오묘하고 넓기 때문에 가르침을 받지 않고는 잘 이해할 수가 없다. 그래서 교회는 처음부터 가르치는 일에 주력해 왔고, 또한 교사들이 있어서 이 일을 전담해 온 것이다. 교회가 가르치는 교육의 내용은 일반 교양이나 세상 학문이 아니다. 그것은 사회인이 할 일이다. 교회가 가르쳐야 할 일은 사람의 구원에 대한 진리이다. 왜 사람이 구원을 받아야 하는가의 문제를 가르치기 위하여 인간의 타락과 죄악상을 가르친다. 또한 죄의 값이 얼마나 비싸다는 것을 가르치기 위하여 하나님의 아들 예수 그리스도가 대인 속죄(代人贖罪)의 죽음을 죽으신 십자가의 도를 가르친다. 인류의 시조 아담으로부터 시작된 죄가 인류의 모든 비극과, 고생과, 눈물과, 죽음의 원인이 되었기 때문에 이 죄를 없이 해야 한다는 것을 가르치며 또 그 죄를 없이 할 수 있는 유일한 방법을 가르친다.

　　그러나 이것들이 교회가 가르치는 교육 내용의 전부는 못되고 많은 내용 중에서 그저 몇 가지 중요한 것만을 소개한 것뿐이다. 교회는 신자들을 가르치는 일을 통하여 그들이 참된 믿음 안에서 자라 가도록 노력한다. 교회가 만약 가르치는 일을 소홀히 한다면 신자들은 진리를 깨닫지 못하게 될 것이며 그렇게 된다면 그들의 믿음이란 돌밭에서 자라나는 싹과 같을 것이다(마 13 : 5-6, 20-21).

교회가 가르치는 일에 노력한 결과 주일학교가 생겼다. 주일학교는 단지 19세기에 생긴 것이 아니다. 초대 교회 때부터 학습 제도를 세워 엄격한 신앙 교육을 실시했다. 또한 교회가 가르치기 위하여 먼저 복음의 진리를 바로 이해하려고 노력한 결과 나타난 것이 신학(神學)이다. 따라서 주일학교 교육에 노력하지 않거나 신학이 없는 교회는 복음에 대한 이해가 깊지 못하고 매우 피상적이어서 신자들의 신앙 생활이 정적으로 치우치기 쉽다. 기독교 신앙에서 신학과 교리를 빼면 일반 종교나 미신과 다를 바가 없다.

행 5 : 42	저희가 날마다 성전에 있든지 집에 있든지 예수는 그리스도라 가르치기와 전도하기를 쉬지 아니하니라
마 11 : 29	나는 마음이 온유하고 겸손하니 나의 멍에를 메고 내게 배우라 그러면 너희 마음이 쉼을 얻으리니
마28 : 19-20	그러므로 너희는 가서 모든 족속으로 제자를 삼아 아버지와 아들과 성령의 이름으로 세례를 주고 내가 너희에게 분부한 모든 것을 가르쳐 지키게 하라 볼지어다 내가 세상 끝날까지 너희와 항상 함께 있으리라 하시니라
딤전 4 : 13	내가 이를 때까지 읽는 것과 권하는 것과 가르치는 것에 착념하라
마 13 : 5-6	더러는 흙이 얇은 돌밭에 떨어지매 흙이 깊지 아니하므로 곧 싹이 나오나 해가 돋은 후에 타져서 뿌리가 없으므로 말랐고
마 13 : 20-21	돌밭에 뿌리웠다는 것은 말씀을 듣고 즉시 기쁨으로 받되 그 속에 뿌리가 없어 잠시 견디다가 말씀을 인하여 환난이나 핍박이 일어나는 때에는 곧 넘어지는 자요

4. 특별 은혜의 방편인 성례 집행 기관

그리스도의 교회는 그리스도께서 친히 제정하시고 분부하신 성례를 집행하는 성례 집행 기관으로서의 사명이 있다(눅 3 : 21; 막 1 : 9; 마 3 : 15; 롬 6 : 2-3; 마 28 : 19, 26 : 26-29; 눅 22 : 19-20; 막 14 : 22-25). 개신교에서 인정하는 성례는 세례와 성찬이다. 세례는 어떤 의미에서는 구약 시대의 할례를 대치하는 것이라고도 볼 수 있는데 이는 영적으로 그리스도와 합하여 죄에 대하여 십자가에 죽고 그리스도의 부활과 합하여 다시 사는 것을 의미한다(롬 6 : 3-4).

그리고 외적으로는 자기의 신앙적 결단을 성도들 앞에서 공표함으로써 그 교회에 정식으로 가입한다는 것을 의미한다. 성찬은 예수님께서 잡히시던 전날 밤에 유대인들이 지키던 유월절 만찬회를 이용하여 가졌던 최후의 만찬을 그대로 본받아서 반복해 오는 예식으로서 성찬의 떡은 우리의 생명의 떡되시는 예수님의 몸을, 포도주는 우리의 죄 사함을 얻게 하려고 흘리신 예수님의 십자가 보혈을 의미한다(마 26 : 26-29).

눅 3 : 21	백성이 다 세례를 받을 새 예수도 세례를 받으시고 기도하실 때에 하늘이 열리며
막 1 : 9	그때에 예수께서 갈릴리 나사렛으로부터 와서 요단강에서 요한에게 세례를 받으시고
마 3 : 15	예수께서 대답하여 가라사대 이제 허락하라 우리가 이와 같이하여 모든 의를 이루는 것이 합당하니라 하신 대 이에 요한이 허락하는지라
롬 6 : 2-3	그럴 수 없느니라 죄에 대하여 죽은 우리가 어찌 그 가운데 더 살리요 무릇 그리스도 예수와 합하여 세례를 받은 우리는 그의 죽으심과 합하여 세례받은 줄을 알지 못하느뇨
마 28 : 19	그러므로 너희는 가서 모든 족속으로 제자를 삼아 아버지와 아들과 성령의 이름으로 세례를 주고
마 26 : 26-29	저희가 먹을 때에 예수께서 떡을 가지사 축복하시고 떼어 제자들을 주시며 가라사대 받아 먹으라 이것이 내 몸이니라 하시고 또 잔을 가지사 사례하시고 저희에게 주시며 가라사대 너희가 다 이것을 마시라 이것은 죄 사함을 얻게 하려고 많은 사람을 위하여 흘리는바 나의 피 곧 언약의 피니라 그러나 너희에게 이르노니 내가 포도나무에서 난 것을 이제부터 내 아버지의 나라에서 새것으로 너희와 함께 마시는 날까지 마시지 아니하리라 하시니라
눅 22 : 19-20	또 떡을 가져 사례하시고 떼어 저희에게 주시며 가라사대 이것은 너희를 위하여 주는 내 몸이라 너희가 이를 행하여 나를 기념하라 하시고 저녁 먹은 후에 잔도 이와 같이 하여 가라사대 이 잔은 내피로 세우는 새 언약이니 곧 너희를 위하여 붓는 것이라
막 14 : 22-25	저희가 먹을 때에 예수께서 떡을 가지사 축복하시고 떼어

제자들에게 주시며 가라사대 받으라 이것이 내 몸이니라 하시고
또 잔을 가지사 사례하시고 저희에게 주시니 다 이를 마시매
가라사대 이것은 많은 사람을 위하여 흘리는 바 나의 피 곧 언약의
피니라 진실로 너희에게 이르노니 내가 포도나무에서 난 것을
하나님 나라에서 새것으로 마시는 날까지 다시 마시지 아니하리라
하시니라

롬 6 : 3-4 무릇 그리스도 예수와 합하여 세례를 받은 우리는 그의 죽으심과
합하여 세례받은 줄을 알지 못하느뇨 그러므로 우리가 그의
죽으심과 합하여 세례를 받음으로 그와 함께 장사되었나니 이는
아버지의 영광으로 말미암아 그리스도를 죽은 자 가운데서 살리심과
같이 우리로 또한 새 생명 가운데서 행하게 하려 함이니라

교회의 설립과 발전

Ⅰ. 교회의 설립
1. 교회 설립의 필요성

교회의 설립은 예수 그리스도께서 세상에 오신 목적을 달성하기 위한 방편으로 필요했다. 예수 그리스도께서 세상에 오신 목적 달성의 제1방법이 십자가의 죽음이라면 제2방법은 교회의 설립이라 할 수 있다. 예수님께서 인류를 대속하기 위하여 세상 죄를 지시고 십자가에 죽으셨으니 이를 믿는 자는 멸망치 않고 영생을 얻게 되었다(요 3 : 16; 행 16 : 30; 롬 10 : 13). 그러나 죄인이 이 엄청난 대속의 사실을 알고 믿으려면 먼저 그 복음(기쁜 소식)을 들어야 하고 또 복음을 들으려면 그것을 전하여 주는 이가 있어야 한다(롬 10 : 13-15). 바로 이런 점에서 복음 선교 기관으로서의 교회 설립이 필요하게 되었던 것이다.

요 3 : 16 　　하나님이 세상을 이처럼 사랑하사 독생자를 주셨으니 이는 저를 믿는 자마다 멸망치 않고 영생을 얻게 하려 하심이니라

행 16 : 30 　　저희를 데리고 나가 가로되 선생들아 내가 어떻게 하여야 구원을 얻으리이까 하거늘

롬 10 : 13-15 　　누구든지 주의 이름을 부르는 자는 구원을 얻으리라 그런즉 저희가 믿지 아니하는 이를 어찌 부르리요 듣지도 못한 이를 어찌 믿으리요 전파하는 자가 없이 어찌 들으리요 보내심을 받지 아니하였으면 어찌 전파하리요 기록된 바 아름답도다 좋은 소식을 전하는 자들의 발이여 함과 같으니라

2. 교회 설립의 요소

1) 복음(福音)

교회는 죄인들에게 생명의 복음을 전파하여 그들로 하여금 복음을 듣고 믿어 구원을 얻도록 하는 복음 선교 기관이다(엡 1 : 13; 행 5 : 42; 롬 10 : 13-17). 그러기에 교회가 설립되려면 무엇보다도 복음이 있어야 한다(롬 1 : 1-3; 막 1 : 1; 갈 1 : 7-9; 고전 15 : 1).

엡 1 : 13	그 안에서 너희도 진리의 말씀 곧 너희의 구원의 복음을 듣고 그 안에서 또한 믿어 약속의 성령으로 인치심을 받았으니
행 5 : 42	저희가 날마다 성전에 있든지 집에 있든지 예수는 그리스도라 가르치기와 전도하기를 쉬지 아니하니라
롬 10 : 13-17	누구든지 주의 이름을 부르는 자는 구원을 얻으리라 그런즉 저희가 믿지 아니하는 이를 어찌 부르리요 듣지도 못한 이를 어찌 믿으리요 전파하는 자가 없이 어찌 들으리요 보내심을 받지 아니하였으면 어찌 전파하리요 기록된 바 아름답도다 좋은 소식을 전하는 자들의 발이여 함과 같으니라 그러나 저희가 다 복음을 순종치 아니하였도다 이사야가 가로되 주여 우리의 전하는 바를 누가 믿었나이까 하였으니 그러므로 믿음은 들음에서 나며 들음은 그리스도의 말씀으로 말미암았느니라
롬 1 : 1-3	예수 그리스도의 종 바울은 사도로 부르심을 받아 하나님의 복음을 위하여 택정함을 입었으니 이 복음은 하나님이 선지자들로 말미암아 그의 아들에 관하여 성경에 미리 약속하신 것이라 이 아들로 말하면 육신으로는 다윗의 혈통에서 나셨고
막 1 : 1	하나님의 아들 예수 그리스도 복음의 시작이라
갈 1 : 7-9	다른 복음은 없나니 다만 어떤 사람들이 너희를 요란케 하여 그리스도의 복음을 변하려 함이라 그러나 우리나 혹 하늘로부터 온 천사라도 우리가 너희에게 전한 복음 외에 다른 복음을 전하면 저주를 받을지어다 우리가 전에 말하였거니와 내가 지금 다시 말하노니 만일 누구든지 너희의 받은 것 외에 다른 복음을 전하면 저주를 받을지어다
고전 15 : 1	형제들아 내가 너희에게 전한 복음을 너희로 알게 하노니 이는

너희가 받은 것이요 또 그 가운데 선 것이라

2) 성령의 역사

그리스도의 교회는 오순절에 성령 강림으로 인하여 시작되었다(행 2 : 1-4). 이는 주님의 사전 약속에 의한 바였다(행 1 : 4,8; 요 14 : 16-20,26,16 : 7-14). 하나님의 성전인 교회는 곧 성령의 거하시는 전(집)이다(고전 3 : 16). 그러므로 교회가 설립되려면 성령이 계셔야 하는 것이며, 성령이 계시지 않고는 교회가 될 수 없다. 참된 교회는 성령을 통하여 그리스도와 모든 성도들이 연합되어 하나의 몸을 이룸으로써 성취되는 것이다(고전 12 : 12-13,27).

행 2 : 1-4	오순절 날이 이미 이르매 저희가 다같이 한 곳에 모였더니 홀연히 하늘로부터 급하고 강한 바람 같은 소리가 있어 저희 앉은 온 집에 가득하며 불의 혀같이 갈라지는 것이 저희에게 보여 각 사람 위에 임하여 있더니 저희가 다 성령의 충만함을 받고 성령이 말하게 하심을 따라 다른 방언으로 말하기를 시작하니라
행 1 : 4	사도와 같이 모이사 저희에게 분부하여 가라사대 예루살렘을 떠나지 말고 내게 들은 바 아버지의 약속하신 것을 기다리라
행 1 : 8	오직 성령이 너희에게 임하시면 너희가 권능을 받고 예루살렘과 온 유대와 사마리아와 땅 끝까지 이르러 내 증인이 되리라 하시니라
요 14 : 16-20	내가 아버지께 구하겠으니 그가 또다른 보혜사를 너희에게 주사 영원토록 너희와 함께 있게 하시리니 저는 진리의 영이라 세상은 능히 저를 받지 못하나니 이는 저를 보지도 못하고 알지도 못함이라 그러나 너희는 저를 아나니 저는 너희와 함께 거하심이요 또 너희 속에 계시겠음이라 내가 너희를 고아와 같이 버려두지 아니하고 너희에게로 오리라 조금 있으면 세상은 다시 나를 보지 못할 터이로되 너희는 나를 보리니 이는 내가 살았고 너희도 살겠음이라 그날에는 내가 아버지 안에 너희가 내 안에 내가 너희 안에 있는 것을 너희가 알리라
요 14 : 26	보혜사 곧 아버지께서 내 이름으로 보내실 성령 그가 너희에게 모든 것을 가르치시고 내가 너희에게 말한 모든 것을 생각나게 하시리라

요 16 : 7-14	그러하나 내가 너희에게 실상을 말하노니 내가 떠나가는 것이 너희에게 유익이라 내가 떠나가지 아니하면 보혜사가 너희에게로 오시지 아니할 것이요 가면 내가 그를 너희에게로 보내리니 그가 와서 죄에 대하여 의에 대하여 심판에 대하여 세상을 책망하시리라 죄에 대하여라 함은 저희가 나를 믿지 아니함이요 의에 대하여라 함은 내가 아버지께로 가니 너희가 다시 나를 보지 못함이요 심판에 대하여라 함은 이 세상 임금이 심판을 받았음이니라 내가 아직 너희에게 이를 것이 많으나 지금은 너희가 감당치 못하리라 그러하나 진리의 성령이 오시면 그가 너희를 모든 진리 가운데로 인도하시리니 그가 자의로 말하지 않고 오직 듣는 것을 말하시며 장래 일을 너희에게 알리시리라 그가 내 영광을 나타내리니 내 것을 가지고 너희에게 알리겠음이니라
고전 3 : 16	너희가 하나님의 성전인 것과 하나님의 성령이 너희 안에 거하시는 것을 알지 못하느뇨
고전12 : 12-13	몸은 하나인데 많은 지체가 있고 몸의 지체가 많으나 한 몸임과 같이 그리스도도 그러하니라 우리가 유대인이나 헬라인이나 종이나 자유자나 다 한 성령으로 세례를 받아 한 몸이 되었고 또 다 한 성령을 마시게 하셨느니라
고전 12 : 27	너희는 그리스도의 몸이요 지체의 각 부분이라

3) 신앙의 고백

교회 설립의 요소 중에 또 하나는 "그리스도에 대한 신앙 고백"이다. 예수 그리스도께서 "주는 그리스도시요, 살아 계신 하나님의 아들이시니이다"라고 고백하는 베드로의 신앙 고백을 들으시고 그 위에 교회를 세우시겠다 하시며 천국 열쇠를 주신 것이다(마 16 : 16-18).

마 16 : 16-18	시몬 베드로가 대답하여 가로되 주는 그리스도시요 살아 계신 하나님의 아들이시니이다 예수께서 대답하여 가라사대 바요나 시몬아 네가 복이 있도다 이를 네게 알게 한 이는 혈육이 아니요 하늘에 계신 내 아버지시니라 또 내가 네게 이르노니 너는 베드로라 내가 이 반석 위에 내 교회를 세우리니 음부의 권세가 이기지 못하리라

II. 교회 설립과 발전과정

1. 교회 설립 과정

1) 그리스도께서 예언하심

기독교의 교회는 오순절 성령 강림으로 비롯되었지만(행 2 : 1-4) 이에 대한 예수 그리스도의 예언이 이미 있었다. 예수님께서 베드로에게 "내가 네게 이르노니 너는 베드로라 내가 이 반석 위에 내 교회를 세우리니 음부의 권세가 이기지 못하리라"(마 16 : 18)고 하셨던 것이다.

2) 사도들에 의해 설립됨

그리스도께서 사도의 신앙 기초 위에 자기 교회를 세우시겠다고 하신 예언은 (마 16 : 18) 오순절 성령 강림을 계기로 하여 사도들이 그리스도의 교회를 설립함으로써 성취되었다(행 2 : 1-36 참조). 성령 강림과 더불어 사도들에 의하여 설립된 초대 교회의 생활 모습은 사도행전이 소상히 전해 주고 있다(행 2 : 37-47). 그리고 오순절 성령 강림의 약속을 믿고 기다리던 120문도가 최초로 성령의 세례를 받고 예루살렘교회의 주요 핵심 구성원이 되었다.

마 16 : 18 또 내가 네게 이르노니 너는 베드로라 내가 이 반석 위에 내 교회를 세우리니 음부의 권세가 이기지 못하리라

행 2 : 37-47 저희가 이 말을 듣고 마음에 찔려 베드로와 다른 사도들에게 물어 가로되 형제들아 우리가 어찌할고 하거늘 베드로가 가로되 너희가 회개하여 각각 예수 그리스도의 이름으로 세례를 받고 죄 사함을 얻으라 그리하면 성령을 선물로 받으리니 이 약속은 너희와 너희 자녀와 모든 먼 데 사람 곧 주 우리 하나님이 얼마든지 부르시는 자들에게 하신 것이라 하고 또 여러 말로 확증하며 권하여 가로되 너희가 이 패역한 세대에서 구원을 받으라 하니 그 말을 받는 사람들은 세례를 받으매 이 날에 제자의 수가 삼천이나 더하더라 저희가 사도의 가르침을 받아 서로 교제하며 떡을 떼며 기도하기를 전혀 힘쓰니라 사람마다 두려워하는데 사도들로 인하여 기사와 표적이 많이 나타나니 믿는 사람이 다 함께 있어 모든 물건을 서로 통용하고 또 재산과 소유를 팔아 각 사람의 필요를 따라 나눠주고

날마다 마음을 같이하여 성전에 모이기를 힘쓰고 집에서 떡을
떼며 기쁨과 순전한 마음으로 음식을 먹고 하나님을 찬미하며
또 온 백성에게 칭송을 받으니 주께서 구원받는 사람을 날마다
더하게 하시니라

2. 교회 발전 과정
1) 정기 집회 장소를 가짐

(1) 다락방

그리스도가 부활 승천하신 후에 제자들은 지정된 장소에서 집회를 가졌음이 성
경에 나타나고 있다. 그 장소는 예수님께서 최후의 만찬을 잡수시던 마가의 다락
방임이 분명하다(행 1 : 13; 눅 22 : 12). 이곳은 예수님께서 부활하신 후에도 두
번이나 제자들을 만난 곳이다(요 20 : 19-20, 26-28). 이곳은 교회의 창립을 위한
예비 모임의 장소였으며 또한 기독교 최초의 교회가 탄생한 곳이다(행 2 : 1-4).

행 1 : 13	들어가 저희 유하는 다락에 올라가니 베드로 요한 야고보 안드레와 빌립 도마와 바돌로매 마태와 및 알패오의 아들 야고보 셀롯인 시몬 야고보의 아들 유다가 다 거기 있어
눅 22 : 12	그리하면 저가 자리를 베푼 큰 다락방을 보이리니 거기서 예비하라 하신대
요 20 : 19-20	이날 곧 안식 후 첫날 저녁 때에 제자들이 유대인들을 두려워하여 모인 곳에 문들을 닫았더니 예수께서 오사 가운데 서서 가라사대 너희에게 평강이 있을지어다 이 말씀을 하시고 손과 옆구리를 보이시니 제자들이 주를 보고 기뻐하더라
요 20 : 26-28	여드레를 지나서 제자들이 다시 집안에 있을 때에 도마도 함께 있고 문들이 닫혔는데 예수께서 오사 가운데 서서 가라사대 너희에게 평강이 있을지어다 하시고 도마에게 이르시되 네 손가락을 이리 내밀어 내 손을 보고 네 손을 내밀어 내 옆구리에 넣어 보라 그리하고 믿음 없는 자가 되지 말고 믿는 자가 되라 도마가 대답하여 가로되 나의 주시며 나의 하나님이시니이다
행 2 : 1-4	오순절 날이 이미 이르매 저희가 다같이 한 곳에 모였더니 홀연히

하늘로부터 급하고 강한 바람 같은 소리가 있어 저희 앉은 온 집에
가득하며 불의 혀같이 갈라지는 것이 저희에게 보여 각 사람 위에
임하여 있더니 저희가 다 성령의 충만함을 받고 성령이 말하게
하심을 따라 다른 방언으로 말하기를 시작하니라

(2) 솔로몬 행각

성경은 솔로몬 행각이 그리스도인들에게 집회 장소로 이용되었음을 보여 주고
있다(행 3 : 11,5 : 12). 특히 사도들이 수많은 표적을 행하게 되자, 복음이 더욱
능력 있게 전파되었고, 교세는 상승일로에 있었으며 믿는 사람들은 합심하여 솔
로몬 행각에 자주 모여 집회를 가졌던 것이다(행 5 : 12).

행 3 : 11	나은 사람이 베드로와 요한을 붙잡으니 모든 백성이 크게 놀라며 달려 나아가 솔로몬의 행각이라 칭하는 행각에 모였거늘
행 5 : 12	사도들의 손으로 민간에 표적과 기사가 많이 되매 믿는 사람이 다 마음을 같이하여 솔로몬 행각에 모이고

(3) 성전(聖殿)

초대 교회의 그리스도인들은 성전에 모이기를 힘썼으며(행 2 : 46,4 : 1,15 :
21,13 : 5), 그러는 중에도 솔로몬 행각이 즐겨 모이는 장소였다(행 5 : 12 참조).
메시야가 성전에 오신다는 것은 유대인의 사상이었다(합 2 : 20). 그러므로 그 메
시야에 대한 신앙은 그들로 하여금 성전을 떠날 수 없게 하였던 것이다. 만일 유
대인들이 그리스도를 환영하고 거족적으로 믿었다면 예루살렘 성전은 그대로 그
리스도의 교회가 되고 오늘날 모든 교회들의 모교회가 되었을 것이다.

행 2 : 46	날마다 마음을 같이하여 성전에 모이기를 힘쓰고 집에서 떡을 떼며 기쁨과 순전한 마음으로 음식을 먹고
행 4 : 1	사도들이 백성에게 말할 때에 제사장들과 성전 맡은 자와 사두개인들이 이르러
행 15 : 21	이는 예로부터 각 성에서 모세를 전하는 자가 있어 안식일마다 회당에서 글을 읽음이니라 하더라

행 13 : 5	살라미에 이르러 하나님의 말씀을 유대인의 여러 회당에서 전할
	새 요한을 수종자로 두었더라
합 2 : 20	오직 여호와는 그 성전에 계시니 온 천하는 그 앞에서 잠잠할지니라

⑷ 신자들의 집

초대 교회는 성전에 힘써 모이고 또 신자들의 집에서도 자주 모여 예배를 드리고 피차간에 교제하며(행 2 : 42), 애찬을 나누었던 것이다(행 2 : 46, 12 : 12).

행 2 : 42	저희가 사도의 가르침을 받아 서로 교제하며 떡을 떼며 기도하기를
	전혀 힘쓰니라
행 2 : 46	날마다 마음을 같이하여 성전에 모이기를 힘쓰고 집에서 떡을
	떼며 기쁨과 순전한 마음으로 음식을 먹고
행 12 : 12	깨닫고 마가라 하는 요한의 어머니 마리아의 집에 가니 여러 사람이
	모여 기도하더라

2) 정기 집회 시간을 가짐

⑴ 날마다

초대 교회 신자들은 날마다 일정한 시간에 성전에 모였다(행 2 : 46).

행 2 : 46	날마다 마음을 같이하여 성전에 모이기를 힘쓰고 집에서 떡을
	떼며 기쁨과 순전한 마음으로 음식을 먹고

⑵ 안식 후 첫날

초대 교회는 안식 후 첫날, 즉 주일마다 집회를 가졌던 것이다(행 20 : 7; 요 20 : 19, 26; 고전 16 : 2; 계 1 : 10).

행 20 : 7	안식 후 첫날에 우리가 떡을 떼려 하여 모였더니 바울이 이튿날
	떠나고자 하여 저희에게 강론할 새 말을 밤중까지 계속하매
요 20 : 19	이날 곧 안식 후 첫날 저녁 때에 제자들이 유대인들을 두려워하여
	모인 곳에 문들을 닫았더니 예수께서 오사 가운데 서서 가라사대

	너희에게 평강이 있을지어다
요 20 : 26	여드레를 지나서 제자들이 다시 집안에 있을 때에 도마도 함께 있고 문들이 닫혔는데 예수께서 오사 가운데 서서 가라사대 너희에게 평강이 있을지어다 하시고
고전 16 : 2	매주일 첫날에 너희 각 사람이 이를 얻은 대로 저축하여 두어서 내가 갈 때에 연보를 하지 않게 하라
계 1 : 10	주의 날에 내가 성령에 감동하여 내 뒤에서 나는 나팔 소리 같은 큰 음성을 들으니

(3) 하루 세 때

초대 교회는 매일 세 번 정한 시간에 성전에 올라가 기도회를 가졌다(행 3 : 1,10 : 9). 본래 유대인들은 하루 세 차례의 기도 시간을 엄수하였으니, 그것은 제3시(오전 9시), 제6시(정오), 제9시(오후 3시)였다. 그들은 이 기도 시간이 되면 가까운 회당을 찾아가고, 회당이 없을 때는 적당한 곳에서 기도했다(마 6 : 6).

행 3 : 1	제 구시 기도 시간에 베드로와 요한이 성전에 올라갈 새
행 10 : 9	이튿날 저희가 행하여 성에 가까이 갔을 그때에 베드로가 기도하려고 지붕에 올라가니 시간은 제 육시더라
마 6 : 6	너는 기도할 때에 네 골방에 들어가 문을 닫고 은밀한 중에 계신 네 아버지께 기도하라 은밀한 중에 보시는 네 아버지께서 갚으시리라

3) 출석을 점명(點名)함

(1) 120문도에 대해

성경에 "모인 무리의 수가 한 일백 이십 명이나 되더라"고 한 것을 보면(행 1 : 15) 당시 집회 인원을 점명 혹은 계수하고 있었음이 분명하다.

행 1 : 15	모인 무리의 수가 한 일백 이십 명이나 되더라 그 때에 베드로가 그 형제 가운데 일어서서 가로되

⑵ 3,000명에 대해

사도들이 전하는 복음을 듣고 믿는 자가 하루에 3,000명씩이나 되었는데 세례를 받을 때에 그 인원을 정확히 파악하고 있었다(행 2 : 41).

> 행 2 : 41　　　그 말을 받는 사람들은 세례를 받으매 이 날에 제자의 수가 삼천이나 더하더라

⑶ 5,000명에 대해

초대 교회는 집회에 참석한 사람 중에서 참으로 믿는 사람들을 남녀별로 구분하여 정확히 파악하고 있었다(행 4 : 4).

> 행 4 : 4　　　말씀을 들은 사람 중에 믿는 자가 많으니 남자의 수가 약 오천이나 되었더라

⑷ 새신자에 대해

초대 교회는 날마다 사도들이 전하는 복음을 듣고 믿음으로 점점 증가되는 신자의 수를 파악하고 있었다(행 2 : 47).

> 행 2 : 47　　　하나님을 찬미하며 또 온 백성에게 칭송을 받으니 주께서 구원받는 사람을 날마다 더하게 하시니라

3. 교회의 조직

1) 교회 조직의 필요성

초대 교회는 처음에는 특별한 조직이 없이 사도들이 직접 복음도 전하고, 행정도 하고, 봉사 활동도 했다. 그러나 교세가 점점 증가되어 여러 가지 일이 많아 분주하게 되자 사도들은 자연 복음을 전하는 일에 소홀하게 되었다. 그래서 교회 기능을 조직적으로 체계화하고 온갖 업무를 분업화하여 사도들은 오직 기도와 말씀 전하는 일에 전무함으로써 보다 효율적인 복음 전파 활동을 펴도록 하기 위해 교회의 조직이 필요했던 것이다(행 6 : 1-4).

행 6 : 1-4   그때에 제자가 더 많아졌는데 헬라파 유대인들이 자기의 과부들이
그 매일 구제에 빠지므로 히브리파 사람을 원망한대 열 두 사도가
모든 제자를 불러 이르되 우리가 하나님의 말씀을 제쳐놓고 공궤를
일삼는 것이 마땅치 아니하니 형제들아 너희 가운데서 성령과
지혜가 충만하여 칭찬 듣는 사람 일곱을 택하라 우리가 이 일을
저희에게 맡기고 우리는 기도하는 것과 말씀 전하는 것을
전무하리라 하니

2) 교회 조직의 원리

(1) 유형적 교회(有形的 敎會)

유형적 교회는 목사와, 세례받고 입교한 신자들로서 조직된다(행 2 : 38-41, 20 : 28; 벧전 2 : 25).

행 2 : 38-41   베드로가 가로되 너희가 회개하여 각각 예수 그리스도의 이름으로
세례를 받고 죄 사함을 얻으라 그리하면 성령을 선물로 받으리니
이 약속은 너희와 너희 자녀와 모든 먼데 사람 곧 주 우리 하나님이
얼마든지 부르시는 자들에게 하신 것이라 하고 또 여러 말로
확증하며 가로되 너희가 이 패역한 세대에서 구원을 받으라 하니
그 말을 받는 사람들은 세례를 받으매 이 날에 제자의 수가 삼천이나
더하더라

행 20 : 28   너희는 자기를 위하여 또는 온 양떼를 위하여 삼가라 성령이 저들
가운데 너희로 감독자를 삼고 하나님이 자기 피로 사신 교회를
치게 하셨느니라

벧전 2 : 25   내가 전에는 양과 같이 길을 잃었더니 이제는 너희 영혼의 목자와
감독되신 이에게 돌아왔느니라

(2) 무형적 교회(無形的 敎會)

무형적 교회는 영적 교회(靈的 敎會)로서 택함을 받아 예수님을 믿고 중생함으로 구원을 얻고 영혼의 깨끗함을 받은 자(요 3 : 3,5,15 : 3; 행 15 : 9)들, 그 이름이 하늘나라 생명책에 기록된 자(계 20 : 12,3 : 5; 빌 3 : 20; 눅 10 : 20)들로

조직된다. 이 교회의 특성은 영원한 단일성이다(엡 4 : 4-6).

요 3 : 3	예수께서 대답하여 가라사대 진실로 진실로 네게 이르노니 사람이 거듭나지 아니하면 하나님 나라를 볼 수 없느니라
요 3 : 5	예수께서 대답하시되 진실로 진실로 네게 이르노니 사람이 물과 성령으로 나지 아니하면 하나님 나라에 들어갈 수 없느니라
요 15 : 3	너희는 내가 일러준 말로 이미 깨끗하였으니
행 15 : 9	믿음으로 저희 마음을 깨끗이 하사 저희나 우리나 분간치 아니하셨느니라
계 20 : 12	또 내가 보니 죽은 자들이 무론 대소하고 그 보좌 앞에 섰는데 책들이 펴 있고 또다른 책이 펴졌으니 곧 생명책이라 죽은 자들이 자기 행위를 따라 책들에 기록된 대로 심판을 받으니
계 3 : 5	이기는 자는 이와 같이 흰 옷을 입을 것이요 내가 그 이름을 생명책에서 반드시 흐리지 아니하고 그 이름을 내 아버지 앞과 그 천사들 앞에서 시인하리라
빌 3 : 20	오직 우리의 시민권은 하늘에 있는지라 거기로서 구원하는 자 곧 주 예수 그리스도를 기다리노니
눅 10 : 20	그러나 귀신들이 너희에게 항복하는 것으로 기뻐하지 말고 너희 이름이 하늘에 기록된 것으로 기뻐하라 하시니라
엡 4 : 4-6	몸이 하나이요 성령이 하나이니 이와 같이 너희가 부르심의 한 소망 안에서 부르심을 입었느니라 주도 하나이요 믿음도 하나이요 세례도 하나이요 하나님도 하나이시니 곧 만유의 아버지시라 만유 위에 계시고 만유를 통일하시고 만유 가운데 계시도다

(3) 직분을 세움

모든 조직에는 조직의 기능 수행을 위한 직분이 필요하다. 그러므로 기독교 초기에 교회를 조직화함에 있어서 교회의 기능 수행을 위해 직분자들이 있어야 했던 것이다. 그러기에 예루살렘교회는 7집사를 세웠고(행 6 : 1-6), 에베소교회는 장로가 있었으며(행 20 : 17), 안디옥교회는 선지자들과 교사들이 있었고(행 13 : 1), 빌립보교회에는 감독과 집사가 있었던 것이다(빌 1 : 1).

행 6 : 1-6	그때에 제자가 더 많아졌는데 헬라파 유대인들이 자기의 과부들이
	그 매일 구제에 빠지므로 히브리파 사람을 원망한대 열두 사도가
	모든 제자를 불러 이르되 우리가 하나님의 말씀을 제쳐놓고 공궤를
	일삼는 것이 마땅치 아니하니 형제들아 너희 가운데서 성령과
	지혜가 충만하여 칭찬 듣는 사람 일곱을 택하라 우리가 이 일을
	저희에게 맡기고 우리는 기도하는 것과 말씀 전하는 것을
	전무하리라 하니 온 무리가 이 말을 기뻐하여 믿음과 성령이 충만한
	사람 스데반과 또 빌립과 브로고로와 니가노르와 디몬과 바메나와
	유대교에 입교한 안디옥 사람 니골라를 택하여 사도들 앞에 세우니
	사도들이 기도하고 그들에게 안수하니라
행 20 : 17	바울이 밀레도에서 사람을 에베소로 보내어 교회 장로들을 청하니
행 13 : 1	안디옥교회에 선지자들과 교사들이 있으니 곧 바나바와 니게르라
	하는 시므온과 구레네 사람 루기오와 분봉왕 헤롯의 젖동생
	마나엔과 및 사울이라
빌 1 : 1	그리스도 예수의 종 바울과 디모데는 그리스도 예수 안에서
	빌립보에 사는 모든 성도와 또는 감독들과 집사들에게 편지하노니

❖ 목사, 장로, 감독

신약에서 목사(Pastor), 장로(Elder), 감독(Bishop)은 동일한 직분을 지칭하는 말이다(행 20 : 17, 28; 엡 4 : 11; 벧전 5 : 1-2; 이하 참조 요이 1; 요삼 1). 베드로는 사도였지만 또한 자기 스스로를 장로라고도 불렀다(벧전 5 : 1). 그러나 이것은 사도직이 목사나 장로의 직분보다 못하다는 것을 의미하는 것은 아니다. 디도서 1장 5-9절에 보면 장로와 감독이란 말을 상호 교체적으로 사용했다. 또 바울 사도는 에베소 교회의 장로들을 불러놓고(행 20 : 17) 이르기를 "성령이 교회 가운데 너희를 감독자로 삼고 하나님이 자기 피로 사신 교회를 치게 하셨느니라"고 하였다.

행 20 : 17	바울이 밀레도에서 사람을 에베소로 보내어 교회 장로들을 청하니
행 20 : 28	너희는 자기를 위하여 또는 온 양떼를 위하여 삼가라 성령이 저들
	가운데 너희로 감독자를 삼고 하나님이 자기 피로 사신 교회를

치게 하셨느니라

엡 4 : 11 그러므로 주안에서 갇힌 내가 너희를 권하노니 너희가 부르심을
입은 부름에 합당하게 행하여

벧전 5 : 1-2 너희 중 장로들에게 권하노니 나는 함께 장로된 자요 그리스도의
고난의 증인이요 나타날 영광에 참예할 자로라 너희 중에 있는
하나님의 양무리를 치되 부득이함으로 하지 말고 오직 하나님의
뜻을 좇아 자원함으로 하며 더러운 이를 위하여 하지 말고 오직
즐거운 뜻으로 하며

딛 1 : 5-9 내가 너를 그레데에 떨어뜨려 둔 이유는 부족한 일을 바로잡고
나의 명한 대로 각 성에 장로들을 세우게 하려 함이니 책망할 것이
없고 한 아내의 남편이며 방탕하다 하는 비방이나 불순종하는
일이 없는 믿는 자녀를 둔 자라야 할지라 감독은 하나님의
청지기로서 책망할 것이 없고 제고집대로 하지 아니하며 급히
분내지 아니하며 술을 즐기지 아니하며 구타하지 아니하며 더러운
이를 탐하지 아니하며 오직 나그네를 대접하며 선을 좋아하며
근신하며 의로우며 거룩하며 절제하며 미쁜 말씀의 가르침을 그대로
지켜야 하리니 이는 능히 바른 교훈으로 권면하고 거스려 말하는
자들을 책망하게 하려 함이라

❖ 집사

집사(Deacon)란 헬라어의 "디아코노스(Diakonos)"에서 온 말이다(빌 1 : 1). 이는 "섬기는 자" 또는 "종"이란 뜻이 있다. 그러나 이는 신분에 관계없이 그 활동 면만 가리킨다. 집사직의 기원은 초대 교회가 7집사를 선택하여 세운 것이며(행 6 : 1-6 참조), 당시 그들의 직분은 원칙적으로 구제하는 것이었다. 그러나 이 직분은 그후 "신령한 봉사"에도 적용되어 바울 자신을 "복음의 집사"라고 하였다(엡 3 : 7; 고전 3 : 5; 딤전 1 : 12; 골 1 : 23). 본래 집사들은 감독과 같이 동일한 높은 영적 자격을 구비한 사람이어야만 했던 것이 분명하다. 스데반과 빌립은 초대 교회 일곱 집사 가운데 들어 있는 사람들이지만 그들은 지도적 복음 전도자였던 것이다(사도행전 7-8장 참조).

빌 1 : 1	그리스도 예수의 종 바울과 디모데는 그리스도 예수 안에서 빌립보에 사는 모든 성도와 또는 감독들과 집사들에게 편지하노니
엡 3 : 7	이 복음을 위하여 그의 능력이 역사하시는 대로 내게 주신 하나님의 은혜의 선물을 따라 내가 일꾼이 되었노라
고전 3 : 5	그런즉 아볼로는 무엇이며 바울은 무엇이뇨 저희는 주께서 각각 주신대로 너희로 하여금 믿게 한 사역자들이니라
딤전 1 : 12	나를 능하게 하신 그리스도 예수 우리 주께 내가 감사함은 나를 충성되이 여겨 내게 직분을 맡기심이니
골 1 : 23	만일 너희가 믿음에 거하고 터 위에 굳게 서서 너희 들은 바 복음의 소망에서 흔들리지 아니하면 그리하리라 이 복음은 천하 만민에게 전파된 바요 나 바울은 이 복음의 일군이 되었노라

❖ 여집사

여집사(Deaconess)는 이것은 초대 교회에서 좀 특별한 직분이었던 것 같다. 겐그리아교회의 "뵈뵈"라는 이는 "여집사"로 호칭되었고(롬 16 : 1) 이밖에도 여집사를 지칭한 성경 구절들이 있다(딤전 3 : 11; 빌 4 : 3). 초대 교회의 여집사들은 구제품을 분배하는 일과 병자를 방문하는 일과, 특히 가난한 사람들과, 성도 중 과부들을 위하여 음식을 차려 주는 사랑의 잔치(愛餐 ; 애찬)를 준비하는 데 도왔을 것이다.

롬 16 : 1	내가 겐그레아교회의 일꾼으로 있는 우리 자매 뵈뵈를 너희에게 천거하노니
딤전 3 : 11	여자들도 이와 같이 단정하고 참소하지 말며 절제하며 모든 일에 충성된 자라야 할지니라
빌 4 : 3	또 참으로 나와 멍에를 같이한 자 네게 구하노니 복음에 나와 함께 힘쓰던 저 부녀들을 돕고 또한 글레멘드와 그 외에 나의 동역자들을 도우라 그 이름들이 생명책에 있느니라

3) 교회 조직의 구분

성경에 나타난 교회는 대략적으로 지역 교회, 가정 교회 및 전체적 교회로 구분할 수 있다.

(1) 지역 교회

지역 교회란 예루살렘교회(행 8 : 2,9 : 31,11 : 22)를 위시하여 안디옥교회(행 13 : 1), 고린도교회(고전 1 : 1-2), 에베소교회(행 20 : 17), 겐그레아교회(롬 16 : 1), 라오디게아교회, 데살로니가교회(살전 1 : 1), 갈라디아교회(고전 16 : 1), 마게도냐교회(고후 8 : 1), 아시아의 교회(고전 16 : 19; 계 1 : 4) 등 일정한 지역의 교인들의 회중(會衆)으로서의 교회를 의미한다.

행 8 : 2	경건한 사람들이 스데반을 장사하고 위하여 크게 울더라
행 9 : 31	그리하여 온 유대와 갈릴리와 사마리아 교회가 평안하여 든든히 서 가고 주를 경외함과 성령의 위로로 진행하여 수가 더 많아지니라
행 11 : 22	예루살렘교회가 이 사람들의 소문을 듣고 바나바를 안디옥까지 보내니
행 13 : 1	안디옥교회에 선지자들과 교사들이 있으니 곧 바나바와 니게르라 하는 시므온과 구레네 사람 루기오와 분봉왕 헤롯의 젖동생 마나엔과 및 사울이라
고전 1 : 1	하나님의 뜻을 따라 그리스도 예수의 사도로 부르심을 입은 바울과 및 형제 소스데네는
고전 1 : 2	고린도에 있는 하나님의 교회 곧 그리스도 예수 안에서 거룩하여지고 성도라 부르심을 입은 자들과 또 각처에서 우리의 주 곧 저희와 우리의 주되신 예수 그리스도의 이름을 부르는 모든 자들에게
행 20 : 17	바울이 밀레도에서 사람을 에베소로 보내어 교회 장로들을 청하니
롬 16 : 1	내가 겐그레아교회의 일꾼으로 있는 우리 자매 뵈뵈를 너희에게 천거하노니
살전 1 : 1	바울과 실루아노와 디모데는 하나님 아버지와 주 예수 그리스도 안에 있는 데살로니가인의 교회에 편지하노니
고전 16 : 1	성도를 위하여 연보에 대하여는 내가 갈라디아 교회들에게 명한 것같이 너희도 그렇게 하라
고후 8 : 1	형제들아 하나님께 마게도냐 교회들에게 주신 은혜를 우리가 너희에게 알게 하노니
고전 16 : 19	아시아의 교회들이 너희에게 문안하고 아굴라와 브리스가와 및

계 1 : 4

그 집에 있는 교회가 주 안에서 너희에게 간절히 문안하고
요한은 아시아에 있는 일곱 교회에 편지하노니 이제도 계시고
전에도 계시고 장차 오실 이와 그 보좌 앞에 일곱 영과

(2) 가정 교회

성경에 보면 기독교 초기 교회들은 지도적 신자의 집에서 모이는 가정 교회였다. 초대 기독교 교회의 형태는 가정 중심 또는 개인의 동지적 모임의 교회였다. 당시에 부유층 혹은 지도적인 인사들이 자기 집의 방 하나를 집회 장소로 제공하여, 가정 식구를 중심으로 집회를 갖고 전도하였던 것이다(롬 16 : 5,23; 고전 16 : 19; 골 4 : 15; 몬 2 참조).

오순절날 교회가 마가의 다락방에서 탄생한 것을 위시하여(행 1 : 13) 예루살렘의 마가의 집(행 12 : 12), 빌립보의 루디아의 집(행 16 : 40), 골로새의 빌레몬의 집(몬 2장 참조), 라오디게아의 눔바의 집(골 4 : 15), 고린도의 가이오의 집(롬 16 : 23) 등이 바로 그 당시에 있었던 가정 교회이다. 당시의 가정 교회는 그리스도교가 유대교와 분리하면서 회당에서 모이지 못하게 된 데서 비롯된 자연스런 결과였다. 적어도 제3세기에 이르기까지는 별개의 교회당을 건립한 흔적이 없고 이런 가정 교회들을 합하여 "고린도에 있는 교회" 또는 "빌립보에 있는 교회" 등으로 불렀던 것이다.

바울이 로마서 16장 3절에서 "브리스가와 아굴라에게 문안한다"라고 한 다음, 로마서 16장 5절에서 "또 저의 교회에게도 문안하라"고 하였는데 여기서 "저의 교회"는 "저희 집에 있는 교회"란 뜻이다. 아굴라 부부의 집에서도 가정 교회가 모였던 것을 알 수 있다(롬 16 : 14-15). 아굴라와 브리스가의 집은 에베소에 있을 때도 교회였으며(고전 16 : 19), 로마에 돌아온지 얼마 안 되었으나(1년 이내) 여기서도 교회로 모이고 있었다. 당시 그들의 신앙적 열성과 교회적 위치를 짐작할 수 있다. 이와 같이 가정 교회는 교회 발전상에 있어서 자연스런 과정이었으나 거기에 교회의 본질과 이상이 간직되어 있는 듯하다. 그것은 교회란 하나님을 아버지라 부르며 그리스도를 모신 하나님의 집이기 때문이다(딤전 3 : 15; 히 2 : 11; 요 20 : 17). 가정적인 자연스럽고 친밀하고 불가분리적인 분위기 속에서 교

회는 육성되고 유지되어야 할 것이다. 호화 찬란하고 웅장한 이교도의 신전들이 우상 숭배를 상징하고 유대인의 회당들이 그들의 형식주의를 상징하였다면 가정 교회는 중심의 신앙을 고조하는 그리스도교의 본뜻을 말해 주는 것이었다.

롬 16 : 5	또 저의 교회에게도 문안하라 나의 사랑하는 에배네도에게 문안하라 저는 아시아에서 그리스도께 처음 익은 열매니라
롬 16 : 23	나와 온 교회 식주인 가이오도 너희에게 문안하고 이 성의 재무 에라스도와 형제 구아도도 너희에게 문안하느니라
고전 16 : 19	아시아의 교회들이 너희에게 문안하고 아굴라와 브리스가와 및 그 집에 있는 교회가 주 안에서 너희에게 간절히 문안하고
골 4 : 15	우리가 주의 말씀으로 너희에게 이것을 말하노니 주 강림하실 때까지 우리 살아 남아 있는 자도 자는 자보다 결단코 앞서지 못하리라
행 1 : 13	들어가 저희 유하는 다락에 올라가니 베드로 요한 야고보 안드레와 빌립 도마와 바돌로매 마태와 및 알패오의 아들 야고보 셀롯인 시몬 야고보의 아들 유다가 다 거기 있어
행 12 : 12	깨닫고 마가라 하는 요한의 어머니 마리아의 집에 가니 여러 사람이 모여 기도하더라
행 16 : 40	두 사람이 옥에서 나가 루디아의 집에 들어가서 형제들을 만나 보고 위로하고 가니라
롬 16 : 14-15	아순그리도와 블레곤과 허메와 바드로바와 허마와 저희와 함께 있는 형제들에게 문안하라 빌롤로고와 율리아와 또 네레오와 그 자매와 올름바와 저희와 함께 있는 모든 성도에게 문안하라
딤전 3 : 15	만일 내가 지체하면 너로 하나님의 집에서 어떻게 행하여야 할 것을 알게 하려 함이니 이 집은 살아 계신 하나님의 교회요 진리의 기둥과 터이니라
히 2 : 11	거룩하게 하시는 자와 거룩하게 함을 입은 자들이 다 하나에서 난지라 그러므로 형제라 부르시기를 부끄러워 아니하시고
요 20 : 17	예수께서 이르시되 나를 만지지 말라 내가 아직 아버지께로 올라가지 못하였노라 너는 내 형제들에게 가서 이르되 내가 내 아버지 곧 너희 아버지 내 하나님 곧 너희 하나님께로 올라간다

하라 하신대

(3) 전체적 교회

이는 신자들의 총체(總體)를 의미하는 것이며 이 교회는 천상에서나 지상에서나 구주 예수 그리스도와 영적으로 연합했거나 또는 장차 예수 안에서 대대(代代)로 연합할 신자들의 총체를 가리킨다(엡 1 : 22, 3 : 10, 21, 5 : 23-25, 27-29, 32; 골 1 : 18, 24). 이는 또 천상 교회, 지상 교회, 유형 교회, 무형 교회 할 것 없이 모든 교회가 연합하여 통일된 하나의 큰 교회를 이룬 총공동체를 의미한다(롬 6 : 3-5; 고전 12 : 12-13; 엡 1 : 11-14).

엡 1 : 22	또 만물을 그 발 아래 복종하게 하시고 그를 만물 위에 교회의 머리로 주셨느니라
엡 3 : 10	이는 이제 교회로 말미암아 하늘에서 정사와 권세들에게 하나님의 각종 지혜를 알게 하려 하심이니
엡 3 : 21	교회 안에서와 그리스도 예수 안에서 영광이 대대로 영원 무궁하기를 원하노라 아멘
엡 5 : 23-25	이는 남편이 아내의 머리됨이 그리스도께서 교회의 머리됨과 같음이니 그가 친히 몸의 구주시니라 그러나 교회가 그리스도에게 하듯 아내들도 범사에 그 남편에게 복종할지니라 남편들아 아내 사랑하기를 그리스도께서 교회를 사랑하시고 위하여 자신을 주심 같이 하라
엡 5 : 27-29	자기 앞에 영광스러운 교회로 세우사 티나 주름잡힌 것이나 이런 것들이 없이 거룩하고 흠이 없게 하려 하심이니라 이와 같이 남편들도 자기 아내 사랑하기를 제 몸같이 할찌니 자기 아내를 사랑하는 자는 자기를 사랑하는 것이라 누구든지 언제든지 제 육체를 미워하지 않고 오직 양육하여 보호하기를 그리스도께서 교회를 보양함과 같이 하나니
엡 5 : 32	이 비밀이 크도다 내가 그리스도와 교회에 대하여 말하노라
골 1 : 18	그는 몸인 교회의 머리라 그가 근본이요 죽은 자들 가운데서 먼저 나신 자니 이는 친히 만물의 으뜸이 되려 하심이요
골 1 : 24	내가 이제 너희를 위하여 받는 괴로움을 기뻐하고 그리스도의

	남은 고난을 그의 몸된 교회를 위하여 내 육체에 채우노라
롬 6 : 3-5	무릇 그리스도 예수와 합하여 세례를 받은 우리는 그의 죽으심과 합하여 세례받은 줄을 알지 못하느뇨 그러므로 우리가 그의 죽으심과 합하여 세례를 받음으로 그와 함께 장사 되었나니 이는 아버지의 영광으로 말미암아 그리스도를 죽은 자 가운데서 살리심과 같이 우리로 또한 새 생명 가운데서 행하게 하려 함이니라 만일 우리가 그의 죽으심을 본받아 연합한 자가 되었으면 또한 그의 부활을 본받아 연합한 자가 되리라
고전 12 : 12-13	몸은 하나인데 많은 지체가 있고 몸의 지체가 많으나 한몸임과 같이 그리스도도 그러하니라 우리가 유대인이나 헬라인이나 종이나 자유자나 다 한 성령으로 세례를 받아 한 몸이 되었고 또 다 한 성령을 마시게 하셨느니라
엡 1 : 11-14	모든 일을 그 마음의 원대로 역사하시는 자의 뜻을 따라 우리가 예정을 입어 그 안에서 기업이 되었으니 이는 그리스도 안에서 전부터 바라던 우리로 그의 영광의 찬송이 되게 하려 하심이라 그 안에서 너희도 진리의 말씀 곧 너희의 구원의 복음을 듣고 그 안에서 또한 믿어 약속의 성령으로 인치심을 받았으니 이는 우리의 기업에 보증이 되사 그 얻으신 것을 구속하시고 그의 영광을 찬미하게 하려 하심이라

4. 교회의 장래

1) 교회는 계속 존재함

교회는 예수님께서 불패성(不敗性)을 보장하였듯이(마 16 : 18) 앞으로 세상 끝 날까지 예수님의 보호와 인도하심 가운데 존속하며 그 임무를 수행하게 된다(마 28 : 19-20).

마 16 : 18	또 내가 네게 이르노니 너는 베드로라 내가 이 반석 위에 내 교회를 세우리니 음부의 권세가 이기지 못하리라
마 28 : 19-20	그러므로 너희는 가서 모든 족속으로 제자를 삼아 아버지와 아들과 성령의 이름으로 세례를 주고 내가 너희에게 분부한 모든 것을 가르쳐 지키게 하라 볼지어다 내가 세상 끝날까지 너희와 항상

함께 있으리라 하시니라

2) 교회는 세상을 완전 회심케 못함

성경은 교회가 온 세상을 완전히 그리스도에게로 인도해 오지는 못하게 될 것을 암시하고 있다(마 7 : 21, 22 : 14; 눅 18 : 8; 마 24 : 12; 눅 17 : 26).

마 7 : 21	나더러 주여 주여 하는 자마다 천국에 다 들어갈 것이 아니요 다만 하늘에 계신 내 아버지의 뜻대로 행하는 자라야 들어가리라
마 22 : 14	청함을 받은 자는 많되 택함을 입은 자는 적으니라
눅 18 : 8	내가 너희에게 이르노니 속히 그 원한을 풀어 주시리라 그러나 인자가 올 때에 세상에서 믿음을 보겠느냐 하시니라
마 24 : 12	불법이 성하므로 많은 사람의 사랑이 식어지리라
눅 17 : 26	노아의 때에 된 것과 같이 인자의 때에도 그러하리라

3) 교회는 환난 전 휴거됨

세상 마지막 때에 7년 대환난이 있고 그후 아마겟돈 전쟁이 일어나며 전쟁이 끝날 무렵 예수 그리스도께서 지상에 재림하시어 모든 원수들을 멸하시고, 마귀를 잡아 가두고, 적그리스도를 잡아 불과 유황으로 타는 못에 던지신 후, 성도들과 함께 천년왕국을 세우시고 왕 노릇하실 것이다(계 20 : 4, 6, 22 : 5). 그런데 교회는 7년 환난이 시작되기 직전에 공중으로 휴거되어 일단 공중에 재림하신 그리스도를 영접하고 환난을 면하게 된다(살전 4 : 16-18). 휴거에 대하여 이론(異論)이 없지 않다. 즉 7년 환난 중 3년 반이 지난 후 휴거된다는 주장과 또는 7년 환난을 완전히 통과한다는 주장이 있는 것이다. 그러나 이는 일반적인 지지를 얻지 못하고 있다(눅 21 : 36; 계 3 : 10).

계 20 : 4	또 내가 보좌들을 보니 거기 앉은 자들이 있어 심판하는 권세를 받았더라 또 내가 보니 예수의 증거와 하나님의 말씀을 인하여 목 베임을 받은 자의 영혼들과 또 짐승과 그의 우상에게 경배하지도 아니하고 이마와 손에 그의 표를 받지도 아니한 자들이 살아서 그리스도로 더불어 천년 동안 왕노릇 하니

계 20 : 6	이 첫째 부활에 참예하는 자들은 복이 있고 거룩하도다 둘째 사망이 그들을 다스리는 권세가 없고 도리어 그들이 하나님과 그리스도의 제사장이 되어 천년 동안 그리스도로 더불어 왕노릇하리라
계 22 : 5	다시 밤이 없겠고 등불과 햇빛이 쓸데없으니 이는 주 하나님이 저희에게 비취심이라 저희가 세세토록 왕노릇하리로다
살전 4 : 16-18	주께서 호령과 천사장의 소리와 하나님의 나팔로 친히 하늘로 좇아 강림하시리니 그리스도 안에서 죽은 자들이 먼저 일어나고 그 후에 우리 살아 남은 자도 저희와 함께 구름 속으로 끌어올려 공중에서 주를 영접하게 하시리니 그리하여 우리가 항상 주와 함께 있으리라 그러므로 이 여러 말로 서로 위로하라
눅 21 : 36	이러므로 너희는 장차 올 이 모든 일을 능히 피하고 인자 앞에 서도록 항상 기도하며 깨어 있으라 하시니라
계 3 : 10	네가 나의 인내의 말씀을 지켰은즉 내가 또한 너를 지키어 시험의 때를 면하게 하리니 이는 장차 온 세상에 임하여 땅에 거하는 자들을 시험할 때라

4) 교회는 영원한 증거가 됨

성경은 교회가 영원토록 하나님의 구원의 경륜과 섭리 속에 나타난 오묘하고 무한한 각종 지혜와 선하심과 역사하심을 증거할 것이라 한다(엡 3 : 10). 즉 그리스도와 교회의 연합함이 악한 세대 중에서 그리스도의 은혜와 능력이 교회를 구하고 지켜주시는 사실을 말해 줄 것이다. 그리하여 교회는 하나님의 풍부하신 지혜와 은혜를 증거하는 동시에 영원히 하나님의 영광을 나타나게 될 것이다(엡 3 : 20-21).

엡 3 : 10	이는 이제 교회로 말미암아 하늘에서 정사와 권세들에게 하나님의 각종 지혜를 알게 하려 하심이니
엡 3 : 20-21	우리 가운데서 역사하시는 능력대로 우리의 온갖 구하는 것이나 생각하는 것에 더 넘치도록 능히 하실 이에게 교회 안에서와 그리스도 예수 안에서 영광이 대대로 영원 무궁하기를 원하노라 아멘

교회와 예배

Ⅰ. 예배의 개념

종교의 본질적 요소인 예배는 기독교 뿐만 아니라 다른 종교에서도 그들 나름 대로 예배를 가지고 있다. 예배의 대상과 정신과 형식은 각 종교에 따라 서로 다르지만 종교 의식으로서의 예배를 가지지 않는 종교는 거의 없다. 창조주요 구속 주이신 하나님을 예배의 대상으로 하는 기독교 예배는 타종교와 근본적으로 다른, 독특한 예배의 근거와 정신과 의미를 지니고 있다. 다음은 기독교 교회의 가장 근본적인 기능이며 하나님께 대한 신자의 신앙 표현의 중요한 활동인 예배에 대하여 기술하기로 한다.

1. 예배의 정의

예배(Worship)는 피조물인 인간이 창조주이시며, 구속주(救贖主)이시며, 절대적 권위자이신 하나님께 대하여 숭경(崇敬)과, 복종과, 경외(敬畏)를 표현하는 행위이다(시 95 : 6-7; 미 6 : 6; 시 2 : 11, 29 : 2). 예배는 하나님께 대한 진정한 봉사 행위로서(눅 2 : 37; 계 7 : 15) 충성되고 성결한 생활과(롬 12 : 1), 그리스도 안에서 서로 사랑의 교제를 나누는 일과(행 2 : 44-47), 이웃에 대한 모든 친절한 봉사 및 자선 행위야말로 예배의 행위이다(마 25 : 34-40). 또한 인격신인 유일신 하나님께 대한 경건한 묵상과 진실된 감사(출 4 : 31; 대하 7 : 3; 출 24 : 1), 겸손한 고백과 신앙적 간구(출 34 : 8-9), 그분의 영광에 대한 찬양(느 8 : 6; 대하 20 : 8, 29 : 30), 그리고 그 권위에 대한 복종(계 7 : 11, 4 : 10)도 하나님께 대한 신앙과 경외와 숭경의 표현으로 예배 행위에 해당한다.

시 95 : 6-7   오라 우리가 굽혀 경배하며 우리를 지으신 여호와 앞에 무릎을
꿇자 대저 저는 우리 하나님이시오 우리는 그의 기르시는 백성이며
그 손의 양이라 너희가 오늘날 그 음성 듣기를 원하노라

미 6 : 6   내가 무엇을 가지고 여호와 앞에 나아가며 높으신 하나님께
경배할까 내가 번제물 일년 된 송아지를 가지고 그 앞에 나아갈까

시 2 : 11   여호와를 경외함으로 섬기고 떨며 즐거워할지어다

시 29 : 2   여호와의 이름에 합당한 영광을 돌리며 걸구한 옷을 입고 여호와께
경배할지어다

눅 2 : 37   과부된 지 팔십 사년이라 이 사람이 성전을 떠나지 아니하고 주야에
금식하며 기도함으로 섬기더니

계 7 : 15   그러므로 그들이 하나님의 보좌 앞에 있고 또 그의 성전에서 밤낮
하나님을 섬기매 보좌에 앉으신 이가 그들 위에 장막을 치시리니

롬 12 : 1   그러므로 형제들아 내가 하나님의 모든 자비하심으로 너희를
권하노니 너희 몸을 하나님이 기뻐하시는 거룩한 산 제사로 드리라
이는 너희의 드릴 영적 예배니라

행 2 : 44-47   믿는 사람이 다 함께 있어 모든 물건을 서로 통용하고 또 재산과
소유를 팔아 각 사람의 필요를 따라 나눠 주고 날마다 마음을 같이
하여 성전에 모이기를 힘쓰고 집에서 떡을 떼며 기쁨과 순전한
마음으로 음식을 먹고 하나님을 찬미하며 또 온 백성에게 칭송을
받으니 주께서 구원받는 사람을 날마다 더하게 하시니라

마 25 : 34-40   그 때에 임금이 그 오른편에 있는 자들에게 이르시되 내 아버지께
복받을 자들이여 나아와 창세로부터 너희를 위하여 예비된 나라를
상속하라 내가 주릴 때에 너희가 먹을 것을 주었고 목 마를 때에
마시게 하였고 나그네 되었을 때에 영접하였고 벗었을 때에 옷을
입혔고 병들었을 때에 돌아보았고 옥에 갇혔을 때에 와서
보았느니라 이에 의인들이 대답하여 가로되 주여 우리가 어느
때에 주의 주리신 것을 보고 공궤하였으며 목마르신 것을 보고
마시게 하였나이까 어느 때에 나그네 되신 것을 보고 영접하였으며
벗으신 것을 보고 옷입혔나이까 어느 때에 병드신 것이나 옥에
갇히신 것을 보고 가서 뵈었나이까 하리니 임금이 대답하여
가라사대 내가 진실로 너희에게 이르노니 너희가 여기 내 형제
중에 지극히 작은 자 하나에게 한 것이 곧 내게 한 것이니라 하시고

출 4 : 31	백성이 믿으며 여호와께서 이스라엘 자손을 돌아보시고 그 고난을 감찰하셨다 함을 듣고 머리 숙여 경배하였더라
대하 7 : 3	이스라엘 모든 자손은 불이 내리는 것과 여호와의 영광이 전에 있는 것을 보고 박석 깐 땅에 엎드려 경배하며 여호와께 감사하여 가로되 선하시도다 그 인자하심이 영원하도다 하니라
출 24 : 1	또 모세에게 이르시되 너는 아론과 나답과 아비후와 이스라엘 장로 칠십인과 함께 여호와에게로 올라와 멀리서 경배하고
출 34 : 8-9	모세가 급히 땅에 엎드리어 경배하며 가로되 주여 내가 주께 은총을 입었거든 원컨대 주는 우리 중에서 행하옵소서 이는 목이 곧은 백성이니이다 우리의 악과 죄를 사하시고 우리로 주의 기업을 삼으소서
느 8 : 6	에스라가 광대하신 하나님 여호와를 송축하매 모든 백성이 손을 들고 아멘 아멘 응답하고 몸을 굽혀 얼굴을 땅에 대고 여호와께 경배하였느니라
대하 20 : 8	저희가 이 땅에 거하여 주의 이름을 위하여 한 성소를 건축하고 이르기를
대하 29 : 30	히스기야 왕이 귀인들로 더불어 레위 사람을 명하여 다윗과 선견자 아삽의 시로 여호와를 찬송하게 하매 저희가 즐거움으로 찬송하고 몸을 굽혀 경배하니라
계 7 : 11	모든 천사가 보좌와 장로들과 네 생물의 주위에 섰다가 보좌 앞에 엎드려 얼굴을 대고 하나님께 경배하여
계 4 : 10	이십 사 장로들이 보좌에 앉으신 이 앞에 엎드려 세세토록 사시는 이에게 경배하고 자기의 면류관을 보좌 앞에 던지며 가로되

2. 예배의 성경적 근거

1) 구약의 예배

성경 역사에 나타난 예배의 가장 최초의 형태는 희생(犧牲 : 산짐승을 잡아 하나님께 드려 제사함)을 드림이었다. 이것은 처음에 가인과 아벨의 제사에서 시작되었고(창 4 : 3-5) 노아의 제사(창 8 : 20)에서도 행해졌다.

희생 제사는 그 후 히브리 종교의 중요한 예배 양식이 되었다(출 29 : 10-18). 유대교에서는 예루살렘 성전에서 희생 제사를 드리는 것이 예배의 중심이었는데 후에는 그것을 정신적, 내면적으로 영적 의미를 부여하는 일이 중요시되었다.

창 4 : 3-5 　세월이 지난 후에 가인은 땅의 소산으로 제물을 삼아 여호와께 드렸고 아벨은 자기도 양의 첫 새끼와 그 기름으로 드렸더니 여호와께서 아벨과 그 제물은 열납하셨으나 가인과 그 제물은 열납하지 아니하신지라 가인이 심히 분하여 안색이 변하니

창 8 : 20 　노아가 여호와를 위하여 단을 쌓고 모든 정결한 짐승 중에서와 모든 정결한 새 중에서 취하여 번제로 단에 드렸더니

출 29 : 10-18 　너는 수송아지를 회막 앞으로 끌고 오고 아론과 그 아들들은 그 송아지 머리에 안수할지며 너는 회막문 여호와 앞에서 그 송아지를 잡고 그 피를 네 손가락으로 단 뿔들에 바르고 그 피 전부를 단 밑에 쏟을지며 내장에 덮인 모든 기름과 간 위에 있는 꺼풀과 두 콩팥과 그 위의 기름을 취하여 단 위에 불사르고 그 수소의 고기와 가죽과 똥을 진 밖에서 불사르라 이는 속죄제니라 너는 또 수양 하나를 취하고 아론과 그 아들들은 그 수양의 머리 위에 안수할지며 너는 그 수양을 잡고 그 피를 취하여 단 위의 주위에 뿌리고 그 수양의 각을 뜨고 그 장부와 다리는 씻어 각 뜬 고기와 그 머리와 함께 두고 그 수양의 전부를 단 위에 불사르라 이는 여호와께 드리는 번제요 이는 향기로운 냄새니 여호와께 드리는 화제니라

(1) 옛날 유대인의 예배

옛날 유대인들은 당시 이웃 나라의 이교도들과 마찬가지로 예배는 곧 신(神)에게 먹을 것과, 거(居)할 곳과, 기타 필요한 것과, 예물을 드리는 일이라 생각했다 (사 1 : 11-12, 19 : 21).

구약의 성소(聖所)에는 진설병이 있었는데(삼상 21 : 6), 이는 신(神)에게 필요한 양식을 드리는 것으로 생각하는 동시에 제사를 받으시는 하나님과 제사를 드리는 그분의 백성들의 거룩한 제물을 같이 먹는 것으로 알고 있었던 것이다.

제물을 드리는 방법은 화목제인 경우 제물의 피는 제단에나 땅에 뿌리고, 기름과 그밖의 것은 제단에서 불사르고, 고기는 삶아서 가족과 친구들이 같이 먹었다 (삼상 2 : 15; 왕상 19 : 21).

번제인 경우에는 제물 전부를 하나님께 번제로 드려 그 향기를 흠향하시게 했다.

옛날 유대인의 포로 이전의 예배에서는 찬송과 기도는 제사와 같이 중요시되지 않았으며 모세 오경에도 예배할 때 나팔 외에 성악(聲樂)이나 기악(器樂)이 없었다(민 10 : 1-10).

아모스가 성전 음악(聖殿音樂)을 비평한 것(암 5 : 23) 외에 포로 전에는 예배 음악에 대한 언급이 없다. 또한 기도 역시 예배 절차(禮拜節次) 외의 것이었다(창 24 : 12-15). 예배와 관계된 포로 이전의 기도로 우리에게 전해진 것은 솔로몬의 기도뿐이다(왕상 8 : 25-39 참조). 포로 이전에 예루살렘 성전에서 불리워진 노래는 시편 24편 7-10절뿐이다. 이 노래는 법궤를 솔로몬의 성전 지성소에 안치할 때 부른 것으로 추측된다.

사 1 : 11-12	여호와께서 말씀하시되 너희의 무수한 제물이 내게 무엇이 유익하뇨 나는 수양의 번제와 살진 짐승의 기름에 배불렀고 나는 수송아지나 어린 양이나 수염소의 피를 기뻐하지 아니하노라 너희가 내 앞에 보이러 오니 그 것을 누가 너희에게 요구하였느뇨 내 마당만 밟을 뿐이니라
사 19 : 21	여호와께서 자기를 애굽에 알게 하시리니 그 날에 애굽인이 여호와를 알고 제물과 예물을 그에게 드리고 경배할 것이요 여호와께 서원하고 그대로 행하리라
삼상 21 : 6	제사장이 그 거룩한 떡을 주었으니 거기는 진설병 곧 여호와 앞에서 물려낸 떡밖에 없음이라 이 떡은 더운 떡을 드리는 날에 물려낸 것이더라
삼상 2 : 15	기름을 태우기 전에도 제사장의 사환이 와서 제사드리는 사람에게 이르기를 제사장에게 구워 드릴 고기를 내라 그가 네게 삶은 고기를 원치 아니하고 날 것을 원하신다 하다가
왕상 19 : 21	엘리사가 저를 떠나 돌아가서 소 한 겨리를 취하여 잡고 소의 기구를 불살라 그 고기를 삶아 백성에게 주어 먹게 하고 일어나 가서 엘리야를 좇으며 수종들었더라
민 10 : 1-10	여호와께서 모세에게 일러 가라사대 은나팔 둘을 만들되 쳐서 만들어서 그것으로 회중을 소집하며 진을 진행케 할 것이라

두 나팔을 불 때에는 온 회중이 회막 문 앞에 모여서 네게로 나아올
것이요 하나만 불 때에는 이스라엘 천부장 된 족장들이 모여서
네게로 나아올 것이며 너희가 그것을 울려 불 때에는 동편 진들이
진행할 것이고 제 이차로 올려 불 때에는 남편 진들이 진행을 할
것이라 무릇 진행하려 할 때에는 나팔 소리를 울려 불 것이며 또
회중을 모을 때에도 나팔을 불 것이나 소리를 울려 불지 말 것이며
그 나팔은 아론의 자손인 제사장들이 불지니 이는 너희 대대에
영원한 율례니라 또 너희 땅에서 너희가 자기를 압박하는 대적을
치러 나갈 때에는 나팔을 울려 불지니 그리하면 너희 하나님
여호와가 너희를 기억하고 너희를 너희 대적에게서 구원하리라
또 너희 희락의 날과 너희 정한 절기와 월삭에는 번제물의 위에와
화목 제물의 위에 나팔을 불라 그로 말미암아 너희 하나님이 너희를
기억하리라 나는 너희 하나님 여호와니라

암 5 : 23   네 노래 소리를 내 앞에서 그칠지어다 네 비파 소리도 내가 듣지
아니하리라

창 24 : 12-15   그가 가로되 우리 주인 아브라함의 하나님 여호와여 원컨대 오늘날
나로 순적히 만나게 하사 나의 주인 아브라함에게 은혜를
베푸시옵소서 성중 사람의 딸들이 물 길러 나오겠사오니 내가
우물 곁에 섰다가 한 소녀에게 이르기를 청컨대 너는 물 항아리를
기울여 나로 마시게 하라 하리니 그의 대답이 마시라 내가 당신의
약대에게도 마시우리라 하면 그는 주께서 주의 종 이삭을 위하여
정하신 자라 이로 인하여 주께서 나의 주인에게 은혜 베푸심을
내가 알겠나이다 말을 마치지 못하여서 리브가가 물 항아리를
어깨에 메고 나오니 그는 아브라함의 동생 나홀의 아내 밀가의
아들 브두엘의 소생이라

시 24 : 7-10   문들아 너희 머리를 들지어다 영원한 문들아 들릴지어다 영광의
왕이 들어가시리로다 영광의 왕이 뉘시뇨 능하고 능한 여호와시오
전쟁에 능한 여호와시로다 문들아 너희 머리를 들지어다 영원한
문들아 들릴지어다 영광의 왕이 들어가시리로다 영광의 왕이 뉘시뇨
만군의 여호와께서 곧 영광의 왕이시로다(셀라)

(2) 유대인의 영성 예배

유대인의 예배는 선지 시대(先知時代)에 들어와서 예언자들의 교훈을 받아들여 형식뿐인 예배에서 형식과 정신적이고 영적인 의미가 담긴 영성(靈性) 예배로 발전하게 되었다. 이러한 예배는 특히 선지자 예레미야에 의해 발전되고 제의(祭儀)적인 희생 제사(犧牲祭祀)와 대립되어 갔다(시 40 : 6, 50 : 12 참조).

선지자 아모스도 여호와께 올바른 예배를 드릴 것을 강조하였는데 옛적부터 제사(예배)는 신(神)에게 필요한 것을 공급하는 것으로 생각하여 오던 유대인들이 아모스 때에는 형식적인 희생 제사로서 여호와의 호의(好意)를 사는 것이 가장 좋은 방법이라고 여겼기 때문이다. 선지자 아모스는 애굽의 현인 므리가레(주전 2100년)의 "신(神)은 마음이 올바른 사람의 품격을 악을 행하는 자의 황소(제물)보다 귀히 여기신다" 라는 교훈과 같이 도덕성이 결여된 유대인들의 형식적 제사 행위를 크게 책망했던 것이다(암 5 : 21-24).

시 40 : 6	주께서 나의 귀를 통하여 들리시기를 제사와 예물을 기뻐 아니하시며 번제와 속죄제를 요구치 아니하신다 하신지라
암 5 : 21-24	내가 너희 절기를 미워하여 멸시하며 너희 성회들을 기뻐하지 아니하나니 너희가 내게 번제나 소제를 드릴지라도 내가 받지 아니할 것이요 너희 살진 희생의 화목제도 내가 돌아보지 아니하리라 네 노래 소리를 내 앞에서 그칠지어다 네 비파 소리도 내가 듣지 아니하리라 오직 공법을 물같이 정의를 하수같이 흘릴지로다

(3) 유대인의 회당 예배

주전 4세기부터 시작된 유대의 회당 예배(會堂禮拜)는 제사와 제물을 떠나 정신적, 영적 의미가 담긴 영성(靈性) 예배를 지향하는 종교 교육이 그 특색이었다. 이러한 정신적, 영적 의미가 담긴 유대교의 회당 예배는 후에 기독교 예배의 모델(model)이 되었다. 유대교의 이러한 회당 예배의 지향(志向)은 선지자 에스겔이 환상(성전 내의 우상 숭배 광경)을 본 것과(겔 8 : 5-18) 바벨론 집회(겔 33 : 30-33)가 그 원인이 되었을 것이라고 추측하기도 한다.

회당 예배에는 모세 오경의 일부를 낭독하여 지방어로 번역과 해석을 하고(성지에서는 아람어로, 애굽에서는 희랍어로), 다음에는 예언서의 일부를 낭독(눅 4 : 16-22; 사 61 : 1)함과 기도, 축도 등이 포함되었었다(민 6 : 22-26). 1920년 예루살렘에서 주후 45년경의 희랍비문에 "데오도터스가 율법을 읽고 계명을 가르치기 위하여 회당을 지었노라"고 새겨놓은 것이 발견되었다. 이 비문이 유대교 회당 예배의 중심을 보여 주고 있다.

겔 33 : 30-33 인자야 네 민족이 담 곁에서와 집 문에서 너를 의논하며 각각 그 형제로 더불어 말하여 이르기를 자 가서 여호와께로부터 무슨 말씀이 나오는가 들어보자 하고 백성이 모이는 것같이 네게 나아오며 내 백성처럼 네 앞에 앉아서 네 말을 들으나 그대로 행치 아니하니 이는 그 입으로는 사랑을 나타내어도 마음은 이욕을 좇음이라 그들이 너를 음악을 잘하며 고운 음성으로 사랑의 노래를 하는 자 같이 여겼나니 네 말을 듣고도 준행치 아니 하거니와 그 말이 응하리니 응할 때에는 그들이 한 선지자가 자기 가운데 있었던 줄을 알리라

눅 4 : 16-22 예수께서 그 자라신 곳 나사렛에 이르사 안식일에 자기 규례대로 회당에 들어가사 성경을 읽으려고 서시매 선지자 이사야의 글을 드리거늘 책을 펴서 이렇게 기록한 데를 찾으시니 곧 주의 성령이 내게 임하셨으니 이는 가난한 자에게 복음을 전하게 하시려고 내게 기름을 부으시고 나를 보내사 포로 된 자에게 자유를 눈먼 자에게 다시 보게 함을 전파하며 눌린 자를 자유케 하고 주의 은혜의 해를 전파하게 하려 하심이라 하였더라 책을 덮어 그 맡은 자에게 주시고 앉으시니 회당에 있는 자들이 다 주목하여 보더라 이에 예수께서 저희에게 말씀하시되 이 글이 오늘날 너희 귀에 응하였느니라 하시니 저희가 다 그를 증거하고 그 입으로 나오는 바 은혜로운 말을 기이히 여겨 가로되 이 사람이 요셉의 아들이 아니냐

사 61 : 1 주 여호와의 신이 내게 임하셨으니 이는 여호와께서 내게 기름을 부으사 가난한 자에게 아름다운 소식을 전하게 하려 하심이라 나를 보내사 마음이 상한 자를 고치며 포로된 자에게 자유를

<table>
<tr><td>민 6 : 22-26</td><td>갇힌 자에게 놓임을 전파하며
여호와께서 모세에게 일러 가라사대 아론과 그 아들들에게 고하여
이르기를 너희는 이스라엘 자손을 위하여 이렇게 축복하여 이르되
여호와는 네게 복을 주시고 너를 지키시기를 원하며 여호와는
그 얼굴로 네게 비취사 은혜 베푸시기를 원하며 여호와는 그 얼굴을
네게로 향하여 드사 평강 주시기를 원하노라 할지니라 하라</td></tr>
</table>

2) 신약의 기독교 예배

신약 성서에는 예수님과 사도들도 처음에는 유대교 회당과 성전에서 예배를 드렸다고 한다(눅 4 : 16-22; 마 26 : 55; 막 11 : 11; 눅 21 : 37,24 : 53; 행 2 : 26,3 : 1,20 : 16,21 : 26). 그러나 예수님을 비롯하여 사도들은 예배의 형식적 면보다 내적 요소에 중점을 두었던 것이다(요 4 : 24).

예수님께서는 예루살렘 성전에서 가르치시는 동시에(막 14 : 49) 회당의 안식일 예배에도 참석하시어 거기서 설교도 하셨다. 이로써 예수님께서도 회당 예배의 정통성을 시인하신 것이다(눅 4 : 16). 그러나 예수님께서는 형식적 예배가 폐지되고 영적 예배의 시대가 도래할 것을 예언하심으로써 오순절 이후 신령과 진리가 예배의 중요한 요소를 이루는 기독교 예배를 탄생케 하셨다.

기독교가 유대 교회당에서 나와 독자적으로 예배를 드리게 된 것은 사도 바울이 세운 이방인 교회들이 회당이 아닌 자기들이 마련한 처소에서 그리스도인들만이 모여 순수한 기독교 예배를 드림으로부터이다(행 2 : 46,5 : 42,12 : 12; 눅 24 : 13; 행 19 : 9,20 : 8). 그 당시 예배 순서에 대하여는 정확히 할 수 없으나 바울 서신에 비추어 볼 때 대략 다음과 같았을 것으로 추측된다.

<table>
<tr><td>눅 4 : 16-22</td><td>예수께서 그 자라신 곳 나사렛에 이르사 안식일에 자기 규례대로
회당에 들어가사 성경을 읽으려고 서시매 선지자 이사야의 글을
드리거늘 책을 펴서 이렇게 기록한 데를 찾으시니 곧 주의 성령이
내게 임하셨으니 이는 가난한 자에게 복음을 전하게 하시려고
내게 기름을 부으시고 나를 보내사 포로 된 자에게 자유를 눈먼
자에게 다시 보게 함을 전파하며 눌린 자를 자유케 하고 주의 은혜의
해를 전파하게 하려 하심이라 하였더라 책을 덮어 그 맡은 자에게</td></tr>
</table>

주시고 앉으시니 회당에 있는 자들이 다 주목하여 보더라 이에
예수께서 저희에게 말씀하시되 이 글이 오늘날 너희 귀에
응하였느니라 하시니 저희가 다 그를 증거하고 그 입으로 나오는바
은혜로운 말을 기이히 여겨 가로되 이 사람이 요셉의 아들이 아니냐

마 26 : 55 그 때에 예수께서 무리에게 말씀하시되 너희가 강도를 잡는 것
같이 검과 몽치를 가지고 나를 잡으러 나왔느냐 내가 날마다 성전에
앉아 가르쳤으되 너희가 나를 잡지 아니하였도다

막 11 : 11 예수께서 예루살렘에 이르러 성전에 들어가사 모든 것을 둘러
보시고 때가 이미 저물매 열 두 제자를 데리시고 베다니에 나가시다

눅 21 : 37 예수께서 낮이면 성전에게 가르치시고 밤이면 나가 감람원이라
하는 산에서 쉬시니

눅 24 : 53 늘 성전에 있어 하나님을 찬송하니라

행 2 : 26 이러므로 내 마음이 기뻐하였고 내 입술도 즐거워하였으매 육체는
희망에 거하리니

행 3 : 1 제 구시 기도 시간에 베드로와 요한이 성전에 올라갈 새

행 20 : 16 바울이 아시아에서 지체치 않기 위하여 에베소를 지나 행선하기로
작정하였으니 이는 될 수 있는 대로 오순절 안에 예루살렘에
이르려고 급히 감이러라

행 21 : 26 바울이 이 사람들을 데리고 이튿날 저희와 함께 결례를 행하고
성전에 들어가서 각 사람을 위하여 제사드릴 때까지의 결례의
만기된 것을 고하니라

요 4 : 24 하나님은 영이시니 예배하는 자가 신령과 진정으로 예배할지니라

막 14 : 49 내가 날마다 너희와 함께 성전에 있어서 가르쳤으되 너희가 나를
잡지 아니하셨도다 그러나 이는 성경을 이루려 함이니라 하시더라

눅 4 : 16 예수께서 그 자라나신 곳 나사렛에 이르사 안식일에 자기 규례대로
회당에 들어가사 성경을 읽으려고 서시매

행 2 : 46 날마다 마음을 같이 하여 성전에 모이기를 힘쓰고 집에서 떡을
떼며 기쁨과 순전한 마음으로 음식을 먹고

행 5 : 42 저희가 날마다 성전에 있든지 집에 있든지 예수는 그리스도라
가르치기와 전도하기를 쉬지 아니하니라

행 12 : 12 깨닫고 마가라 하는 요한의 어머니 마리아의 집에 가니 여러 사람이
모여 기도하더라

눅 24 : 13	그 날에 저희 중 둘이 예루살렘에서 이십 오리되는 엠마오라 하는 촌으로 가면서
행 19 : 9	어떤 사람들은 마음이 굳어 순종치 않고 무리 앞에서 이 도를 비방하거는 바울이 그들을 떠나 제자들을 따로 세우고 두란노 서원에서 날마다 강론하여
행 20 : 8	우리의 모인 윗다락에 등불을 많이 켰는데

(1) 성경 강해와 권면

바울은 예언이나(고전 14장 참조) 권면(롬 12 : 7)을 중히 여겼다. 예배에서는 주로 예언의 말씀인 성경 진리의 강론이나 권면(행 13 : 15; 눅 4 : 16-22)을 하였을 것으로 짐작된다(행 15 : 21).

롬 12 : 7	혹 섬기는 일이면 섬기는 일로 혹 가르치는 자면 가르치는일로
행 13 : 15	율법과 선지자의 글을 읽은 후에 회당장들이 사람을 보내어 물어 가로되 형제들아 만일 백성을 권할 말이 있거든 말하라 하니
눅 4 : 16-22	예수께서 그 자라신 곳 나사렛에 이르사 안식일에 자기 규례대로 회당에 들어가사 성경을 읽으려고 서시매 선지자 이사야의 글을 드리거는 책을 펴서 이렇게 기록한 데를 찾으시니 곧 주의 성령이 내게 임하셨으니 이는 가난한 자에게 복음을 전하게 하시려고 내게 기름을 부으시고 나를 보내사 포로 된 자에게 자유를 눈먼 자에게 다시 보게 함을 전파하며 눌린 자를 자유케 하고 주의 은혜의 해를 전파하게 하려 하심이라 하였더라 책을 덮어 그 맡은 자에게 주시고 앉으시니 회당에 있는 자들이 다 주목하여 보더라 이에 예수께서 저희에게 말씀하시되 이 글이 오늘날 너희 귀에 응하였느니라 하시니 저희가 다 그를 증거하고 그 입으로 나오는바 은혜로운 말을 기이히 여겨 가로되 이 사람이 요셉의 아들이 아니냐
행 15 : 21	이는 예로부터 각 성에서 모세를 전하는 자가 있어 안식일마다 회당에서 그 글을 읽음이니라 하더라

(2) 시편 낭독 및 성가(엡 5 : 19; 골 3 : 16)

당시의 찬미와 신령한 노래는 하나님을 찬미하는 성도의 노래였다. 바울은 이

러한 찬미를 부르되 "너희 마음으로 주께 노래하라"고 함으로써 마음속에서 우러나
오는 찬미를 부르게 하였던 것이다(엡 5 : 19).

엡 5 : 19	시와 찬미와 신령한 노래들로 서로 화답하며 너희의 마음으로 주께 노래하며 찬송하며
골 3 : 16	그리스도의 말씀이 너희 속에 풍성히 거하여 모든 지혜로 피차 가르치며 권면하고 시와 찬미와 신령한 노래를 부르며 마음에 감사함으로 하나님을 찬양하고

(3) 성만찬(고전11 : 23-34 참조; 막 14 : 22-25; 마 26 : 26-29; 눅 22 : 15-20)
  성찬은 그리스도의 대속의 죽으심을 상징하는 것으로 이를 예배 때마다 반복하
고 준행함으로서, 그분의 죽으심과 십자가 구속의 은혜를 기념하는 것이었다(고
전 11 : 25-26).

막 14 : 22-25	저희가 먹을 때에 예수께서 떡을 가지사 축복하시고 떼어 제자들에게 주시며 가라사대 바등라 이것이 내 몸이라 하시고 또 잔을 가지고 사례하시고 저희에게 주시니 다 이를 마시매 가라사대 이것은 많은 사람을 위하여 흘리는 바 나의 피 곧 언약의 피니라 진실로 너희에게 이르노니 내가 포도나무에서 난 것을 하나님 나라에서 새것으로 마시는 날까지 다시 마시지 아니하리라 하시니라
마 26 : 26-29	저희가 먹을 때에 예수께서 떡을 가지사 축복하시고 떼어 제자들을 주시며 가라사대 받아 먹으라 이것이 내 몸이니라 하시고 또 잔을 가지고 사례하시고 저희에게 주시며 가라사대 너희가 다 이것을 마시라 이것은 죄 사함을 얻게 하려고 많은 사람을 위하여 흘리는바 나의 피 곧 언약의 피니라 그러나 너희에게 이르노니 내가 포도나무에서 난 것을 이제부터 내 아버지의 나라에서 새것으로 너희와 함께 마시는 날까지 마시지 아니하리라 하시니라
눅 22 : 15-20	이르시되 내가 고난을 받기 전에 너희와 함께 이 유월절 먹기를 원하고 원하였노라 내가 너희에게 이르노니 이 유월절이 하나님의 나라에서 이루기까지 다시 먹지 아니하리라 하시고 이에 잔을

받으사 사례하시고 가라사대 이것을 갖다가 너희끼리 나누라 내가
너희에게 이르노니 내가 이제부터 하나님의 나라가 임할 때까지
포도나무에서 난 것을 다시 마시지 아니하리라 하시고 또 떡을
가져 사례하시고 떼어 저희에게 주시며 가라사대 이것은 너희를
위하여 주는 내 몸이라 너희가 이를 행하여 나를 기념하라 하시고
저녁 먹은 후에 잔도 이와 같이 하여 가라사대 이 잔은 내 피로
세우는 새 언약이니 곧 너희를 위하여 붓는 것이라

고전 11 : 25-26　식후에 또한 이와 같이 잔을 가지시고 가라사대 이 잔은 내 피로
세운 새 언약이니 이것을 행하여 마실 때마다 나를 기념하라
하셨으니 너희가 이 떡을 먹으며 이 잔을 마실 때마다 주의 죽으심을
오실 때까지 전하는 것이니라

3. 예배의 중요성

예배는 교회의 4대 기능(예배, 전도, 교육, 봉사) 중에서 가장 근본적이고 중요
한 기능이며 신자의 기본적 신앙 행위이다. 그러기에 신자가 "하나님을 섬김의 제
1조는 예배"라고 하는 것이다.

II. 예배의 근본 원리

창조주요 구속주이신 하나님의 백성된 신자가 지고(至高)하신 하나님의 존재 앞
에 찬양과 고백과 기도와 감사와 경배를 드리는 예배의 근본 원리는 다음과 같다.

1. 하나님의 영광을 위한 예배

만유의 주가 되시고 지고하신 유일신(唯一神) 하나님께 대한 예배의 가장 근본
적이고 중요한 목적은 하나님의 영광이다. 여호와 하나님께서는 만주의 주로서
모든 영광을 홀로 받으시며 하나님 외의 다른 어떤 신에게 명예와 영광이나 찬송
을 결코 빼앗기지 아니하신다(사 42 : 8). 그러므로 기독교 예배의 초점은 항상
하나님의 영광이요 사람의 복리(福利)가 아니다.

사 42 : 8　　　나는 여호와니 이는 내 이름이라 나는 내 영광을 다른 자에게 내

찬송을 우상에게 주지 아니하리라

2. 하나님의 은혜를 보답키 위한 예배

예배는 본질적으로 하나님께서 우리에게 하신 일과 베풀어 주신 은혜에 대한 보답이다. 즉 신자는 하나님의 자녀로 선택해 주신 사랑과, 성자 예수 그리스도의 십자가 대속을 통한 구속의 은혜를 보답하기 위하여 하나님께 경배와 찬양과 감사를 드리게 되는 것이다(엡 1 : 6; 시 103 : 1-5; 전 12 : 1).

엡 1 : 6	이는 그의 사랑하시는 자 안에서 우리에게 거저 주시는 바 그의 은혜의 영광을 찬미하게 하려는 것이라
시 103 : 1-5	내 영혼아 여호와를 송축하라 내 속에 있는 것들아 다 그 성호를 송축하라 내 영혼아 여호와를 송축하여 그 모든 은택을 잊지 말지어다 저가 네 모든 죄악을 사하시며 네 모든 병을 고치시며 네 생명을 파멸에서 구속하시고 인자와 긍휼로 관을 씌우시며 좋은 것으로 네 소원을 만족케 하사 네 청춘으로 독수리같이 새롭게 하시는도다
전 12 : 1	너는 청년의 때 곧 곤고한 날이 이르기 전 나는 아무 낙이 없다고 할 해가 가깝기 전에 너의 창조자를 기억하라

3. 신령과 진정으로 드리는 예배

하나님이 기뻐하시는 예배는 인간적인 고안(考案)으로 치장(治粧)되고 채색(彩色)된, 외형적으로 화려하고 장엄한 예배가 아니라 신령과 진정으로 드리는 영적 예배이다(요 4 : 23-24).

인간이 예배를 통하여 영이신 하나님과 교제를 하려면 "신령과 진정"으로 드리는 영성(靈性) 있는 예배여야 한다. 신령과 진정으로 드리는 예배에서 "신령"(영, 생명, 성령의 감동을 받음)은 인간 요소의 가장 고귀한 부분이며(살전 5 : 23), 성령과 상통하고 부합되는 부분이며(롬 1 : 9), "진정"(진실, 믿음, 의로움, 진리)은 모든 거짓과 대조되는 개념이다.

예수님 당시의 유대교의 예배는 형식적인 것으로 신령한 것이 아니었으며, 사마리아교의 예배는 거짓으로서 진정이 아니었다. 그들은 영이신 하나님께 형식적인 예배만 드리고 마음을 드리지는 않았던 것이다. 그러므로 하나님께서는 "이 백성이 입술로는 나를 존경하되 마음은 내게서 멀도다. 사람의 계명으로 교훈을 삼아 가르치니 나를 헛되이 경배하도다"라고 하셨다(막 7 : 6-7; 사 29 : 13; 딛 1 : 16).

형식적 예배는 하나님을 기쁘시게 하지 못할 뿐만 아니라 오히려 무거운 짐이 되고 고통이 되게 하여 드림으로써 하나님의 마음을 괴롭게 하는 것이다(사 1 : 11-14).

요 4 : 23-24	아버지께 참으로 예배하는 자들은 신령과 진정으로 예배할 때가 오나니 곧 이 때라 아버지께서는 이렇게 자기에게 예배하는 자들을 찾으시느니라 하나님은 영이시니 예배하는 자가 신령과 진정으로 예배할지니라
살전 5 : 23	평강의 하나님이 친히 너희로 온전히 거룩하게 하시고 또 너희 온 땅과 혼과 몸이 우리 주 예수 그리스도 강림하실 때에 흠 없게 보전되기를 원하노라
롬 1 : 9	내가 그의 아들의 복음 안에서 내 심령으로 섬기는 하나님이 나의 증인이 되시거니와 항상 내 기도에 쉬지 않고 너희를 말하며
막 7 : 6-7	가라사대 이사야가 너희 외식하는 자에 대하여 잘 예언하였도다 기록하였으되 이 백성이 입술로는 나를 존경하되 마음은 내게서 멀도다 사람이 계명으로 교훈을 삼아 가르치니 나를 헛되이 경배하는도다 하였느니라
사 29 : 13	주께서 가라사대 이 백성이 입으로는 나를 가까이하며 입술로는 나를 존경하나 그 마음은 내게서 멀리 떠났나니 그들이 나를 경외함은 사람의 계명으로 가르침을 받았을 뿐이라
딛 1 : 16	저희가 하나님을 시인하나 행위로는 부인하니 가증한 자요 복종치 아니하는 자요 모든 선한 일을 버리는 자니라
사 1 : 11-14	여호와께서 말씀하시되 너희의 무수한 제물이 내게 무엇이 유익하뇨 나는 수양의 번제와 살진 짐승의 기름에 배불렀고 나는 수송아지나 어린양이나 수염소의 피를 기뻐하지 아니하노라 너희가 내 앞에 보이러 오니 그 것을 누가 너희에게 요구하였느뇨 내 마당만 밟을 뿐이니라 헛된 제물을 다시 가져오지 말라 분향은 나의 가증히

여기는 바요 월삭과 안식일과 대회로 모이는 것도 그러하니 성회와
아울러 악을 행하는 것을 내가 견디지 못하겠노라 내 마음이 너희의
월삭과 정한 절기를 싫어하나니 그것이 내게 무거운 짐이라 내가
지기에 곤비하였느니라

4. 공동 행위로서의 예배

기독교의 공적 예배는 본질적으로 독립된 개인의 행위가 아니라 공동체적 행위
이다. 즉 예배는 하나님의 가족인 교회가 하나님 아버지를 영화롭게 하기 위하여
그 앞에 하나된 모임이며, 이는 모든 신자들이 함께 모여, 한 마음과 한 뜻으로
연합하여 하나의 신앙 공동체를 실현함이다(고전 12 : 12-13).

그러므로 기독교의 예배는 한 사람 한 사람의 경건한 집회라기보다 교회의 머
리되시는 예수님을 중심으로 모든 지체들이 한 몸을 이룬 관계에서 표현되는 공
동 행위라는 데 큰 의미가 있는 것이다. 그러나 이러한 주장은 결코 개인의 신앙
적 가치, 혹은 필요성을 부인하는 것은 아니다.

그리스도인이 일반적으로 하나님께 가까이 나아가는 근거는 그리스도의 몸인
교회를 통하여 그리스도와 일체됨에 있는 것이다. 그러므로 "그리스도 안에서"라
고 함은 성도가 그리스도의 몸인 교회의 예배에 기쁨으로 동참하여 결합되는 것
을 의미한다. 따라서 개인의 예배는 예수님의 몸된 교회의 "공동의 예배"에 근거
를 두고 있는 것이다.

모든 그리스도인은 오직 한 사람의 중보자 예수 그리스도로 말미암아 하나님의
임재 앞에 직접 나아가 예배를 드리게 되는 것이다. 이 예배는 많은 간증자들과
같이 드리는 공동 예배이다(히 12 : 1). 신자가 그리스도 안에 있음은, 곧 그리스
도의 몸인 교회 안에 있음이다. 그러기에 칼빈은 "그리스도의 몸과 결합된 성도들
의 교제를 떠나서는 하나님과 더불어 화목될 수 없다"라고 한 것이다. 이 점에서
"교회밖에는 구원이 없다"라는 주장에 동의하는 것이다.

고전 12 : 12-13 몸은 하나인데 많은 지체가 있고 몸의 지체가 많으나 한 몸임과
같이 그리스도도 이러하니라 우리가 유대인이나 헬라인이나 종이나
자유자나 다 한 성령으로 세례를 받아 한 몸이 되었고 또 다 한

<table>
<tr><td>히 12 : 1</td><td>성령을 마시게 하셨느니라
이러므로 우리에게 구름같이 둘러싼 허다한 증인들이 있으니 모든
무거운 것과 얽매이기 쉬운 죄를 벗어버리고 인내로써 우리 앞에
당한 경주를 경주하며</td></tr>
</table>

Ⅲ. 예배의 기본 요소

1. 성경과 설교(聖經과 設教 ; Bible & Sermon)

기독교의 예배는 하나님의 말씀이 중심이다. 그러므로 예배에서 성경의 낭독이나 설교는 매우 중요한 요소이다.

설교는 성경에 계시된 복음 진리를 증언하는 것으로, 초대 교회의 예배에서는 성찬과 함께 불가결한 요소였다. 기독교 예배의 원형(原型)인 유대인의 회당 예배도 율법 낭독과 설교가 중요한 부분이었다(눅 4 : 16; 행 13 : 15,15 : 21). 예수님께서도 당시 회당에서 설교하시고 강론하셨다(마 4 : 23,9 : 35,11 : 1; 막 1 : 21-22).

기독교 예배에서 말씀 선포가 중심이 되는 것은 "믿음은 들음에서 나며 들음은 그리스도의 말씀으로 말미암기" 때문이다(롬 10 : 17).

<table>
<tr><td>눅 4 : 16</td><td>예수께서 그 자라나신 곳 나사렛에 이르사 안식일에 자기 규례대로
회당에 들어가사 성경을 읽으려고 서시매</td></tr>
<tr><td>행 13 : 15</td><td>율법과 선지자의 글을 읽은 후에 회당장들이 사람을 보내어 물어
가로되 형제들아 만일 백성을 권할 말이 있거든 말하라 하니</td></tr>
<tr><td>행 15 : 21</td><td>이는 예로부터 각 성에서 모세를 정하는 자가 있어 안식일마다
회당에서 그 글을 읽음이니라 하더라</td></tr>
<tr><td>마 4 : 23</td><td>예수께서 온 갈릴리에 두루 다니사 저희 회당에서 가르치시며
천국 복음을 전파하시며 백성 중에 모든 병과 모든 약한 것을
고치시니</td></tr>
<tr><td>마 9 : 35</td><td>예수께서 모든 성과 촌에 두루 다니사 저희 회당에서 가르치시며
천국 복음을 전파하시며 모든 병과 모든 약한 것을 고치시니라</td></tr>
<tr><td>마 11 : 1</td><td>예수께서 열두 제자에게 명하시기를 마치시고 이에 저희 여러
동네에서 가르치시며 전도하시려고 거기를 떠나가시니라</td></tr>
</table>

막 1 : 21-22　　　저희가 가버나움에 들어가니라 예수께서 곧 안식일에 회당에 들어가
　　　　　　　　　가르치시매 뭇 사람이 그의 교훈에 놀라니 이는 그 가르치시는
　　　　　　　　　것이 권세 있는 자와 같고 서기관들과 같지 아니함일러라
롬 10 : 17　　　　그러므로 믿음은 들음에서 나며 들음은 그리스도의 말씀으로
　　　　　　　　　말미암았느니라

2. 찬송(讚頌 ; Hymn)

찬송은 하나님을 찬미하는 것으로서 그분의 은혜에 대한 감사, 기원(祈願), 그리고 기독교 교리를 담거나 개인의 신앙 고백 및 경건한 신앙 생활의 내용을 노래 형태로 표현하는 것이다.

기독교 예배에서 찬송가와 시편의 영창(詠唱)은 성경 낭독과 설교 다음으로 예배의 중요한 요소이다. 찬송은 하나님의 은혜에 대하여 하례(賀禮)와 숭경(崇敬)으로 응답하는 방편인 동시에 성도에게 귀중한 영적 감화를 끼치는 것이다.

찬송은 어디까지나 하나님의 은혜에 보답하는 감사와 찬미의 제사가 되며 그렇기 때문에(히 13 : 15; 호 14 : 2) 찬송의 가치는 음악의 품질에 있는 것도 아니요 예배 참석자들의 감흥(感興)을 일으킴에 있는 것도 아니다. 그러므로 가사의 명료성이 없거나 하나님의 영광을 반영(反映)하기보다 인간의 감정이나 흥취 중심의 가사나 곡조로 되어 있는 찬송가는 기독교 예배에서 배척되어야 한다.

히브리서 기자는 "예수로 말미암아 항상 찬미의 제사를 하나님께 드리자"라고 했다(히 13 : 15). 이는 구약의 선민(選民)이 율법에 의하여 제사장을 통해 짐승을 잡아 하나님께 희생 제사를 드림으로써 하나님을 영화롭게 한 것같이 예수 그리스도의 십자가의 대속의 죽으심으로써 공로없이 구원을 얻은 우리 성도들도 하나님의 은혜를 찬미하는 찬송을 통하여 하나님을 영화롭게 하자는 것이다(출 18 : 10; 삼상 25 : 32).

이 찬미의 제사는 영원한 대제사장이신 그리스도 예수로 말미암아 드리게 된다. 하나님의 선택을 받은 그리스도인들은 예수 그리스도의 단번(單番)의 제사(십자가의 죽으심)로 인하여 해마다 희생의 제물을 드려야 했고 또 그 때마다 양심의 죄책(罪責)을 일으킨 구약의 제사는 전폐되고 영원한 사죄와 구원을 받은 성도의 감격 속에 살게 되었으니 그 은혜를 항상 찬미할 수밖에 없는 것이다(호

14 : 2; 레 7 : 1-5).

히 13 : 15	이러므로 우리가 예수로 말미암아 항상 찬미의 제사를 하나님께 드리자 이는 그 이름을 증거하는 입술의 열매니라
호 14 : 2	너는 말씀을 가지고 여호와께로 돌아 와서 아뢰기를 모든 불의를 제하시고 선한바를 받으소서 우리가 입술로 수송아지를 대신하여 주께 드리리이다
출 18 : 10	가로되 여호와를 찬송하리로다 너희를 애굽 사람의 손에서와 바로의 손에서 건져내시고 백성을 애굽 사람의 손 밑에서 건지셨도다
삼상 25 : 32	다윗이 아비가일에게 이르되 오늘날 너를 보내어 나를 영접케 하신 이스라엘의 하나님 여호와를 찬송할찌로다
호 14 : 2	너는 말씀을 가지고 여호와께로 돌아 와서 아뢰기를 모든 불의를 제하시고 선한바를 받으소서 우리가 입술로 수송아지를 대신하여 주께 드리리이다
레 7 : 1-5	속건제의 규례는 이러하니라 이는 지극히 거룩하니 번제 희생을 잡는 곳에서 속건제의 희생을 잡을 것이요 제사장은 그 피를 단 사면에 뿌릴 것이며 그 모든 기름을 드리되 곧 그 기름진 꼬리와 내장에 덮인 기름과 두 콩팥과 그 위에 기름 곧 허리 근방에 있는 것과 간에 덮인 꺼풀을 콩팥과 함께 취하고 제사장은 그것을 다 단 위에 불살라 여호와께 화제로 드릴 것이니라 이는 속건제요

3. 기도(祈禱 ; Prayer)

기도는 신자와 하나님과의 교제 또는 대화이며, 또한 하나님께 상달되는 향기 (香氣)로서 예배의 중요한 요소 중에 하나이다(계 5 : 8, 8 : 3). 기도에서 회중은 하나님 앞에 모인 예배 공동체로서 꿇어 엎디어 경배하며 하나님을 높이게 되는 데 이것은 전능하신 창조주요 구속주이며, 생사 화복을 주장하시고 만복의 근원 이신 하나님을 떠나서는 아무 것도 할 수 없고 살 수 없다는 것을 인정하는 신앙 적 자세이다.

계 5 : 8	책을 취하시매 네 생물과 이십사 장로들이 어린양 앞에 엎드려

> 각각 거문고와 향이 가득한 금 대접을 가졌으니 이 향은 성도의
> 기도들이라
>
> 계 8 : 3　또 다른 천사가 와서 제단 곁에 서서 금 향로를 가지고 많은 향을
> 받았으니 이는 모든 성도의 기도들과 합하여 보좌 앞 금단에
> 드리고자 함이라

4. 헌금(獻金 ; Offering)

예배 요소 중에 헌금은 하나님께 받은 바 은혜에 대한 감사와 헌신의 표로서 의미가 있다. 오늘날 교회에서 시행되는 이러한 정신의 헌금은 초대 교회에서부터 비롯되었다. 성도가 헌금을 드림에 있어서 복을 받고, 화(禍)를 면하고, 산업이 번창하고, 자녀들이 잘되고, 질병의 고통을 면하기 위하여 하나님의 호감을 사고자 바치는 것이어서는 안 된다.

헌금은 어디까지나 하나님께로부터 받은 바 은혜와 복에 대하여 응답으로서 감사한 마음과 자기 헌신의 뜻으로 드려야 한다. 언제나 하나님께 헌금을 드릴 때에는 인색함으로나 억지로 하지 말고 즐거운 마음으로 해야 한다(고후 9 : 6-7).

> 고후 9 : 6-7　이것이 곧 적게 심는 자는 적게 거두고 많이 심는 자는 많이 거둔다
> 하는 말이로다 각각 그 마음에 정한 대로 할 것이요 인색함으로나
> 억지로 하지 말지니 하나님은 즐겨내는 자를 사랑하시느니라

5. 축도(祝禱 ; Benediction)

축도는 공예배의 끝에 하나님의 백성을 향하여 행하는 축복의 선언이다. 축도는 하나님의 약속에 근거하여(민 6 : 22-27) 하나님께로부터 위임된 권위로 하나님의 백성들에게 성삼위 하나님(성부·성자·성령)의 명의로 축복하는 것이다(고후 13 : 13; 창 14 : 18-19).

한국 교회에서는 주로 "바울의 축도"(고후 13 : 13)를 사용하되 "아론의 축도"(민 6 : 24-26)를 사용하는 경우도 있다.

루터 교회에서는 "아론의 축도"와 "바울의 축도" 가운데 어느 것이나 사용할 수 있는데 주일 낮 예배 때에는 보통 아론의 축도를 사용하는데, 마틴 루터가 이 축

도를 공식화시켰다.

민 6 : 22-27 여호와께서 모세에게 일러 가라사대 아론과 그 아들들에게 고하여
이르기를 너희는 이스라엘 자손을 위하여 이렇게 축복하여 이르되
여호와는 네게 복을 주시고 너를 지키시기를 원하며 여호와는
그 얼굴을 네게로 향하여 드사 평강 주시기를 원하노라 할지니라
하라 그들은 이같이 내 이름으로 이스라엘 자손에게 축복할지니
내가 그들에게 복을 주리라
고후 13 : 13 주 예수 그리스도의 은혜와 하나님의 사랑과 성령의 교통하심이
너희 무리와 함께 있을지어다
창 14 : 18-19 살렘 왕 멜기세덱이 떡과 포도주를 가지고 나왔으니 그는 지극히
높으신 하나님의 제사장이었더라 그가 아브람에게 축복하여 가로되
천지의 주재시오 지극히 높으신 하나님이여 아브람에게 복을
주옵소서
민 6 : 24-26 여호와는 네게 복을 주시고 너를 지키시기를 원하며 여호와는
그 얼굴로 네게 비취사 은혜 베푸시기를 원하며 여호와는 그 얼굴을
네게로 향하여 드사 평강 주시기를 원하노라 할지니라 하라

6. 성례(聖禮 ; Sacrament)

설교와 성례와 기도는 다같이 하나님의 특별 은혜의 방편으로 기독교 예배의 중요한 요소들이다. 기독교에서 행하는 성례는 세례와 성찬이며, 이는 모두 예수 그리스도께서 제정하신 것이다.

성례는 초대 교회로부터 전래된 예배의 중요한 요소로서 교회의 회중들을 성령을 통하여 그리스도의 죽음과 부활에 참여케 하고 현존하시는 예수 그리스도와의 신령한 교제로 인도하는 방편이다(마 18 : 19-20; 고전 11 : 23-27; 행 2 : 38; 롬 6 : 3-5; 골 2 : 11-12).

성례가 특별한 은혜의 방편이기는 하나 말씀보다는 완전하지 못하다. 성례는 말씀을 떠나서 독립적 효력을 갖지 못하나 말씀은 구원얻는 믿음을 일으키는 효력을 가짐에 있어서 독립적으로 완전하다. 따라서 구원의 은혜를 받는데 말씀은 필수불가결이고, 성례는 그렇지 않다.

구원은 오직 말씀(복음)을 믿음으로써 얻고 성례(세례와 성찬)는 구원에 절대 필요한 요소가 아니기 때문이다. 다만 예수님의 교훈이기 때문에 행할 의무가 있다고 보는 것이다.

말씀은 신앙을 일으키고(믿음을 낳고) 강화하나(롬 10 : 17; 행 4 : 4, 20 : 32), 성례는 신앙을 강화하는 효력만 있을 뿐이다. 말씀(복음)은 온 세상 누구에게나 전하여지나 성례는 언약 가운데 들어와 있는 사람들에게만 시행된다.

마 18 : 19-20	진실로 다시 너희에게 이르노니 너희 중에 두 사람이 땅에서 합심하여 무엇이든지 구하면 하늘에 계신 내 아버지께서 저희를 위하여 이루게 하시리라 두 세 사람이 내 이름으로 모인 곳에는 나도 그들 중에 있느니라
고전 11 : 23-27	내가 너희에게 전한 것은 주께 받은 것이니 곧 주 예수께서 잡히시던 밤에 떡을 가지사 축사하시고 떼어 가라사대 이것은 너희를 위하는 내 몸이니 이것을 행하여 나를 기념하라 하시고 식후에 또한 이와 같이 잔을 가지시고 가라사대 이 잔은 내 피로 세운 새 언약이니 이것을 행하여 마실 때마다 나를 기념하라 하셨으니 너희가 이 떡을 먹으며 이 잔을 마실 때마다 주의 죽으심을 오실 때까지 전하는 것이니라 그러므로 누구든지 주의 떡이나 잔을 합당치 않게 먹고 마시는 자는 주의 몸과 피를 범하는 죄가 있느니라
행 2 : 38	베드로가 가로되 너희가 회개하여 각각 예수 그리스도의 이름으로 세례를 받고 죄 사함을 얻으라 그리하면 성령을 선물로 받으리니
롬 6 : 3-5	무릇 그리스도 예수와 합하여 세례를 받은 우리는 그의 죽으심과 합하여 세례받은 줄을 알지 못하느뇨 그러므로 우리가 그의 죽으심과 합하여 세례를 받음으로 그와 함께 장사되었나니 이는 아버지의 영광으로 말미암아 그리스도를 죽은 자 가운데서 살리심과 같이 우리로 또한 새 생명 가운데서 행하게 하려 함이니라 만일 우리가 그의 죽으심을 본받아 연합한 자가 되었으면 또한 그의 부활을 본받아 연합한 자가 되리라
골 2 : 11-12	또 그 안에서 너희가 손으로 하지 아니한 할례를 받았으니 곧 육적 몸을 벗는 것이요 그리스도의 할례니라 너희가 세례로 그리스도와 함께 장사한 바 되고 또 죽은 자들 가운데서 그를 일으키신 하나님의

	역사를 믿음으로 말미암아 그 안에서 함께 일으키심을 받았느니라
롬 10 : 17	그러므로 믿음은 들음에서 나며 들음은 그리스도의 말씀으로 말미암았느니라
행 4 : 4	말씀을 들은 사람 중에 믿는 자가 많으니 남자의 수가 약 오천이나 되었더라
행 20 : 32	지금 내가 너희를 주와 및 그 은혜의 말씀께 부탁하노니 그 말씀이 너희를 능히 든든히 세우사 거룩케 하심을 입은 모든 자 가운데 기업이 있게 하시리라

원시 교회와 아브라함

I. 아브라함의 소명과 교회의 시작

이스라엘의 조상인 아브라함은 영적으로 우리의 믿음의 조상이요, 언약의 조상이요, 축복의 조상이며 또한 그의 소명은 선민의 시작이요, 교회(에클레시아 ; Ekklesia)의 시작이라 할 수 있다(창 12 : 1-3; 출 3 : 6-8).

하나님께서는 갈대아 우르에서 믿음의 조상 아브라함을 불러내실 때 신약의 세계적인 그리스도의 교회를 내다보셨던 것이다. 그러기에 하나님께서 아브라함을 불러내시고(교회를 시작하시고) 그에게 복을 주시며 "너는 복의 근원이 될지라… 땅의 모든 족속이 너를 인하여 복을 얻을 것이니라"고 하셨다(창 12 : 1-3). 사도 바울은 이에 대하여 "하나님이 이방을 믿음으로 말미암아 의로 정하실 것을 성경이 미리 알고 먼저 아브라함에게 복음을 전하되 모든 이방이 너를 인하여 복을 받으리라 하셨으니 그러므로 믿음으로 말미암은 자는 믿음이 있는 아브라함과 함께 복을 받느니라"(갈 3 : 8-9)고 하였다. 하나님께서 이방을 믿음으로 말미암아 의로 정하실 것을 성경이 미리 알고 먼저 아브라함에게 복음을 전해 주셨다고 하였으니(갈 3 : 8) 복음은 복음의 시기 이전에 아브라함에게 전해졌으며 따라서 복음은 율법보다 더 오래다(빙겔, Bengel).

하나님께서는 아브라함을 갈대아 우르에서 불러내심으로써 그로 하여금 선민의 시작과 교회의 시작과 복의 근원이 되게 하시고, 그에게 복음을 전하여 주시고, 약속하시기를 땅의 모든 족속이 "너를 인하여 복을 받으리라"고 하셨다. 여기서 "땅의 모든 족속이 너를 인하여 복을 받으리라"고 하심은 메시야로 말미암은 영적 축복을 가리키며 모든 이방인들도 믿음으로써 아브라함의 자녀가 되어 이 축복에 참여하게 되리라는 뜻이다. 아브라함은 그의 자손 중에서 그리스도(메시야)가 나신다는 하나님의 약속을 받고 그 때(그리스도가 지상에 현현하실 때)를 바라보며 즐거워했다(창 15 : 5-6, 22 : 18; 요 8 : 56). 그러므로 믿음의 조상 아브라함은 시대적으로 그리스도를 멀리 내다보며 믿었고 오늘날 우리는 그리스도를 뒤돌아보며 믿는 것이다.

아브라함은 그 시대에 유일한 의인이었고, 그러므로 선민의 조상으로 택정받았다. 아브라함은 믿음으로 의롭다 하심을 받았고 모든 믿는 자의 조상이 되었다(롬 4 : 16). 그러므로 육적으로 아브라함에서 나고 율법을 행하므로 아브라함의 자손이 되는 것이 아니라 믿음에서 난 자라야 아브라함의 자손이 된다는 것이다(갈 3 : 9). 그러므로 아브라함처럼 하나님의 복음을 듣고 믿음으로 순종하는 사람은 영적으로 아브라함의 자녀가 되고 아브라함과 같이 하나님께서 약속하신 복을 받는다(갈 3 : 9).

창 12 : 1-3	여호와께서 아브람에게 이르시되 너는 너의 본토 친척 아비 집을 떠나 내가 네게 지시할 땅으로 가라 내가 너로 큰 민족을 이루고 네게 복을 주어 네 이름을 창대케 하리니 너는 복의 근원이 될지라 너를 축복하는 자에게는 내가 복을 내리고 너를 저주하는 자에게는 내가 저주하리니 땅의 모든 족속이 너를 인하여 복을 얻을 것이니라 하신지라
갈 3 : 8	또 하나님이 이방을 믿음으로 말미암아 의로 정하실 것을 성경이 미리 알고 먼저 아브라함에게 복음을 전하되 모든 이방이 너를 인하여 복을 받으리라 하였으니
창 15 : 5-6	그를 이끌고 밖으로 나가 가라사대 하늘을 우러러 뭇별을 셀 수 있나 보라 또 그에게 이르되 네 자손이 이와 같으리라 아브람이 여호와를 믿으니 여호와께서 이를 그의 의로 여기시고
창 22 : 18	또 네 씨로 말미암아 천하 만민이 복을 얻으리니 이는 네가 나의 말을 준행하였음이니라 하셨다 하니라
요 8 : 56	너희 조상 아브라함은 나의 때 볼 것을 즐거워하다가 보고 기뻐하였느니라
롬 4 : 16	그러므로 후사가 되는 이것이 은혜에 속하기 위하여 믿음으로 되나니 이는 그 약속을 그 모든 후손에게 굳게 하려 하심이라

율법에 속한 자에게 뿐 아니라 아브라함의 믿음에 속한 자에게도
니 아브라함은 하나님 앞에서 우리 모든 사람의 조상이라

갈 3 : 9   그러므로 믿음으로 말미암은 자는 믿음이 있는 아브라함과 함께
복을 받느니라

II. 아브라함의 장막 교회

하나님께 소명을 받은 아브라함은 하나님의 명령대로 세계 문명의 중심지인 메소포타미아 본토 친척 아비 집을 떠나 미지의 지방으로 발길을 옮겼다(창 12 : 4).

아브라함은 하나님의 약속만을 믿고 약속의 땅 가나안에 도착한 후에 세겜에서 벧엘로, 또 세겜으로 옮겨다니며 살게 되었다. 그래서 아브라함의 주택은 언제 어디서나 이동이 편리한 장막이었다. 그리고 아브라함이 어디서나 장막을 치면 그곳이 곧 그의 가정이요, 교회였다. 아브라함은 어디서나 먼저 여호와를 위하여 단을 쌓고 여호와의 이름을 불렀다(창 12 : 7-8,13 : 4,18,22 : 9).

아브라함이 하나님을 위하여 단을 쌓고 하나님의 이름을 불렀다는 것은 그가 하나님을 예배했다는 말이다. 가는 곳마다 어디서나 믿음으로 하나님을 예배하는 아브라함의 가정은 곧 신앙 공동체, 예배 공동체로서 교회의 예표였다.

아브라함의 장막 교회는 하나님께서 그를 갈대아 우르에서 불러내실 때부터 시작된 것이다. 아브라함의 장막 교회는 이미 그리스도(메시야)의 약속(복음)을 믿고 있었다. 그리고 구약 교회를 형성한 선민의 12지파가 다 아브라함의 자손이었으며 신약 교회의 머리이신 그리스도 또한 아브라함의 자손이다(갈 3 : 7). 아브라함은 모든 믿는 자의 조상이며(갈 3 : 7), 또한 믿음의 대상이신 그리스도의 조상이다(마 1 : 11). 그러나 이제는 그 자신도 믿는 자로서 우리와 함께 믿음의 축복을 받아 누리는 것이다. 아브라함의 소명으로 비롯된 원시 교회를 형성했던 이스라엘 12지파에 대하여 다음장에서 같이 생각해 보고자 한다.

창 12 : 4   이에 아브람이 여호와의 말씀을 좇아갔고 롯도 그와 함께 갔으며 아브람이 하란을 떠날 때에 그 나이 칠십 오세였더라

창 12 : 7-8   여호와께서 아브람에게 나타나 가라사대 내가 이 땅을 네 자손에게 주리라 하신지라 그가 자기에게 나타나신 여호와를 위하여 그곳에

단을 쌓고 거기서 벧엘 동편 산으로 옮겨 장막을 치니 서는 벧엘이
요 동은 아이라 그가 그 곳에서 여호와를 위하여 단을 쌓고 여호와의
이름을 부르더니

창 13 : 4 그가 처음으로 단을 쌓은 곳이라 그가 거기서 여호와의 이름을
불렀더라

창 13 : 18 이에 아브람이 장막을 옮겨 헤브론에 있는 마므레 상수리 수풀에
이르러 거하며 거기서 여호와를 위하여 단을 쌓았더라

창 22 : 9 하나님이 그에게 지시하신 곳에 이른지라 이에 아브라함이 그곳에
단을 쌓고 나무를 벌여놓고 그 아들 이삭을 결박하여 단 나무 위에
놓고

갈 3 : 7 그런즉 믿음으로 말미암은 자들은 아브라함의 아들인 줄 알지어다

마 1 : 11 바벨론으로 이거할 때에 요시야는 여고냐와 그의 형제를 낳으니라

원시 교회와 선민의 지파

Ⅰ. 이스라엘 12지파

이스라엘(Israel)은 히브리어로 "하나님이 지배하신다", "하나님께서 통치하여 주시옵기를"이란 뜻인데, 통속 어원적 설명으로는 "하나님과 겨루어 이김"이란 뜻으로(창 32 : 28) 해석하고 있다. 이스라엘 12지파는 아브라함의 손자 야곱의 열두 아들에 의해서 형성되었다. 그러므로 야곱의 자손 전체가 "이스라엘" 또는 "이스라엘의 자손"으로 불리우고 있다(창 32 : 32).

야곱이 얍복강변에서 하나님의 사자와 힘겨루기를 하여 한밤중이 되었을 때 그 사자는 야곱에게 이스라엘이란 이름을 주었다(창 32 : 21-32 참조). 이로 말미암아 야곱은 이스라엘의 처음 족장이 되었으며 이때부터 히브리인이라는 호명이 혈연적, 민족적인데 비하여 이스라엘은 주로 신앙적, 고백적 의미로 쓰이게 되었다. 구약에서 하나님의 백성을 형성했던 야곱 자손의 12지파를 통하여 우리는 구속사적으로 하나님의 놀라운 섭리와 교훈을 찾을 수 있다. 이스라엘 민족은 처음부터 12지파로 형성되었고 지금도 그 계보를 그대로 간직하고 있다.

> 창 32 : 28 　그 사람이 가로되 네 이름을 다시는 야곱이라 부를 것이 아니요
> 　　　　　　　이스라엘이라 부를 것이니 이는 네가 하나님과 사람으로 더불어
> 　　　　　　　겨루어 이기었음이니라
> 창 32 : 32 　그 사람이 야곱의 환도뼈 큰 힘줄을 친고로 이스라엘 사람들이
> 　　　　　　　지금까지 환도뼈 큰 힘줄을 먹지 아니하더라

1. 하나님의 백성의 형성

하나님에 의해 특별히 거룩한 백성으로 선택된 민족(選民) 이스라엘은 야곱의

12아들에게서 기원하였다. 하나님께서 그들을 선민으로 택한 것은 그들에게 어떤 가치가 있어서라기 보다는 은혜에 의한 것이었다(신 7 : 6-8). 그리고 그들을 선택한 목적은 만민에게 복(메시야로 말미암은 영적인 복)을 주기 위한 것이었다(창 12 : 2-3).

신 7 : 6-8	너는 여호와 네 하나님의 성민이라 네 하나님 여호와께서 지상 만민 중에서 너를 자기 기업의 백성으로 택하셨나니 여호와께서 너희를 기뻐하시고 너희를 택하심은 너희가 다른 민족보다 수효가 많은 연고가 아니라 너희는 모든 민족 중에 가장 적으니라 여호와께서 다만 너희를 사랑하심을 인하여 또는 너희 열조에게 하신 맹세를 지키려 하심을 인하여 자기의 권능의 손으로 너희를 인도하여 내시되 너희를 그 종 되었던 집에서 애굽 왕 바로의 손에서 속량하셨나니
창 12 : 2-3	내가 너로 큰 민족을 이루고 네게 복을 주어 네 이름을 창대케 하리니 너는 복의 근원이 될지라 너를 축복하는 자에게는 내가 복을 내리고 너를 저주하는 자에게는 내가 저주하리니 땅의 모든 족속이 너를 인하여 복을 얻을 것이니라 하신지라

1) 야곱의 12아들을 낳은 아내들

야곱의 12아들은 야곱의 네 명의 아내에게서 태어났다.

(1) 레아(들염소) - 라반의 장녀로 야곱의 첫 번째 아내(창 29 : 21-30 참조)

(2) 라헬(암양) - 라반의 둘째 딸로 야곱의 두 번째 아내(창 29 : 6, 16, 18, 31, 30 : 1-9 참조) 베냐민을 출산하다가 죽었다(창 35 : 16-19 참조).

　※위의 두 여인 사이에는 아들 낳기 경쟁이 벌어져서 할 수 있는 대로 아들을 많이 낳게 되었다.

(3) 실바(레아가 야곱에게 주었던 시녀)

(4) 빌하(라헬이 야곱에게 주었던 시녀)

하나님께서는 야곱이 본의 아니게 두 아내를 거느리게 됨을 허락하심으로써 그가 12아들을 두게 하셨다. 하나님께서는 또 야곱의 두 아내 중, 사랑받지 못하는 레아에게 다산의 축복을 허락하심으로써 하나님의 사랑이 모든 사람들에게 공평하게 미침을 보여 주셨다(창 29 : 31-35 참조). 하나님께서는 야곱의 가정이 구속사에 중요한 역할을 하도록 하셨다.

2) 야곱의 아내들이 낳은 아들들

(1) 레아 - 르우벤, 시므온, 레위, 유다, 잇사갈, 스불론, (딸 디나)(창 29 : 31-35, 30 : 17-21 참조)

※ 레위는 특별한 지파를 형성한 것이 아니라 각 지파들 사이에 섞여 살면서 제사장들을 배출하고 있는 모습이 성경에 나타나고 있다. 레위는 사실상 뚜렷한 지파를 형성한 것은 아니다.

(2) 라헬 - 요셉, 베냐민(창 30 : 22-24, 35 : 16-18 참조)

※ 그러나 12지파를 말할 때는 요셉 지파라 하지 않는다. 요셉의 두 아들인 므낫세와 에브라임이 12지파에 속했기 때문이다. 야곱의 12아들 중에 요셉의 위치는 대단히 중요하고 견고했다.

(3) 빌하(라헬의 시녀) - 단, 납달리(창 35 : 25 참조)

(4) 실바(레아의 시녀) - 갓, 아셀(창 35 : 26 참조)

2. 이스라엘 12지파 이름

1) 르우벤 (보라 아들이다, 창 29 : 32)

창 29 : 32　　레아가 잉태하여 아들을 낳고 그 이름을 르우벤이라 하여 가로되 여호와께서 나의 괴로움을 권고하셨으니 이제는 내 남편이 나를 사랑하리로다 하였더라

2) 시므온 (하나님이 응답하셨다, 창 29 : 33)

창 29 : 33　　그가 다시 잉태하여 아들을 낳고 가로되 여호와께서 나의 총이 없음을 들으셨으므로 내게 이도 주셨도다 하고 그 이름을 시므온이라 하였으며

3) 레위 (친함과 연합함, 창 29 : 34)

창 29 : 34   그가 또 잉태하여 아들을 낳고 가로되 내가 그에게 세 아들을
낳았으니 내 남편이 지금부터 나와 연합하리로다 하고 그 이름을
레위라 하였으며

4) 유다 (찬양받다, 창 29 : 35)

창 29 : 35   그가 또 잉태하여 아들을 낳고 가로되 내가 이제는 여호와를
찬송하리로다 하고 이로 인하여 그가 그 이름을 유다라 하였고
그의 생산이 멈추었더라

5) 잇사갈 (하나님께서 은혜를 베풀어 주옵소서, 창 30 : 17-18)

창 30 : 17-18   하나님이 레아를 들으셨으므로 그가 잉태하여 다섯째 아들을
야곱에게 낳은지라 레아가 가로되 내가 내 시녀를 남편에게
주었으므로 하나님이 내게 그 값을 주셨다 하고 그 이름을
잇사갈이라 하였으며

6) 스불론 (같이 거한다, 창 30 : 19-20)

창 30 : 19-20   레아가 다시 잉태하여 여섯째 아들을 야곱에게 낳은지라 레아가
가로되 하나님이 내게 후한 선물을 주시도다 내가 남편에게 여섯
아들을 낳았으니 이제는 그가 나와 함께 거하리라 하고 그 이름을
스불론이라 하였으며

7) 므낫세 (망각하는 자, 창 41 : 51)

창 41 : 51   요셉이 그 장자의 이름을 므낫세라 하였으니 하나님이 나로 나의
모든 고난과 나의 아비의 온 집 일을 잊어버리게 하셨다 함이요

8) 에브라임 (열매가 풍성한 땅, 창 41 : 50-52)

창 41 : 50-52   흉년이 들기 전에 요셉에게 두 아들을 낳되 곧 온 제사장 보디베라의
딸 아스낫이 그에게 낳은지라 요셉이 그 장자의 이름을 므낫세라
하였으니 하나님이 나로 나의 모든 고난과 나의 아비의 온집 일을

잊어버리게 하셨다 함이요 차자의 이름을 에브라임이라 하였으니
하나님이 나로 나의 수고한 땅에서 창성하게 하셨다 함이었더라

9) 베냐민 (오른손의 아들, 창 35 : 16-18)

창 35 : 16-18　그들이 벧엘에서 발행하여 에브랏에 이르기까지 얼마 길을 격한
곳에서 라헬이 임산하여 심히 신고하더니 그가 난산할 즈음에
산파가 그에게 이르되 두려워말라 지금 그대가 또 득남하느니라
하매 그가 죽기에 임하여 그 혼이 떠나려할 때에 아들의 이름은
베노니라 불렀으나 그 아비가 그를 베냐민이라 불렀더라

10) 단 (심판, 창 30 : 5-6)

창 30 : 5-6　빌하가 잉태하여 야곱에게 아들을 낳은지라 라헬이 가로되 하나님이
내 억울함을 푸시려고 내 소리를 들으사 내게 아들을 주셨다 하고
이로 인하여 그 이름을 단이라 하였으며

11) 납달리 (다툼, 창 46 : 24)

창 46 : 24　납달리의 아들 곧 야스엘과 구니와 예셀과 실렘이라

12) 갓 (행복, 창 30 : 9-11)

창 30 : 9-11　레아가 자기의 생산이 멈춤을 보고 그 시녀 실바를 취하여 야곱에게
주어 첩을 삼게 하였더니 레아의 시녀 실바가 야곱에게 아들을
낳으매 레아가 가로되 복되도다 하고 그 이름을 갓이라 하였으며

13) 아셀 (기쁨과 행복, 창 30 : 12-13)

창 30 : 12-13　레아의 시녀 실바가 둘째 아들을 야곱에게 낳으매 레아가 가로되
기쁘도다 모든 딸들이 나를 기쁜 자라 하리로다 하고 그 이름을
아셀이라 하였더라

요셉(더함)대신 므낫세와 에브라임이 12지파에 들어갔으며, 팔레스타인 땅을
나누어서 정착하여 12지파가 발전해 나갔다. 레위 족속은 다른 지파들을 대신해

서 하나님께 속한 업무(성직)를 수행하였으며(민 3 : 11-13, 8 : 16), 이들은 세등
급이었는데 상등급은 아론과 그의 자손에 속한 사람들로 그들만이 제한적 의미에
서 제사장이 될 수 있었고, 중등급은 아론의 자손이 아닌 레위 족속(고핫의 자손)
으로 성막에서 봉사할 수 있는 특권이 있었다(민 3 : 27-32). 하등급은 게르손과
므라리의 자손으로, 성막에서 하는 일은 별로 없었다(민 3 : 21-26, 33-37). 레위
족속은 영토를 분배받지 않고 그들의 생활은 십일조로 유지되었다(레 27 : 30-33;
민 18 : 21-24).

민 3 : 11-13	여호와께서 모세에게 일러 가라사대 보라 내가 이스라엘 자손 중에서 레위인을 택하여 이스라엘 자손 중 모든 첫 태에 처음 난 자를 대신케 하였은즉 레위인은 내 것이라 처음 난 자는 다 내 것임은 내가 애굽 땅에서 그 처음 난 자를 다 죽이던 날에 이스라엘의 처음 난 자는 사람이나 짐승을 다 거룩히 구별하였음이니 그들은 내 것이 될 것임이니라 나는 여호와니라
민 8 : 16	그들은 이스라엘 자손 중에서 내게 온전히 드린 바 된 자라 이스라엘 자손 중 일절 초태생 곧 모든 처음 난 자의 대신으로 내가 그들을 취하였나니
민 3 : 27-32	고핫에게서는 아므람 가족과 이스할 가족과 헤브론 가족과 웃시엘 가족이 났으니 이들이 곧 고핫 가족들이라 계수함을 입은 일개월 이상 모든 남자의 수효가 팔천 육백명인데 성소를 맡을 것이며 고핫 자손의 가족들은 성막 남편에 진을 칠 것이요 웃시엘의 아들 엘리사반은 고핫 사람의 가족과 종족의 족장이 될 것이며 그들의 맡을 것은 증거궤와 상과 등대와 단들과 성소에서 봉사하는데 쓰는 기구들과 휘장과 그것에 쓰는 모든 것이며 제사장 아론의 아들 엘르아살은 레위인의 족장들의 어른이 되고 또 성소를 맡을 자를 통할할 것이니라
민 3 : 21-26	게르손에게서는 립니 가족과 시므이 가족이 났으니 이들이 곧 게르손의 가족들이라 계수함을 입은 자의 수효 곧 일개월 이상 남자의 수효 합계가 칠천 오백 명이며 게르손 가족들은 장막 뒤 곧 서편에 진을 칠 것이요 라엘의 아들 엘리아삽은 게르손 사람의 종족의 족장이 될 것이며 게르손 자손의 회막에 대하여 맡을 것은

성막과 장막과 그 덮개와 회막 문장과 뜰의 휘장과 및 성막과 단
사면에 있는 뜰의 문장과 그 모든 것에 쓰는 줄들이니라

민 3 : 33-37   므라리에게서는 말리 가족과 무시 가족이 났으니 이들이 곧 므라리
가족들이라 아비하일의 아들 수리엘이 므라리 가족들이라 그
계수함을 입은 자 곧 일개월 이상 남자의 수효 총계가 육천이백
명이며 아비하일의 아들 수리엘이 므라리 가족과 종족의 족장이
될 것이요 이 가족은 장막 북편에 진을 칠 것이며 므라리 자손의
맡을 것은 성막의 널판과 그 띠와 그 기둥과 그 받침과 그 모든
기구와 그것에 쓰는 모든 것이며 뜰사면 기둥과 그 받침과 그 말뚝과
그 줄들이니라

레 27 : 30-33   땅의 십분 일 곧 땅의 곡식이나 나무의 과실이나 그 십분 일은
여호와의 것이니 여호와께 성물이라 사람이 그 십분 일을 속하려면
그것에 그 오분 일을 더할 것이요 소나 양의 십분 일은 막대기
아래로 통과하는 것의 열째마다 여호와의 거룩한 것이 되리니
그 우열을 교계하거나 바꾸거나 하지 말라 바꾸면 둘 다 거룩하리니
속하지 못하리라

민 18 : 21 : 24   내가 이스라엘의 십일조를 레위 자손에게 기업으로 다 주어서
그들의 하는 일 곧 회막에서 하는 일을 갚나니 이 후로는 이스라엘
자손이 회막에 가까이 말 것이라 죄를 당하여 죽을까 하노라 오직
레위인은 회막에서 봉사하며 자기들의 죄를 담당할 것이요 이스라엘
자손 중에는 기업이 없을 것이니 이는 너희의 대대에 영원한 율례라
이스라엘 자손이 여호와께 거제로 드리는 십일조를 레위인에게
기업으로 준 고로 내가 그들에 대하여 말하기를 이스라엘 자손
중에 기업이 없을 것이라 하였노라

3. 유다와 르우벤과 요셉
1) 유다 지파

이 지파에서 예수님께서 탄생하셨다. "유다"는 "찬양"이란 뜻이다. 그런데 가룻
유다가 예수님을 팔아 넘긴 후로 이 세상에는 자기 자녀의 이름을 유다라고 짓는
사람이 없어지고 말았다(가룻인 유다와 유다 지파와는 전혀 관계가 없음).

2) 르우벤과 요셉

야곱의 12아들 중에서 가장 중요한 장남은 르우벤이나 르우벤이 범죄함으로 인해 실질적 장남 역할은 요셉에게로 넘어갔다. 그러나 장남의 역할은 요셉이 계승하지만(그래서 요셉의 두 아들이 중요한 역할을 하게 됨), 실질적인 지도 사역은 르우벤이 아니라 유다 지파인 것이다.

대제사장이 입고 있던 흉패 위에 12지파를 상징하는 12개의 보석이 있다. 대제사장이 12개의 보석을 가슴에 간직하듯이 우리의 큰 대제사장되시는 예수님도 자기 백성들을 그 마음속에 간직하고 계시다.

II. 이스라엘 12지파의 특색

1. 르우벤 지파

1) 르우벤의 출생

"르우벤"은 "보라, 아들이라"는 뜻이다(32절). 르우벤은 레아가 라헬과 더불어 남편 야곱에게 총애를 얻기 위해 심각한 사랑의 경쟁을 벌이는 중에 출생했다. 그래서 레아가 그토록 기다리고 기다리던 아들을 낳자마자 "보라, 아들이라"고 외쳤던 것이다. 레아에게 르우벤의 존재는 축복의 근거요 구원의 소망이었다. 레아는 르우벤이 남편에게 사랑받을 수 있는 조건이 되리라 믿었던 것이다.

야곱은 레아가 낳은 자식들 때문에 많은 고통을 당했다(창 29 : 31-32).

> 창 29 : 31-32　　여호와께서 레아에게 총이 없음을 보시고 그의 태를 여셨으나
> 라헬은 무자하였더라 레아가 잉태하여 아들을 낳고 그 이름을
> 르우벤이라 하여 가로되 여호와께서 나의 괴로움을 권고하셨으니
> 이제는 내 남편이 나를 사랑하리로다 하였더라

2) 르우벤의 축복

(1) 야곱의 축복

야곱이 르우벤에게 어떠한 축복을 했나?

"··· 너희는 모이라 후일에 당할 일을 내가 너희에게 이르리라"(창 49 : 1).

"후일에 당할 일을" 이라고 함은 단순한 축복이 아닌 예언적 성격을 가진 축복임을 암시한다. 야곱은 성령의 감동하심을 따라 그 아들들에게 예언하며 축복을 했던 것이다. 구약의 족장들은 죽기 전에 자기 아들들의 머리에 손을 얹고 하나님의 영광스러운 삶을 당부하며 축복하거나 예언하는 습관이 있다(창 49 : 1-4).

> 창 49 : 1-4　야곱이 그 아들들을 불러 이르되 너희는 모이라 너희의 후일에
> 당할 일을 내가 너희에게 이르리라 너희는 모여 들으라 야곱의
> 아들들아 너희 아비 이스라엘에게 들을지어다 르우벤아 너는
> 내 장자요 나의 능력이요 나의 기력의 시작이라 위광이 초등하고
> 권능이 탁월하도다마는 물이 끓음 같았은즉 너는 탁월치 못하리니
> 네가 아비의 침상에 올라 더럽혔음이로다 그가 내 침상에
> 올랐었도다

※ 야곱의 축복의 내용은? (창 49 : 2-4)
　① 위광이 초등하고 권능이 탁월하도다마는
　② 물이 끓음 같았은즉
　③ 너는 탁월하지 못하리니
　④ 네가 아비의 침상에 올라 더럽혔음이로다

르우벤은 범죄로 인하여 장자의 특권과 축복을 상실했다. 역대상 5장 1절에 "··· 르우벤은 장자라도 그 아비의 침상을 더럽게 하였으므로 장자의 명분이 이스라엘의 아들 요셉의 자손에게로 돌아갔으나 족보에는 장자의 명분대로 기록할 것이 아니니라"고 되어 있다.

르우벤의 범죄는 창세기 35장 22절에 기록되어 있다. 범죄는 내게 있는 모든 특권과 축복을 빼앗아 간다. 르우벤은 본래 아버지의 능력이요, 아버지의 기력의 시작이요, 힘이 있고 장래가 촉망되는 사람이었다. 그러나 범죄함으로 그것들을 모두 상실하였다.

> 창 35 : 22　이스라엘이 그 땅에 유할 때에 르우벤이 가서 그 서모 빌하와

통간하매 이스라엘이 이를 들었더라

(2) 모세의 축복

"르우벤은 살고 죽지 아니하고 그 인수가 적지 않기를 원하도다"(신 33 : 6).

"르우벤이 비록 범죄했지만 르우벤 지파를 향한 하나님의 축복과 은혜를 다 거두지 마소서"라는 모세의 강렬한 열망과 기도가 르우벤 지파에 부어졌다. 모세는 그가 죽지 아니할 것(구원받을 것)과 지파의 인구가 적지 않게 번성할 것을 기원했다.

죄는 우리에게서 특권과 능력과 축복을 빼앗아 가지만 그 죄를 회개하고 주님 앞에서 다시 돌아올 때에 주님은 다시 우리를 회복시켜 주시고 용서하시고 축복하여 주신다. 한번 범죄로 우리가 영원히 절망하거나 낙심할 필요는 없다. 범죄는 하나님과 나의 교제를 단절한다. 그러나 그리스도인의 범죄는 구원을 상실케 하지는 않으며, 하나님과 나 사이에 교제의 단절을 가져온다. 하나님과 나와의 교제 회복의 방편은 요한일서 1장 9절에 "하나님 앞에 자기 죄를 자백하고 죄를 포기하고 죄에서 돌이켜 죄를 떠나는 것"이라고 했다.

3) 르우벤 지파의 상징 보석

출애굽기 28장 15절 이하에 12지파를 상징하는 12개의 보석이 있다.

제사장 흉패에 달린 보석은 장자부터 내려오는 아들의 출생 순서가 아니라 하나님이 12지파를 섭리하시고 서신 순서에 의해 기록되어 있다.

르우벤 지파의 보석은 석류석(둘째 줄 맨 처음 나옴)이다. 석류석은 에메랄드(Emerald : 색상은 바다색임)이다. 당시의 사람들은 에메랄드를 간직하면 풍파가 많다고 믿었고 바다색 보석이므로 파도치는 모습을 상징하며 동요와 혼란, 흔들림을 암시한다. 르우벤은 세파에 시달리는 에메랄드 같은 인생의 상징이었다.

4) 신앙적 교훈

르우벤은 아비의 소실(라헬의 시녀였던 빌하)을 간통한 죄로 장자의 권리와 유업을 잃고 유다와 요셉이 그 대신이 되었다(대상 5 : 1).

성경에 보면 야곱은 본래 라헬을 사랑하였기에 그와 결혼을 하고 첫날밤을 자고 "아침에 보니 레아라"고 하였다(창 29 : 25). 야곱이 7년 동안 머슴살이 끝에 얻은 사랑하는 아내를 품고 한밤을 자고 깨어 보니 옆에 있는 여인은 그토록 사모하고 그리워하던 라헬이 아니고 레아였다.

인간이 하나님의 뜻을 따라 살지 않고 자기 욕망을 따라 힘과 재주와 온갖 꾀를 다하여 돈을 벌고 성공을 해보지만, 결국엔 그것이 인생의 목적이 아니며 진정한 행복이 아님을 깨닫게 된다.

대상 5 : 1	이스라엘의 장자 르우벤의 아들들은 이러하니라 (르우벤은 장자라도 그 아비의 침상을 더럽게 하였으므로 장자의 명분이 이스라엘의 아들 요셉의 자손에게로 돌아갔으나 족보에는 장자의 명분대로 기록할 것이 아니니라
창 29 : 25	야곱이 아침에 보니 레아라 라반에게 이르되 외삼촌이 어찌하여 내게 이같이 행하셨나이까 내가 라헬을 위하여 외삼촌께 봉사하지 아니하였나이까 외삼촌이 나를 속이심은 어찜이니이까

2. 시므온 지파

1) 시므온의 출생

시므온은 "들으심"이란 뜻이다(창 29 : 31-33). 하나님께서 레아가 야곱에게 라헬과 달리 미움받음을 보시고 공평하게 라헬보다 레아에게 먼저 아들을 허락하심으로써 레아의 억울함을 갚아 주셨다(레 18 : 18). 하나님께서는 남편의 사랑을 받지 못하여 호소하는 레아의 기도를 들으시고 둘째 아들 시므온을 낳게 하신 것이다(창 29 : 33).

레아가 둘째 아들을 낳고 그의 이름을 "시므온"(들으심) 이라고 한 것은 하나님께서 자기의 기도를 들으셨다는 뜻이다. 레아는 자기의 호소하는 기도가 하나님으로부터 응답되어 아들을 얻은 것으로 확신했던 것이다. 그래서 그는 하나님께서 자기의 기도를 들으셨다고 고백하였다(창 29 : 33).

레아는 첫아들 르우벤을 낳았을 때 남편 야곱의 총애가 자기에게로 돌아설 것으로 알았으나 자기 뜻대로 되지 않자 자기의 고통을 하나님께 기도로 호소했던 것이다. 드디어 그녀는 다시 잉태하여 아들을 낳게 되었고 따라서 "주께서 나의 총이 없음을 인하여 내가 부르짖던 나의 기도를 마침내 들으셨다” 라고 외친 것이다. 레아의 기도 응답은 곧 그녀가 하나님의 은총을 받은 증거이다.

그리스도인의 은어(신자끼리만 알고 통하는 비밀스러운 언어) 중에 “주님이 들으셨다” 라는 말이 있다. 즉 “시므온”(주님이 내 기도를 들으셨다) 이라는 이 은어만으로도 그리스도인들은 행복을 누릴 수 있다. 1세기에 그리스도인들은 만날 때마다 “마라나타”(주께서 다시 오십니다) 라고 하면서 서로가 소망을 가지게 했다.

창 29 : 31-33   여호와께서 레아에게 총이 없음을 보시고 그의 태를여셨으나 라헬은 무자하였더라 레아가 잉태하여 아들을 낳고 그 이름을 르우벤이라 하여 가로되 여호와께서 나의 괴로움을 권고하셨으니 이제는 내 남편이 나를 사랑하리로다 하였더라 그가 다시 잉태하여 아들을 낳고 가로되 여호와께서 나의 총이 없음을 들으셨으므로 내게 이도 주셨도다 하고 그 이름을 시므온이라 하였으며

레 18 : 18   너는 아내가 생존할 동안에 그 형제를 취하여 하체를 범하여 그로 투지케 하지 말지니라

2) 시므온의 축복

(1) 야곱의 축복

창세기 49장 5절에 보면 “시므온과 레위는 형제요” 라는 말로 시작한다. 순서에 있어서는 시므온 지파 다음으로 레위 지파라고 말해야 한다. 그러나 제사장들이 레위에게서 나왔고 그들은 흩어져서 살았기 때문에 12지파 가운데서 레위는 제외되었다. 그래서 유다를 바로 그 다음 순서로 집어넣었다. 그런 이유로 본문에는 시므온과 레위를 같이 다루고 있는 것이다.

시므온 지파의 별명을 들자면 “잔해하는 기계” 라고 할 수 있다. 시므온 지파의 분위기는 “시므온과 레위는 형제요 그들의 칼은 잔해하는 기계로다”(창 49 : 5) 라고 한 말씀처럼 어쩐지 살벌한 느낌을 주고 있다. 또 이 지파의 운명이 심상치 않다는 느낌도 든다. 그런데 본문은 시므온과 레위 두 사람이 동행하는 것으로 기록되어 있다(창 34 : 1-7 참조, 디나가 성폭행 당함(창 34 : 24-27)→ 복수 사건 발생, 이로 인해 시므온은 하나님 앞에 큰 축복을 받지 못함). 이 두 사람은 똑같은

복수 사건에 같이 동행했기 때문에 시므온과 레위가 같이 언급되고 있다. 시므온 지파는 12지파 중 제일 미말에 처한다. 세도가 제일 약하며(민 1 : 23), 민수기 26장 14절에는 그 수가 절반으로 줄어들었다고 되어 있다.

창 49 : 5　　　시므온과 레위는 형제요 그들의 칼은 잔해하는 기계로다
민 1 : 23　　　시므온 지파의 계수함을 입은 자가 오만 구천 삼백 명이었더라

(2) 모세의 축복

모세의 축복 중에서 시므온 지파에 대한 축복이 제외되어 있다(잊혀진 지파 – 하나님께서 자기 백성으로 간주하지 않으시는 지파, 신 33장 참조).

3) 시므온 지파의 상징 보석

"둘째 줄은 석류석 남보석 호마노요"(출 28 : 18).

남보석은 사파이어(Sapphire)이다. 히브리어로 "흠이 갔다, 기스가 났다" 라는 뜻이다. 이 보석은 아주 질기고 단단하지만 한번 갈라지면 여러 갈래로 갈라지는 성격이 있다. 좋은 가능성을 지닌 보석이지만 쉽게 갈라지므로 별 인기가 없다. 출발은 화려하고 영광스러우나 증오와 미움과 분함을 삭이지 못하고, 인간적 간교한 수단과 방법으로 신앙의 길을 추구했다가 마지막에 버림받고 후손에게 부끄럼을 안겨 준 사람이 시므온이다.

4) 신앙적 교훈

신앙인은 무슨 일을 하든지 동기가 선하고 방법도 결과도 선해야 한다. 그리고 시작도 중요하지만 결과는 더욱 중요하다. 그러기에 매사에 유종의 미를 거두어야 한다.

시므온은 성품이 잔인하여 그 동생 요셉을 미워함이 다른 형제보다 심하였고(창 37 : 20), 누이 동생 디나의 치욕을 씻으려고 세겜인을 무자비하게 학살한 연고로 그 부친의 책망과 저주를 받았다(창 34 : 25-30, 49 : 5-7). 성도는 어떤 경우에도 분노, 증오, 시기, 질투, 복수심을 삭이고 항상 너그러우며 관용하고 이해하

며 기도를 해야만 한다.

창 37 : 20	자 그를 죽여 한 구덩이에 던지고 우리가 말하기를 악한 짐승이 그를 잡아먹었다 하자 그 꿈이 어떻게 되는 것을 우리가 볼 것이니라 하는지라
창 34 : 25-30	제 삼일에 미쳐 그들이 고통할 때에 야곱의 두 아들 디나의 오라비 시므온과 레위가 각기 칼을 가지고 가서 부지 중에 성을 엄습하여 그 모든 남자를 죽이고 칼로 하몰과 그 아들 세겜을 죽이고 디나를 세겜의 집에서 데려 오고 야곱의 여러 아들이 그 시체 있는 성으로 가서 노략하였으니 이는 그들이 그 누이를 더럽힌 연고라 그들이 양과 소와 나귀와 그 성에 있는 것과 들에 있는 것과 그 모든 재물을 빼앗으며 그 자녀와 아내들을 사로잡고 집속의 물건을 다 노략한지라 야곱이 시므온과 레위에게 이르되 너희가 내게 화를 끼쳐 나로 이땅 사람 곧 가나안 족속과 브리스 족속에게 냄새를 내게 하였도다 나는 수가 적은즉 그들이 모여 나를 치고 나를 죽이리니 그리하면 나와 내 집이 멸망하리라
창 49 : 5-7	시므온과 레위는 형제요 그들의 칼은 잔해하는 기계로다 내 혼아 그들의 모의에 상관하지 말지어다 내 영광아 그들의 집회에 참예 하지 말지어다 그들이 그 분노대로 사람을 죽이고 그 혈기대로 소의 발목 힘줄을 끊었음이로다 그 노염이 혹독하니 저주를 받을 것이요 분기가 맹렬하니 저주를 받을 것이라 내가 그들을 야곱 중에서 나누며 이스라엘 중에서 흩으리로다

3. 잇사갈 지파

1) 잇사갈의 출생

잇사갈은 야곱과 레아의 사이에서 태어난 다섯 번째 아들이다(창 30 : 17-18, 35 : 23). 계속 아기를 낳지 못하여 안타깝던 라헬이 어느 날 르우벤이 합환채 (불임증 치료약 재료로 사용되던 꽃 뿌리)를 얻어서 그 어머니 레아에게 주는 것을 보고, 자신의 영원한 사랑의 경쟁자인 레아에게 합환채를 자기에게 달라고 청구한다. 그리고 그 대가로 "오늘 밤은 야곱을 형님에게 양보하겠다" 라고 했다(창

30 : 14, 17-18).

※ 별 치사한 일도, 수치스러운 일도 그대로(미화나 꾸밈없이) 적은 성경의 진실이 위대하다.

레아는 다섯째 아들을 또 낳고 그 이름을 잇사갈이라고 했다. 잇사갈은 "값을 주심"이라는 뜻이다. 즉 값을 지불하고 얻은 아들이라는 뜻이다. 라헬에게 합환채를 주고 남편을 차지하여 얻은 아들이라 해서 잇사갈(값)이라 한 것이다. "값을 주고 얻었다" 라는 말은 "아무 것도 거저 얻을 수 없다" 라는 교훈을 준다.

창 30 : 14	맥추 때에 야곱이 들에서 돌아오매 레아가 나와서 그를 영접하며 이르되 내게로 들어오라 내가 내 아들의 합환채로 당신을 샀노라 그 밤에 야곱이 그와 동침하였더라
창 30 : 17-18	하나님이 레아를 들으셨으므로 그가 잉태하여 다섯째 아들을 야곱에게 낳은지라 레아가 가로되 내가 내 시녀를 남편에게 주었으므로 하나님이 내게 그 값을 주셨다 하고 그 이름을 잇사갈이라 하였으며
창 35 : 23	레아의 소생은 야곱의 장자 르우벤과 그 다음 시므온과 레위와 유다와 잇사갈과 스불론이요

2) 잇사갈의 축복

(1) 야곱의 축복

"잇사갈은 양의 우리 사이에 꿇어앉은 건장한 나귀로다 그는 쉴 곳을 보고 좋게 여기며 토지를 보고 아름답게 여기고 어깨를 내려 짐을 메고 압제 아래서 섬기리로다" (창 49 : 14-15).

잇사갈 지파의 별명은 양의 우리 안에 꿇어앉은 건장한 나귀이다. 이는 섬기고 일하는 잇사갈 지파의 형상을 보여 주는 것이다. 하나님께서는 이스라엘 12지파 중에 잇사갈 지파를 주셨다. 그것은 하나님의 백성들 중에 제 자리를 지키며 꾸준히 그리고 열심히 땀 흘려 일하는 하나님의 백성이 필요하기 때문이다. 성경에 "압제 아래서 섬긴다" 라는 말씀은 자기 자리를 고수하며 일하고 있는 모습을 묘사한 것이다.

(2) 모세의 축복

모세는 "스불론이여 너는 나감을 기뻐하라 잇사갈이여 너는 장막에 있음을 즐거워하라"고 하였다(신 33 : 18).

모세는 이스라엘의 12지파에 대하여 축복과 예언을 하면서 스불론은 나가서 일하는 지파이고 잇사갈은 장막 안에서 일하는 지파가 될 것이라고 하였다.

※ 스불론과 잇사갈의 사명은 교회가 전도(나가서)하고 봉사(안에서)하는 사역과 방불하다.

스불론의 은사와 잇사갈의 은사는 다르나 겸전은 더 좋다. 교회는 안팎을 향해 시선을 돌리고 내부 사역, 외부 사역을 잘 감당해야 한다. 교회의 제직들이여, 주님께서 주신 "사명의 멍에를 메고 일하는 건장한 나귀" 잇사갈이 되자!

> 신 33 : 18　　스불론에 대하여는 일렀으되 스불론이여 너는 나감을 기뻐하라
> 잇사갈이여 너는 장막에 있음을 즐거워하라

3) 잇사갈 지파의 상징 보석

홍보석(유다) 다음에 나오는 황옥이 잇사갈 지파를 상징하는 보석이다(출 28 : 17). 황옥은 토파즈(Topaz)인데 이 보석은 세 가지를 상징한다. ① 아름다움 ② 지혜 ③ 장수

토파즈라는 말의 뜻은 "계속해서 찾는다"이다. 이 보석은 구하기가 아주 어렵다고 한다. 자기 위치에서 꾸준히 땀흘리며 일할 일꾼을 찾기란 어렵다. 교회는 계속 일꾼을 찾는 신령한 기관이다.

> 출 28 : 17　　그것에 네 줄로 보석을 물리되 첫줄은 홍보석 황옥 녹주옥이요

4) 신앙적 교훈

데살로니가후서 3장 10절에 "너희가 일하기 싫거든 먹지도 말라"고 했다. 주님께서는 절대로 노동의 땀을 흘리지 않는 사람들을 복주시지 않는다. 갈라디아서 6장 7절에 "너희가 무엇을 심든지 그대로 거두리라"고 했다.

대제사장의 흉패(가슴)에는 토파즈 보석에 잇사갈이라는 이름이 새겨진 것이 달려 있다. 우리의 큰 대제사장되시는 예수님께서는 주님을 위해 땀흘리고 수고하는 사람들을 가슴에 깊이 품으신다. 그리고 그의 수고를 아시며 기억하시고 보상하신다. 잇사갈 지파처럼 주님 은혜 안에 살고 주님을 섬겨야만 한다.

4. 스불론 지파
1) 스불론의 출생
"레아가 다시 잉태하여 여섯째 아들을 야곱에게 낳은지라 레아가 가로되… 내가 남편에게 여섯 아들을 낳았으니 이제는 그가 나와 함께 거하리라 하고 그 이름을 스불론이라 하였으며"(창 30 : 19-20).

"스불론"은 "거함"이란 뜻이다. 즉 "같이 거한다"라는 뜻이다. 남편과 아내가 함께 거한다는 것은 즐거운 일이며 행복한 일이다. 그러기에 레아가 "이제는 내 남편이 나와 함께 거할 것이다" 하고 남편이 자기와 함께 거할 것을 바라는 바램 그대로 아들의 이름을 "거한다"라고 지은 것이다.

주님께서는 우리와 함께 거하신다(요 1 : 14). "말씀이 육신이 되어 우리 가운데 거하시매"라고 했다.

요한계시록 21장 3절에 "하나님의 장막이 사람들과 함께 있다"라고 했다.

> 창 30 : 19-20 레아가 다시 잉태하여 여섯째 아들을 야곱에게 낳은지라 레아가 가로되 하나님이 내게 후한 선물을 주시도다 내가 남편에게 여섯 아들을 낳았으니 이제는 그가 나와 함께 거하리라 하고 그 이름을 스불론이라 하였으며

2) 스불론의 축복
(1) 야곱의 축복
"스불론은 해변에 거하리니 그 곳은 배매는 해변이라 그 지경이 시돈까지리로다"(창 49 : 13). 14절에는 잇사갈 지파가 나온다. 순서적으로는 잇사갈 지파가 먼저 등장해야 하는데 야곱은 의도적으로 스불론을 먼저 기록하고 있다. 왜 그렇게 했을까?

마태복음 4장 12-16절의 말씀을 보면 스불론과 납달리의 거주 지역은 갈릴리 해변을 끼고 있는데 예수님의 구세주로서의 놀라운 복음 선교 구원 사역이 시작된 장소가 바로 스불론 지역이었다. 스불론 지파는 이스라엘 백성들 중에서도 언제나 하나님의 복음이 시작되는 곳, 즉 선교의 요람인 갈릴리 해변을 끼고 살았다. 그러기에 하나님께서는 잇사갈도 귀하게 보시지만 스불론을 더 귀하게 보신 것이다.

> **창 49 : 13**　　스불론은 해변에 거하리니 그 곳은 배 매는 해변이라 그 지경이 시돈까지리로다

(2) 모세의 축복

"스불론이여 너는 나감을 기뻐하라"(신 33 : 18).

모세도 스불론 지파를 향해서 안에 거할 것이 아니라 나아갈 것을 명령하며 또 그 사실로 인해 기뻐할 것을 가르친다. 그러나 잇사갈을 향해서는 "장막에 있음을 기뻐하라"고 말했다.

교회도 스불론 지파처럼 선교의 사명을 수행하기 위해 세계를 향해 나아가는 교회와, 자기 교회의 성장과 내실에만 힘쓰는 교회가 있다. 그러나 내 교회 자체만 성장하는 일에 신경을 쓰면서 그리스도의 복음을 못 듣고 죽어 가는 지구상의 수많은 영혼들에 대한 사명감을 상실하면 우리는 세계 선교에 대한 하나님의 명령에 불순종함이 된다. 교회는 전세계를 향하여 선교하는 사명도 감당해야 된다.

지구상의 수많은 영혼들을 위해 기도하고 그들을 향해서 사람을 보내고 복음을 전하고 그들에게 물질적 신학적 지원을 하는 것도 각 교회에 맡겨 주신 하나님의 사명이다. 19절에 보면 "스불론 지파는 열국의 백성, 천하 만국의 백성을 불러 하나님의 시온 산에서 하나님께 예배하게 할 것이라"고 하였다(신 33 : 18-19).

> **신 33 : 18-19**　　스불론에 대하여는 일렀으되 스불론이여 너는 나감을 기뻐하라
> 잇사갈이여 너는 장막에 있음을 즐거워하라 그들이 열국 백성을
> 불러 산에 이르게 하고 거기서 의로운 제사를 드릴 것이며 바다의
> 풍부한 것 모래에 감추인 보배를 흡수하리로다

3) 스불론 지파의 상징 보석

녹주옥(카벙클 : Carbuncle), 히브리어의 본 뜻은 "반짝 빛난다"이다. 등대 불빛 같은 보석이다. 등대 불빛은 뱃길 여행자에게 인도와 희망을 상징한다. 폭풍에 시달린 여행자에게 위로의 빛이다. 또한 피난처의 상징이다. 희망의 불빛(이제는 살았구나)이다.

이 보석은 스불론 지파의 선교적 사명을 나타내고 있다(출 28 : 17).

출 28 : 17　　　그것에 네 줄로 보석을 물리되 첫 줄은 황보석 황옥 녹주옥이요

4) 신앙적 교훈

마태복음 5장 14, 16절에 "너희는 세상의 빛이라⋯"는 말씀처럼 우리는 하나님과 함께 거하고 하나님과 함께 나가면서 죄악으로 어두워진 세상을 향해 복음의 빛을 발해야 한다. 우리 교회가 카벙클 보석처럼 생명의 복음의 등대의 사명을 다하는 교회가 되어야만 한다.

마 5 : 14-16　　　너희는 세상의 소금이니 소금이 만일 그 맛을 잃으면 무엇으로
　　　　　　　　짜게 하리요 후에는 아무 쓸데 없어 다만 밖에 버리워 사람에게
　　　　　　　　밟힐 뿐이니라 너희는 세상의 빛이라 산 위에 있는 동네가 숨기우지
　　　　　　　　못할 것이요 사람이 등불을 켜서 말 아래 두지 아니하고 등경 위에
　　　　　　　　두나니 이러므로 집안 모든 사람에게 비취느니라 이같이 너희
　　　　　　　　빛을 사람 앞에 비취게 하여 저희로 너희 착한 행실을 보고
　　　　　　　　하늘에 계신 너희 아버지께 영광을 돌리게 하라

5. 단 지파

1) 단의 출생

단은 라헬의 여종 빌하가 낳았다. "단"의 뜻은 "억울함을 푸심"이다. 라헬은 자기 계획대로 빌하를 통해 아들을 얻게 됐는데 그 아들을 "단"이라고 했다. 라헬은 "드디어 하나님이 내 원통한 심정을 아시고 이 모든 상황을 판단해 주셨다" 라고 생각했다(창 30 : 1-6).

창 30 : 1-6   라헬이 자기가 야곱에게 아들을 낳지 못함을 보고 그 형을 투기하여
야곱에게 이르되 나로 자식을 낳게 하라 그렇지 아니하면 내가
죽겠노라 야곱이 라헬에게 노를 발하여 가로되 그대로 성태치
못하게 하시는 이는 하나님이시니 내가 하나님을 대신하겠느냐
라헬이 가로되 나의 여종 빌하에게로 들어가라 그가 아들을 낳아
내 무릎에 두리니 그러면 나도 그를 인하여 자식을 얻겠노라 하고
그 시녀 빌하를 남편에게 첩으로 주매 야곱이 그에게로 들어갔더니
빌하가 잉태하여 야곱에게 아들을 낳은지라 라헬이 가로되 하나님이
내 억울함을 푸시려고 내 소리를 들으사 내게 아들을 주셨다 하고
이로 인하여 그 이름을 단이라 하였으며

2) 단의 축복

(1) 야곱의 축복

"단은 이스라엘의 한 지파같이 그 백성을 심판하리로다 단의 길이 뱀이요 첩경의
독사리로다 말굽을 물어서 그 탄 자로 뒤로 떨어지게 하리로다 여호와여 나는 주의
구원을 기다리나이다"(창 49 : 16-18).

단의 별명은 뱀이다. 단은 그 백성을 심판하리라 했다. 자기 백성을 닥치는 대
로 친다는 것이다.

※ 심판

① 긍정적 개념 – 공의로 무엇을 판단하여 올바르게 회복시킨다는 개념으로 사용

② 부정적 개념 – 복수한다는 정죄의 개념으로 사용

본문에서는 부정적 개념으로 사용되고 있다. 길가의 뱀과 첩경의 독사를 생
각해 보기 바란다. "말굽을 물어서 그 탄 자로 뒤로 떨어지게 하리로다"라는 말씀
을 통해 보듯이 첩경의 독사처럼 남들에게 유해한 존재가 되리라는 대단히 불길
한 징조가 단 지파에게 예언되었다. 따라서 축복이 아니라 불길한 미래에 대한
예언이다.

사사기 18장 1절에 단 지파가 땅을 얻기 위해 전투하고 있는 모습이 기록되었다.

사사기 18장 27-31에 이스라엘 민족 전체에게 우상 숭배의 죄를 범하도록 유도
한 것이 단 지파라는 사실을 알려 주고 있다(왕상 12 : 25-29).

삼손은 단 지파의 사람이다. 그는 하나님께서 주신 놀라운 축복에도 불구하고 그릇된 선택과 판단을 통해서 인생을 아주 비극적으로 마친다.

라헬은 인간적 지혜에 의지해서 남편의 마음을 자신에게 돌이키기 위해 시녀를 남편에게 주어 아들을 얻는데 성공했다. 그러나 그것은 역사적으로 그릇된 판단이었다.

창 49 : 16-18   단은 이스라엘의 한 지파같이 그 백성을 심판하리로다 단은 길의 뱀이요 첩경의 독사리로다 말굽을 물어서 그 탄 자로 뒤로 떨어지게 하리로다 여호와여 나는 주의 구원을 기다리나이다

왕상 12 : 25-29   여로보암이 에브라임 산지에 세겜을 건축하고 거기서 살며 또 거기서 나가서 부니엘을 건축하고 그 마음에 스스로 이르기를 나라가 이제 다윗의 집으로 돌아가리로다 만일 이 백성이 예루살렘에 있는 여호와의 전에 제사를 드리고자 하여 올라가면 이 백성의 마음이 유다 왕된 그 주 르호보암에게로 돌아가서 나를 죽이고 유다왕 르호보암에게로 돌아가리로다 하고 이에 계획하고 두 금송아지를 만들고 무리에게 말하기를 너희가 다시는 예루살렘에 올라갈 것이 없도다 이스라엘아 이는 너희를 애굽 땅에서 인도하여 올린 너희 신이라 하고 하나는 벧엘에 두고 하나는 단에 둔지라

(2) 모세의 축복

"단에 대하여는 일렀으되 단은 바산에서 뛰어 나오는 사자의 새끼로다"(신 33 : 22).

단의 또 하나의 별명은 사자이다. 야곱은 뱀이라고 했다. 이는 그들이 가진 힘을 긍정적으로 사용할 때는 사자의 용맹과 날센 힘을 발휘하게 되고 그 가진 힘을 잘못 사용할 때에는 남을 파괴하고 괴롭히는 뱀처럼 된다는 뜻이다.

한때 단 지파는 번창했다(수 19 : 47-48). 그러나 단 지파의 숫자는 역사가 흘러가면서 점차 줄어든다.

요한계시록 7장 5절에 12지파가 마지막 환난 때 보호를 받고, 예수님 재림 전에 한번 더 하나님의 일을 하게 되는데 단 지파는 전혀 언급이 없다. 귀하게 쓰임

받는 지파는 유다 지파이다.

수 19 : 47-48 그런데 단 자손의 지경이 더욱 확장되었으니 이는 단 자손이
올라가서 레센을 쳐서 취하여 칼날로 치고 그것을 얻어 거기
거하였음이라 그 조상 단의 이름을 따라서 레센을 단이라 하였더라
단 자손의 지파가 그 가족대로 얻은 기업은 이 성읍들과 그
촌락이었더라

3) 단 지파의 상징 보석

녹보석(베릴 ; Beryl)은 정복자와 파괴자라는 두 가지 상징을 가지고 있다. 하나님께서 주신 축복을 잘 활용하는 사람은 행복하고 자기 욕심을 채우기 위해 쓰는 사람은 그 말로가 불행하다고 교훈한다(출 28 : 20).

4) 신앙적 교훈

신앙적 방법으로 살면 승리자가 되고 인간적 방법으로 살면 파괴자가 된다. 자기 욕심을 채우기 위해 수단과 방법을 가리지 않는 것은 자기를 파멸로 이끄는 어리석은 것이다. 동기와 목적, 수단과 방법, 과정과 결과가 다 선해야 복이 되는 것이다.

출 28 : 20 넷째 줄은 녹보석 호마노 백옥으로 다 금테에 물릴지니

6. 납달리 지파
1) 납달리의 출생

"납달리"는 라헬의 시녀 빌하가 두 번째 낳은 아들이다.

"라헬의 시녀 빌하가 다시 잉태하여 둘째 아들을 야곱에게 낳으매 라헬이 가로되 내가 형과 크게 경쟁하여 이기었다 하고 그 이름을 납달리라 하였더라"(창 30 : 7-8).

"납달리"의 뜻은 "경쟁함, 씨름함"이라는 뜻입니다. 라헬은 레아와 아들 낳기 경쟁, 남편을 둘러싼 사랑의 경쟁에서 승리감을 가지고 그 아들의 이름을 "납달리"라고 했다. 선의의 경쟁, 정당한 방법으로 하는 경쟁은 좋으나 라헬이 벌린 경쟁

과 그 방법은 하나님의 뜻이라 할 수 없다. 물론 하나님께서 아들을 낳도록 허용하신 것만은 사실이다.

※ 하나님의 뜻

① 절대적인 뜻 – 이것은 "하나님의 절대적인 뜻"으로써 하나님의 주권적인 뜻이라고 하는데 하나님께서 본래 의도하신 우리의 삶을 향한 최선의 뜻을 의미한다.

② 허용적인 뜻 – 이는 하나님의 뜻은 아니지만 인간이 무엇을 달라고 자꾸만 조르기 때문에 인격적인 하나님께서 그 달라고 사정하는 것을 마침내 허용하신다. 그러나 그것이 결과적으로 바람직하지 못한 것으로, 이런 뜻을 가리켜서 허용적인 뜻이라 한다(또 인간이 악을 행하는 것을 포함한 하나님의 예정을 허용적 예정이라 할 수 있다).

에덴동산의 인간의 타락도 하나님의 허용적인 뜻인 것이다. 결과는 많은 아픔과 역경을 낳았다. 하나님의 호의를 사지 못하는 일은 결과적으로 아픔과 역경을 초래할 뿐이다.

> 창 30 : 7-8　　라헬의 시녀 빌하가 다시 잉태하여 둘째 아들을 야곱에게 낳으매 라헬이 가로되 내가 형과 크게 경쟁하여 이기었다 하고 그 이름을 납달리라 하였더라

2) 납달리의 축복

(1) 야곱의 축복

"납달리는 놓인 암사슴이라 아름다운 소리를 발하는도다"(창 49 : 21).

납달리 지파의 별명은 암사슴이다. 그는 갇혀 있는 암사슴이 아니라 놓여 있는 암사슴이다. 그리고 아름다운 소리를 발하는 것이라 했다. 사슴은 아름답고 특히 암사슴은 더욱 아름다운 짐승이다.

예수님께서 "나를 따르라 사람을 낚는 어부되게 하리라"고 하시고 제자를 불러 세우신 곳이 납달리 지역이었다. 아름다운 소식을 효과적으로 전하는 곳을 말하니 일맥 상통한다.

(2) 모세의 축복 (신 33 : 23)

"납달리에 대하여는 일렀으되 은혜가 족하고 여호와의 복이 가득한 납달리여 너는 서방과 남방을 얻을지어다"(신 33 : 23, 생활 지역 환경의 축복).

신 33 : 23	납달리에 대하여는 일렀으되 은혜가 족하고 여호와의 복이 가득한 납달리여 너는 서방과 남방을 얻을지로다

3) 납달리 지파의 상징 보석

납달리 지파의 상징 보석은 벽옥이다. 벽옥(자스퍼 ; Jasper)은 요한계시록에 "보좌를 중심으로 그 앞에는 유리 바다와 같은 벽옥 같은 바다가 있더라"고 했다. 이 벽옥은 하늘나라를 상징할 때 쓰여진 보석이다. 천국 복음이 활발히 전파될 것에 대한 이미지를 가진 보석이다(출 28 : 30).

출 28 : 30	너는 우림과 둠밈을 판결 흉패 안에 넣어 아론으로 여호와 앞에 들어갈 때에 그 가슴 위에 있게 하라 아론이 여호와 앞에서 이스라엘 자손의 판결을 항상 그 가슴 위에 둘지니라

4) 신앙적 교훈

납달리는 좋은 환경에서 태어나지 못했다. 그러나 하나님께서는 그를 저주하지 않고 복을 주셨다.

인간이 아무리 좋지 못한 출생의 배경이나 나쁜 생활의 배경을 가지고 있을지라도 복음을 듣고 바로 응답하기만 하면 하나님의 놀라운 은총의 역사가 일어날 수 있다.

하나님 말씀을 바로 듣고, 바로 응답하고, 하나님 앞에 바로 서야 한다. "아름다운 납달리여 은혜가 족하도다 여호와의 복이 가득할지어다"

하박국 3장 19절 "주 여호와는 나의 힘이시라 나의 발을 사슴 같게 하사 나로 나의 높은 곳에 다니게 하시리로다"의 암사슴의 이미지처럼 그리스도인이 마땅히 달려가야 할 길과, 서야 할 길에 서서 하나님 보시기에 아름다운 삶을 살고 그로 인해 하나님의 사랑과 복을 받아야만 한다.

7. 갓 지파

1) 갓의 출생

"레아가 자기의 생산이 멈춤을 보고 그 시녀 실바를 취하여 야곱에게 주어 첩을 삼게 하였더니 레아의 시녀 실바가 야곱에게 아들을 낳으매 레아가 가로되 복되도다 하고 그 이름을 갓이라 하였으며"(창 30 : 9-11).

"갓"이란 이름은 "군대"라는 뜻이 있다. 아들이 군대처럼 왕성하기를 바라는 레아가 군대라는 별명을 붙이게 된 것이다. 그 외에 "뒤를 따른다, 추격한다"라는 뜻이 있다.

2) 갓의 축복

(1) 야곱의 축복

"갓은 군대의 박격을 받으나 도리어 그 뒤를 추격하리로다"(창 49 : 19).

갓 지파는 성경 역사상 많은 군대를 수행하게 되고 언제나 승리자로 등장한다.

역대상 5장 18절에 보면 12지파 중에서 가장 용맹한 사람을 뽑을 때에 대표적으로 등장하는 지파가 르우벤, 갓, 므낫세 반 지파라는 사실을 보여 준다. 갓은 계속적으로 이기려하는 승리의 기질을 가진 족속이다. 아들 낳기 경쟁에서 태어난 갓은 이기려고 하는 투쟁과 용기의 기질을 가지고 태어났다.

"세상을 구원하는 군대"를 자부하며 찬송은 군가, 전도는 마귀에게 포로가 된 영혼들을 마귀와 싸워 그리스도 앞으로 인도해냄의 영적인 전투라 하겠다.

(2) 모세의 축복

"갓에 대하여는 일렀으되 갓을 광대케 하시는 자에게 찬송을 부를지어다 갓이 암사자같이 엎드리고 팔과 정수리를 찢는도다"라고 했다(신 33 : 20). 역시 전투적인 기질이 보인다.

갓 지파가 전투하고 승리하면서 확장되었던 원인은 갓이 잘나서가 아니라 그렇게 되게 하신 이는 하나님이시다. 갓을 광대케 하시는 하나님께 찬송을 드리라고 한 것이다. 암사자는 맹렬성과 용기를 가리킨다. 갓 지파 중에 용맹스런 전사들이 가장 많이 나온다.

3) 갓 지파의 상징 보석

"둘째 줄은 석류석, 남보석, 홍마노요"(출 28 : 18).

홍마노는 (다이아몬드;Diamond)이다. 강도가 높은 것이 특징이며 다른 보석을 부숴뜨리고 자른다. 놀라운 공격성과 강인성을 보여준다.

4) 신앙적 교훈

갓 지파는 용기와 충성과 승리의 상징이 되었던 지파이다. 오늘날 그리스도인들도 갓 지파처럼 살아야 한다. 용기백배한지, 충성을 다하는지, 하나님의 명령대로 진군 진격하는지, 세상과 정욕을 넉넉히 이기며 승리하고 있는지 돌아봐야 한다.

다이아몬드와 같이 깨끗하고 용기 있고 강하고 질기고 승리하며 충성을 다하는, 그래서 하나님께 사랑받는 그리스도인들이 되어야만 한다.

8. 아셀 지파

"레아의 시녀 실바가 둘째 아들을 야곱에게 낳으매 레아가 가로되 기쁘도다 모든 딸들이 나를 기쁜 자라 하리로다 하고 그 이름을 아셀(축복)이라 하였더라"(창 30 : 10-13).

1) 아셀의 출생

레아의 시녀 실바가 두 번째 낳은 아들, "아셀"의 뜻은 "기쁨"이다. 원문에 가까운 번역은 "축복"이 더 합당하다. 사실 먼 훗날 하나님께서 이 아셀 지파를 통해서 우리에게 축복의 진정한 의미를 성경을 통하여 가르치기 시작하셨다. 우리는 이 사실을 중요하게 관심을 가지고 보아야 할 것이다.

2) 아셀의 축복

(1) 야곱의 축복

"아셀에게서 나는 식물은 기름진 것이라 그가 왕의 진수를 공궤하리로다"(창 49 : 20).

아셀 지파는 훗날 북쪽 비옥한 땅에 거한다. 하나님께서는 야곱을 통하여 그들이 그 곳에 가기도 전에 이미 예언하셨다. 이 말씀은 풍성하고도 진귀한 식물을 축복받은 지파인 것을 증명한다.

(2) 모세의 축복
"아셀에 대하여는 일렀으되 아셀은 다자한 복을 받으며 그 형제에게는 기쁨이 되며 그 발이 기름에 잠길지로다 네 문빗장은 철과 놋이 될 것이니 네 사는 날을 따라서 능력이 있으리로다"(신 33 : 24-25).

❖ "다자한 복을 받으며"

❖ "형제에게 기쁨이 되며"(기쁨, 축복)
아셀 지파는 자기도 축복을 받지만 다른 형제 지파에게 축복이 되는 존재라는 것이다(축복을 나누어 주는 사람).

❖ "그 발이 기름에 잠길지로다"
좋은 기름, 풍성한 기름에 그 발이 잠겨 있는 모습을 상상해 보라.

❖ "네 문빗장은 철과 놋이 될 것이니"
튼튼하고 견고하다는 이미지를 발견하기에 족한 말씀이다. 철과 놋으로 된 빗장이 있는 집은 아무도 넘겨 볼 수 없을 것이다.

❖ "네 사는 날을 따라 능력이 있으리로다"
네가 사는 날 동안 하나님께서 공급하시는 힘과 능력이 늘 함께 하실 것이라는 뜻이다(26-29절에 계속되는 축복이 기록됨).

듣기만 해도 기분이 좋은 축복의 메시지가 선포되었다. 아셀 지파는 튼튼하고 보호받고 인도받고 복을 많이 받아서 남들에게 그 복을 나누어 주는 지파이다.

3) 아셀 지파의 상징 보석

아셀 지파의 상징 보석은 "호마노(Onyx)"이다. 이는 "불꽃"이라는 뜻이다. 진한 붉은 색상이며 반사가 잘된다. 이 보석은 영광과 축복의 상징이다. 고대인들은 이 보석을 가지고 있으면 크게 축복을 받을 것이며, 이 보석을 가지고 있는 사람과 함께 있는 사람도 함께 복이 된다고 믿었다.

출 28 : 20   넷째 줄은 녹보석 호마노 백옥으로 다 금테에 물릴지니

4) 신앙적 교훈

"아셀"이란 말은(앗쉐레라고 발음한다) 구약에 45번 나오는데 27번은 "축복"이란 의미로, 18번은 "기쁨"이란 뜻으로 쓰여졌다. 시편 1편 1절에 "복 있는 사람"이라는 단어가 바로 "앗쉐레"이다.

(1) 하나님이 기뻐하시는 삶을 살아 가고 있는 것을 복되다 하심
(2) 하나님이 기뻐하시는 삶을 살아 가고 있는 것을 가리켜 복되다 하심

※ 비록 출세도 못하고 아들도 못 낳고 부자가 안 되었어도 하나님께서 원하시고 기뻐하시는 삶, 즉 악인 죄를 쫓지 아니하고, 오만한 자의 자리에 앉지 아니하고, 오히려 겸손하게 살아 가는 사람이 바로 복된 사람이다. 하나님의 복의 개념도 물질이나 인격이나 신앙면에서 진전되고 향상된다(구약 초기-물질적, 구약 중간-인격적, 신약-신앙적).

9. 므낫세 지파
1) 므낫세의 출생

"흉년이 들기 전에 요셉에게 두 아들을 낳되 곧 온 제사장 보디베라의 딸 아스낫이 그에게 낳은지라 요셉이 그 장자의 이름을 므낫세라 하였으니 하나님이 나로 나의 모든 고난과 나의 아비의 온 집일을 잊어버리게 하셨다 함이요 차자의 이름을 에브라임이라 하였으니 하나님이 나로 나의 수고한 땅에서 창성하게 하셨다 함이었더라"(창

41 : 50-52).

"므낫세"는 "잊어버림"이란 뜻이고, "에브라임"은 "창성함"이란 뜻이다. 므낫세는 요셉의 장자 곧 애굽 제사장의 딸 아스낫의 소생이다(창 41 : 51).

2) 므낫세의 축복

(1) 야곱의 축복

"나의 남으로부터 지금까지 나를 기르신 하나님, 아브라함의 하나님 이삭의 하나님 그리고 나를 지금까지의 모든 환난에서 또한 건져 주신 하나님이여 이 아이들도 축복해 주시옵소서"(창 48 : 15-16).

야곱은 요셉의 두 아들에게 축복할 때에 오른손은 에브라임의 머리 위에, 왼손은 므낫세의 머리 위에 얹었다(창 48 : 17-19).

야곱이 에브라임과 므낫세를 위한 축복에서 하나님의 이름이 3중으로 나타난 것이 인상적이다. 그것은 조상의 하나님 즉 아브라함과 이삭과 야곱에게로 이어지는 하나님의 복이 그대로 에브라임과 므낫세에게 계승하게 해 달라는 뜻이다.

(2) 모세의 축복

"땅의 보물과 거기 충만한 것과… 하나님으로 인하여 복이 요셉의 머리에 임하는지로다", "… 그 뿔이 들소의 뿔 같도다 이것으로 열방을 받아 땅 끝까지 이르리니 곧 에브라임의 만만이요 므낫세의 천천이로다"(신 33 : 16-17). "승리하며 발전해 나가는 것"을 예언했다.

3) 므낫세 지파의 상징 보석

"셋째 줄은 호박, 백마노, 자수정이요"(출 28 : 19).

므낫세 지파의 상징 보석은 백마노(아가테 ; Agate)인데 이는 "강철보다 강하다"라는 뜻이 있다.

복은 내 마음대로가 아니고 하나님 마음대로이다. 하나님의 절대 주권에 의하여 이 세상 모든 사람들에게 복과 저주가 부여된다.

4) 신앙적 교훈

요셉은 아비가 눈이 어두워서 장자와 차자를 혼돈하고 오른손은 에브라임의 머리 위에 얹고, 왼손은 므낫세의 머리 위에 얹은 줄로 짐작하고 그 손을 바꾸려고 했다. 그러나 야곱이 허락지 않았다. 복은 출생 순에 있는 것이 아니라 하나님의 절대적 주권에 달려 있는 것이다.

10. 에브라임 지파

"··· 차자의 이름을 에브라임이라 하였으니 하나님이 나로 나의 수고한 땅에서 창성하게 하셨다 함이었더라"(창 41 : 50-52).

1) 에브라임의 출생

아스낫이 낳은 둘째 아들의 이름은 "에브라임"이며 이는 "창성함"이란 뜻을 갖고 있다. 문자적 그대로 해석하면 "갑절로 열매가 맺어지게 되었다" 라는 것이다. 요셉은 그 어둡고 괴롭던 세월이 지나고 광명한 세월이 도래하니, 하나님의 은혜와 도우심으로 과거의 시련과 고생을 잊고 행복을 누리게 되었다. 그래서 요셉은 둘째 아들을 낳고 고백하기를 "하나님이 이제는 내가 고생한 이 땅에서 나를 축복하셔서 나로 하여금 갑절로 열매를 맺게 하신다" 라고 했다.

요셉은 언제나 하나님 뜻대로 바로 살기를 원하고 죄악을 멀리하고 유혹을 단호히 물리침으로, 감옥에 갇혀 오랜 세월을 아픔과 눈물 가운데서 지냈다. 그러나 이제는 하나님의 복주심으로 새로운 세월을 맞아 귀한 아들을 둘씩이나 낳았던 것이다.

> **창 41 : 50-52** 흉년이 들기 전에 요셉에게 두 아들을 낳되 곧 온 제사장 보디베라의 딸 아스낫이 그에게 낳은지라 요셉이 그 장자의 이름을 므낫세라 하였으니 하나님이 나로 나의 모든 고난과 나의 아비의 온 집 일을 잊어버리게 하셨다 함이요 차자의 이름을 에브라임이라 하였으니 하나님이 나로 나의 수고한 땅에서 창성하게 하셨다 함이었더라

2) 에브라임의 축복

(1) 야곱의 축복

"… 나도 안다 내 아들아 나도 안다 그도 한 족속이 되며 그도 크게 되려니와 그 아우가 그보다 큰 자가 되고 그 자손이 여러 민족을 이루리라 하고 그 날에 그들에게 축복하여 가로되 이스라엘 족속이 너로 축복하기를 하나님이 너로 에브라임 같고 므낫세 같게 하시리라 하리라 하여 에브라임을 므낫세보다 앞세웠더라"(창 48 : 17-20).

족장의 오른손에 의하여 축복을 받는 전통을 따라 장자 므낫세를 아버지의 오른손 앞에 앉혀 놓았으나 아버지는 두 손을 역으로 하였다. 하나님께서는 에브라임에게 더 복을 주시고 더 크게 쓰셨다. 므낫세는 하나님의 섭리와 주권을 받아들이고 자기에게 주어진 자기 몫의 축복을 즐거워하며 자기 동생의 축복을 질투하지 않았다.

(2) 모세의 축복

"그는 첫 수송아지같이 위엄이 있으니 그 뿔이 들소의 뿔 같도다 이것으로 열방을 받아 땅 끝까지 이르리니 곧 에브라임의 만만이요 므낫세의 천천이리로다"(신 33 : 17).

여기 보면 므낫세는 천천의 축복을 받고 에브라임은 만만의 축복을 받았다.

3) 에브라임 지파의 상징 보석

"셋째 줄은 호박, 백마노, 자수정이요" 라고 했다.

에브라임 지파의 상징인 보석은 호박(Ligure)이다. 이는 깎고 갈기 어려운 보석이다. 그래서 깎고 다듬을수록 더 아름다운 광채를 발한다고 한다(출 28 : 17-20).

그리스도인은 고난을 참고 하나님의 섭리에 순종하면 영광스런 새벽이 열리게 된다. 이 보석은 한번 다듬어 놓으면 그 다음에 귀히 쓰임을 받는다. 에브라임은 본래 동생이었으나 그는 어려운 조건에서 인생을 출발했다. 그러나 하나님의 복 주심으로 인해 형보다 더 존귀하게 쓰임을 받았다.

출 28 : 17-20　　그것에 네 줄로 보석을 물리되 첫줄은 홍보석 황옥 녹주옥이요

둘째 줄은 석류석 남보석 홍마노요 세째 줄은 호박 백마노
자수정이요 네째 줄은 녹보석 호마노 벽옥으로 다 금테에 물릴지니

4) 신앙적 교훈

오늘날 우리의 삶의 출발이 가난하고 연약하고 어떤 특권을 받지 못한 채 불우한 처지에서 시작했어도 용기를 가지면 하나님은 약자를 들어 강한 자로, 가난한 자를 들어 부자를 부끄럽게 하신다. 이러한 하나님의 섭리의 역사를 믿고 용기를 가지고 소망을 가져야만 한다.

11. 베냐민 지파

"··· 라헬이 임산하여 심히 신고하더니 그가 난산할 즈음에 산파가 그에게 이르되 두려워 말라 지금 그대가 또 득남하느니라 하매 그가 죽기에 임하여 그 혼이 떠나려 할 때에 아들의 이름은 베노니라 불렀으나 그 아비가 그를 베냐민이라 불렀더라"(창 35 : 16-20).

1) 베냐민의 출생

처음 이름인 "베노니"를 후일에 아버지가 "베냐민"이라고 했다(창 30 : 22-24, 요셉의 출생).

"베노니"는 "슬픔의 아들(슬픔의 자식)"이란 뜻이고, "베냐민"은 "오른손의 아들"이라는 뜻이다. 오른손은 힘의 상징이다. 비록 어미를 잃었지만 씩씩하고 강하고 힘있는 아들이 되어 태어났다. 성경 역사상 베들레헴에서 태어난 유명한 세 사람은 예수 그리스도, 베냐민, 다윗이다. 베들레헴 성의 별명을 다윗의 성이라고 한다.

2) 베냐민의 축복

(1) 야곱의 축복

"베냐민은 물어뜯는 이리라 아침에는 빼앗은 것을 먹고 저녁에는 움킨 것을 나누리로다"(창 49 : 27).

베냐민 지파의 별명은 이리이다. 이리는 맹렬한 기상, 목표를 쟁취하기 위해 달려나가는 공격적인 기질이 있다. 어떻게 해서든지 그 목표를 성취한다는 이미지를 보여 주지만 쟁취한 것을 나누어 주는 아량과 착함의 기질도 보여 준다.

(2) 모세의 축복

"베냐민에 대하여는 일렀으되 여호와의 사랑을 입은 자는 그 곁에 안전히 거하리로다 여호와께서 그를 날이 맞도록 보호하시고 그로 자기 어깨 사이에 처하게 하시리로다"(신 33 : 12).

베냐민 지파는 이 축복 그대로 하나님의 사랑을 입었다. 이 지파에서 많은 하나님의 사람들이 나왔다(사울, 바울, 모르드개).

3) 베냐민 지파의 상징 보석

"넷째 줄은 호박, 백노마, 자수정이요"

베냐민 지파의 상징 보석은 자수정(아메티스트 ; Amethyst)이다. 이는 보랏빛 색상이다. 제련과 가공이 힘든 보석이다. 고대 중동 지방에서 구하기도 힘들고 만들기도 힘들었던 보석이다. 그러나 만들어 놓으면 가장 값비싼 보석으로 사람들이 귀히 여긴 보석이었다(출 28 : 17-20).

4) 신앙적 교훈

베냐민의 출생은 어머니의 죽음이란 값비싼 대가를 지불했다. 우리의 중생(신생)에도 예수님의 십자가 죽음이란 값비싼 대가를 지불했기 때문에 값비싼 신앙 생활을 해야만 한다.

하나님의 위대한 일은 희생이란 값비싼 대가 없이는 이루어질 수 없다. 시편 126편 5절에 "눈물을 흘리며 씨를 뿌리는 자는 기쁨으로 거두리로다" 라고 했다. 기쁨의 결실은 먼저 눈물을 대가로 지불해야 한다. 베냐민 지파를 통해 믿음, 희생, 집념, 보상이라는 사실을 깨닫게 된다.

12. 유다 지파

1) 유다의 출생

"유다"는 레아의 네 번째 소생이다. "유다"는 "찬송"이다(창 29 : 35).

2) 유다의 축복

(1) 야곱의 축복

"유다야 너는 네 형제의 찬송이 될지라… 네 아비의 아들들이 네 앞에 절하리로다… 홀이 유다를 떠나지 아니하며… 그 옷을 포도주에 빨며 그 복장을 포도즙에 빨리로다 그 눈은 포도주로 인하여 붉겠고 그 이는 우유로 인하여 희리로다"(창 49 : 8-11).

이 축복대로 유다는 비록 맏아들은 아니었지만 후일에 이스라엘 12지파를 지도하는 지도자가 되었다. 유다는 야곱이 축복을 하면서 사자로 묘사하였다. 사자는 짐승들 가운데 왕이다. 유다를 사자로 비유한 것은 강력한 권위와 힘을 지닌 유다의 이미지를 나타내고 있다.

"홀이 유다를 떠나지 아니하며"에서 홀은 지도자의 통치권과 그 능력을 상징하는 말이다. 유다 지파에게 풍성한 축복과 굉장한 기대가 부여된 것을 볼 수 있다.

"네 아비의 아들들이 네게 절할 것이라"고 함은 유다 지파를 통해서 메시야가 나실 것을 예언한 것이다.

(2) 모세의 축복

"여호와여 유다의 음성을 들으시고 그 백성에게로 인도하시오며 그 손으로 자기를 위하여 싸우게 하시고 주께서 도우사 그로 그 대적을 치게 하시기를 원하나이다"(신 33 : 7).

하나님께서는 유다의 음성을 들으실 것이고 백성들은 그의 지도력에 순종할 것이며 그는 백성들을 인도하여 승리할 것이라는 뜻이다.

3) 유다 지파의 상징 보석

유다 지파의 상징 보석은 홍보석(루비 : Ruby)이다(출 28 : 17). "홍보석"은 히브리어로 본래의 뜻은 "아주 붉고 풍성하다" 라는 뜻이다. 붉은 상태도 단순히 붉은 것이 아니고 붉은 것이 아주 화려한 빛을 나타내는 모습이다. 유다 지파의 삶의 풍성함과 아름다움을 상징하는 보석이다.

4) 신앙적 교훈

유다 지파를 통해 배워야 할 것은 찬양이다. 하나님께서는 찬양을 기뻐하신다. 찬양하는 사람들에게 복을 주신다.

찬양은 하나님의 하나님 되심에 대한 피조물의 응답이다. 즉 피조물의 찬양을 받으실 자격이 있으신 하나님을 찬양하는 것은 당연한 일이다.

요한계시록 4장 6절에 천국의 찬송하는 광경을 묘사하면서 가장 많이 전형적으로 등장하는 표현은 "하나님이여 하나님께서는 찬양과 영광과 존귀를 받으시기에 합당하오니" 라는 말이다. "합당하다(Worthy)" 라는 말이 단어는 가치가 있다는 뜻이다. 영어의 예배라는 단어가 "Worship"이다. 이 가치라는 단어에서 파생된 것이다. 왜 우리가 하나님께 예배하는가? 하나님께서는 예배를 받으실 만한 가치가 있는 분이기 때문이다.

찬양은 신앙의 고백이다. 성삼위의 그 위대하시고 거룩하신 인격과 그 선하신 역사하심에 대한 고백이다. 우리를 창조하신 목적은 찬양하게 하기 위함이다(시 102 : 18; 사 43 : 21).

찬양은 구원의 은총이다(눅 1 : 46-48).

시 102 : 18	이 일이 장래 세대를 위하여 기록되리니 창조함을 받을 백성이 여호와를 찬송하리로다
사 43 : 21	이 백성은 내가 나를 위하여 지었나니 나의 찬송을 부르게 하려 함이니라
눅 1 : 46-48	마리아가 가로되 내 영혼이 주를 찬양하며 내 마음이 하나님 내 구주를 기뻐하였음은 그 계집 종의 비천함을 돌아보셨음이라 보라 이제 후로는 만세에 나를 복이 있다 일컬으리로다

제 18 장
성례전

성례전(Sacrament)은 초대 교회로부터 확정된 개념이 정립되어 있지 않은 채

주로 세례와 성만찬을 중요 성례로 생각해 왔다.

성례의 수에 대하여 로마 카톨릭 교회와 개혁파 교회의 견해가 다르다.

12세기에 위고는 30성사를 주장했고,

그레고리우스와 롬바르두스는 7성사를 주장했다.

후자는 토마스 아퀴나스에 의해 채택되고

트렌트 공의회에서 정식으로 인정을 받았다.

그러나 종교 개혁자들은 성례에 대하여 그리스도에 의해 시작된 것,

그리스도께서 지키라고 명령하신 것은 세례와 성찬뿐이라고 주장했다.

따라서 개신교에서는 세례와 성만찬만을 성례로 인정한다.

성례전의 개념

Ⅰ. 성례전이란?

1. 용어의 정의

성례전(聖禮典)이란 말이 성경에는 나타나지 않는다. 성례전(새크러먼트;Sacrament)이란 본래 신비(神秘)에 관계된 낱말로 이는 신비적이고 신성한 사물, 즉 신에게 바쳐진 어떤 것이나 신비적 상징 그리고 신성한 선서 서약 등을 표현하는 술어로 사용되었다.

불가타 역(Vulgate;譯;4세기에 된 라틴어 성경)에서는 헬라어의 뮈스테리온(Mysterion;신비)을 사끄라멘뚬(Sacramentum)으로 번역하였다(엡 1:9,3:2,9; 골 1:26; 딤전 3:16; 계 1:20,17:7). 넓은 의미로 이 용어는 감추어진 의미를 담고 있는 사물이나 표징을 표현함에 있어서 어떤 것이나 다 적용하였던 것이다. 즉 종교적인 의식 혹은 십자가의 상징, 관유식, 설교 견진례, 안수식, 기도식, 치유식 등 모두 성례전(Sacrament)으로 불리어 졌다. 하르낙(Harnack)에 의하면 터툴리안(Tertullian)은 신성한 사실들, 신비스럽고 유익한 표징들과 전달 수단 및 거룩한 행위들을 뜻하기 위해서 이미 이 낱말을 사용했다고 한다. 그러나 신비스럽고 유익한 표징이라고 해서 그것이 모두 다 성례전인 것은 아니다. 그러므로 개신교에서는 교회의 성례전을 그리스도가 신약에서 정해 주신 것, 곧 "세례식"과 "성찬식" 만을 인정한다.

엡 1:9   그 뜻의 비밀을 우리에게 알리셨으니 곧 그 기쁘심을 따라 그리스도 안에서 때가 찬 경륜을 위하여 예정하신 것이니

엡 3:2   너희를 위하여 내게 주신 하나님의 그 은혜의 경륜을 너희가

	들었을 터이라
엡 3 : 9	영원부터 만물을 창조하신 하나님 속에 감취었던 비밀의 경륜이 어떠한 것을 드러내게 하려 하심이라
골 1 : 26	이 비밀은 만세와 만대로부터 옴으로 감취었던 것인데 이제는 그의 성도들에게 나타났고
딤전 3 : 16	크도다 경건의 비밀이여 그렇지 않다 하는 이 없도다 그는 육신으로 나타난 바 되시고 영으로 의롭다 하심을 입으시고 천사들에게 보이시고 만국에서 전파되시고 세상에서 믿은바 되시고 영광 가운데서 올리우셨음이니라
계 1 : 20	네 본 것은 내 오른손에 일곱 별의 비밀과 일곱 금 촛대라 일곱 별은 일곱 교회의 사자요 일곱 촛대는 일곱 교회니라
계 17 : 7	천사가 가로되 왜 기이히 여기느냐 내가 여자와 그의 탄 바 일곱 머리와 열 뿔 가진 짐승의 비밀을 네게 이르리라

2. 성례전의 정의

성례전이란 하나님의 특별한 은총과 구원의 상징으로, 믿는 자들에게 베푸는 거룩한 종교 의식이다. 교회의 성례전은 하나님과 그 백성 사이에 맺어진 계약의 표징이요 그 표적(表迹)이다. 성례전은 가시적(可視的)인 것이며, 하나님과 그 백성 사이에 맺어진 계약을 외적으로 확증하는 것이다.

II. 성례전과 말씀과의 관계

하나님의 말씀은 성례전 없이도 온전하게 존재할 수 있지만 성례전은 하나님의 말씀 없이는 의미 있게 존재할 수 없다. 그 이유는 하나님의 해석된 말씀은 하나님의 구속 사역의 가시적 표징들을 이해하는데 있어서 결정적인 역할을 하게 되기 때문이다.

1. 말씀과 성례전의 일치점
1) 은혜의 수단

말씀과 성례전의 창시자가 같은 하나님이시며 양자는 모두 다 은혜의 수단이라는 점이 일치하다.

2) 그리스도가 중심

그리스도께서 말씀과 성례전의 중심이요 초점이라는 점이 일치하다.

3) 믿음으로라야 함

말씀도 성례전도 모두 다 믿음으로 받아들일 때만이 효력이 있다는 점이 일치하다. 칼빈은 "말씀과 성례전이 믿음 안에서 받아들여지지 않으면 아무 소용이 없다"라고 하였다.

4) 성령의 도구

말씀과 성례전은 모두 다 성령께서 사용하시는 도구라는 점이 일치하다.

2. 말씀과 성례전의 차이점

1) 필요성의 차이

말씀은 구원에 대하여 필요 불가결한 요소이나 성례전은 그렇지 않다(롬 10 : 13-14, 17).

롬 10 : 13-14	누구든지 주의 이름을 부르는 자는 구원을 얻으리라 그런즉 저희가 믿지 아니하는 이를 어찌 부르리요 듣지도 못한 이를 어찌 믿으리요 전파하는 자가 없이 어찌 들으리요
롬 10 : 17	그러므로 믿음은 들음에서 나며 들음은 그리스도의 말씀으로 말미암았느니라

2) 적용상의 차이

말씀과 성례전은 그 적용에 있어서 서로 다르다. 즉 하나님의 말씀(복음)은 만민에게 적용된다. 그러나 성례전은 교회 안에 있는 사람에게만 적용되며, 그것도 참된 신앙을 고백한 사람에게만 시행된다(행 8 : 36-37). 바울은 성만찬의 경우 비록 신앙을 고백하는 신자라 할지라도 주님의 떡과 잔을 합당치 않게 마시는 것은 죄가 된다고 하였다(고전 11 : 27-32).

행 8 : 36-37　　길 가다가 물 있는 곳에 이르러 내시가 말하되 보라 물이 있으니
　　　　　　　　내가 세례를 받음에 무슨 거리낌이 있느뇨
고전 11 : 27-32　그러므로 누구든지 주의 떡이나 잔을 합당치 않게 먹고 마시는
　　　　　　　　자는 주의 몸과 피를 범하는 죄가 있느니라 사람이 자기를 살피고
　　　　　　　　그 후에야 이 떡을 먹고 이 잔을 마실찌니 주의 몸을 분변치 못하고
　　　　　　　　먹고 마시는 자는 자기의 죄를 먹고 마시는 것이니라 이러므로
　　　　　　　　너희 중에 약한 자와 병든 자가 많고 잠자는 자도 적지 아니하니
　　　　　　　　우리가 우리를 살폈으면 판단을 받지 아니하려니와 우리가 판단을
　　　　　　　　받는 것은 주께 징계를 받는 것이니 이는 우리로 세상과 함께 죄
　　　　　　　　정함을 받지 않게 하려 하심이라

3) 목표의 차이

　말씀과 성례전은 그 목표에 있어서 서로 다르다. 말씀은 신앙을 유발하고 이를
강화하여 주는 것이 목적이지만 성례전은 주로 신앙을 강화하는데 공헌한다고 보
는 것이 개신교의 전통적 견해이다.

4) 매개의 차이

　말씀과 성례전은 표현 매개체가 서로 다르다. 말씀은 음성 매개체를 통하여 가
장 강력하게 표현되지만 성례전은 시각과 미각 및 촉각 등을 통하여 표현된다.
그러므로 성례전은 가시적인 말씀이다. 성례전은 보이지 않는 은총의 가시적 형
태인 것이다.

III. 성례전의 수효

　성례전의 수효는 개신교와 로마 카톨릭 교회가 서로 다르다.

1. 로마 카톨릭 교회의 성례전 수

　로마 카톨릭 교회는 성례전의 수효를 7개로 규정하고 있으며 이를 가리켜 7성

사(聖事)라고 부른다.

1) 영세(세례) 성사

처음 신자가 되는 영세(領洗 : 세례), 즉 원죄와 본죄에서 씻음받는 성사이다(마 28 : 19-20; 요 3 : 5).

마 28 : 19-20	그러므로 너희는 가서 모든 족속으로 제자를 삼아 아버지와 아들과 성령의 이름으로 세례를 주고 내가 너희에게 분부한 모든 것을 가르쳐 지키게 하라 볼지어다 내가 세상 끝날까지 너희와 항상 함께 있으리라 하시니라
요 3 : 5	예수께서 대답하시되 진실로 진실로 네게 이르노니 사람이 물과 성령으로 나지 아니하면 하나님 나라에 들어갈 수 없느니라

2) 견진(堅振) 성사

영세를 받은 신자에게 은총을 더하기 위해 사제(司祭)가 빌며 이마에 기름(聖油)을 바르는 성사이며 영세(세례) 후에 성찬식에 참여하는 자격으로서 일반 신도들이 받는다(행 8 : 14-17, 19 : 1-7). 이는 개신교의 입교식과 비교된다.

행 8 : 14-17	예루살렘에 있는 사도들이 사마리아도 하나님의 말씀을 받았다 함을 듣고 베드로와 요한을 보내매 그들이 내려가서 저희를 위하여 성령받기를 기도하니 이는 아직 한 사람에게도 성령 내리신 일이 없고 오직 주 예수의 이름으로 세례만 받을 뿐이러라 이에 두 사도가 저희에게 안수하매 성령을 받는지라
행 19 : 1-7	아볼로가 고린도에 있을 때에 바울이 윗지방으로 다녀 에베소에 와서 어떤 제자들을 만나 가로되 너희가 믿을 때에 성령을 받았느냐 가로되 아니라 우리는 성령이 있음도 듣지 못하였노라 바울이 가로되 그러면 너희가 무슨 세례를 받았느냐 대답하되 요한의 세례로라 바울이 가로되 요한이 회개의 세례를 베풀며 백성에게 말하되 내 뒤에 오시는 이를 믿으라 하였으니 이는 곧 예수라 하거늘 저희가 듣고 주 예수의 이름으로 세례를 받으니 바울이 그들에게

안수하매 성령이 그들에게 임하시므로 방언도 하고 예언도 하니
모두 열두 사람쯤 되니라

3) 성체(성찬) 성사

이는 성체 배수(聖體拜受)의 성사(성찬식)이다(마 26 : 26-29; 막 14 : 22-25;
눅 22 : 15-20; 요 6 : 1-71 참조 ; 고전 11 : 23-25).

마 26 : 26-29　저희가 먹을 때에 예수께서 떡을 가지사 축복하시고 떼어 제자들을
주시며 가라사대 받아 먹으라 이것이 내 몸이니라 하시고 또 잔을
가지사 사례하시고 저희에게 주시며 가라사대 너희가 다 이것을
마시라 이것은 죄 사함을 얻게 하려고 많은 사람을 위하여 흘리는
바 나의 피 곧 언약의 피니라 그러나 너희에게 이르노니 내가
포도나무에서 난 것을 이제부터 내 아버지의 나라에서 새것으로
너희와 함께 마시는 날까지 마시지 아니하리라 하시니라

막 14 : 22-25　저희가 먹을 때에 예수께서 떡을 가지사 축복하시고 떼어
제자들에게 주시며 가라사대 받으라 이것이 내 몸이니라 하시고
또 잔을 가지사 사례하시고 저희에게 주시니 다 이를 마시매
가라사대 이것은 많은 사람을 위하여 흘리는바 나의 피 곧 언약의
피니라 진실로 너희에게 이르노니 내가 포도나무에서 난 것을
하나님 나라에서 새것으로 마시는 날까지 다시 마시지 아니하리라
하시니라

눅 22 : 15-20　이르시되 내가 고난을 받기 전에 너희와 함께 이 유월절 먹기를
원하고 원하였노라 내가 너희에게 이르노니 이 유월절이 하나님의
나라에서 이루기까지 다시 먹지 아니하리라 하시고 이에 잔을
받으사 사례하시고 가라사대 이것을 갖다가 너희끼리 나누라 내가
너희에게 이르노니 내가 이제부터 하나님의 나라가 임할 때까지
포도나무에서 난 것을 다시 마시지 아니하리라 하시고 떡을 가져
사례하시고 떼어 저희에게 주시며 가라사대 이것은 너희를 위하여
주는 내 몸이라 너희가 이를 행하여 나를 기념하라 하시고 저녁
먹은 후에 잔도 이와 같이하여 가라사대 이 잔은 내피로 세우는
새 언약이니 곧 너희를 위하여 붓는 것이라

고전 11 : 23-25　내가 너희에게 전한 것은 주께 받은 것이니 곧 주 예수께서 잡히시던
　　　　　　　　밤에 떡을 가지사 축사하시고 떼어 가라사대 이것은 너희를 위하는
　　　　　　　　내 몸이니 이것을 행하여 나를 기념하라 하시고 식후에 또한 이와
　　　　　　　　같이 잔을 가지시고 가라사대 이 잔은 내피로 세운 새 언약이니
　　　　　　　　이것을 행하여 마실 때마다 나를 기념하라 하셨으니

4) 고해(告解) 성사

하나님께로부터 죄를 용서받는 성사로서 죄를 하나님과 사제(司祭)에게 통회하고 고백하는 것이다(요 20 : 21-23).

요 20 : 21-23　예수께서 또 가라사대 너희에게 평강이 있을지어다 아버지께서
　　　　　　　　나를 보내신 것같이 나도 너희를 보내노라 이 말씀을 하시고 저희를
　　　　　　　　향하사 숨을 내쉬며 가라사대 성령을 받으라 너희가 뉘 죄든지
　　　　　　　　사하면 사하여 질 것이요 뉘 죄든지 그대로 두면 그대로 있으리라
　　　　　　　　하시니라

5) 종부(終傳) 성사

이는 죽을 위험에 직면한 신자에게 기름을 발라 기도함으로 병 낫고 죄 사함을 받게 하는 예식으로 병인 성사 혹은 종유식(終油式)이라고도 한다(막 6 : 13; 약 5 : 13-15).

막 6 : 13　　　많은 귀신을 쫓아내며 많은 병인에게 기름을 발라 고치더라
약 5 : 13-15　너희 중에 고난당하는 자가 있느냐 저는 기도할 것이요 즐거워하는
　　　　　　　자가 있느냐 저는 찬송할지니라 너희 중에 병든 자가 있느냐 저는
　　　　　　　교회의 장로들을 청할 것이요 그들은 주의 이름으로 기름을 바르며
　　　　　　　위하여 기도할지니라 믿음의 기도는 병든 자를 구원하리니 주께서
　　　　　　　저를 일으키시리라 혹시 죄를 범하였을지라도 사하심을 얻으리라

6) 신품(神品) 성사

이는 부제(副祭)가 사제(司祭)가 되는 성품(聖品) 성사이다. 즉 신학을 전공하

고 부제로 있다가 신부가 될 사람이 주교로부터 성품을 받는 성사이다. 이는 성직 임직식이다(민 27 : 23 참조).

7) 혼인(婚姻) 성사

일남 일녀로 교회에서 거행하는 결혼식이다(마 19 : 4-9; 엡 5 : 21-22).

마 19 : 4-9	예수께서 대답하여 가라사대 사람을 지으신 이가 본래 저희를 남자와 여자로 만드시고 말씀하시기를 이러므로 사람이 그 부모를 떠나서 아내에게 합하여 그 둘이 한 몸이 될지니라 하신 것을 읽지 못하였느냐 이러한즉 이제 둘이 아니요 한 몸이니 그러므로 하나님이 짝지어 주신 것을 사람이 나누지 못할지니라 하시니 여짜오되 그러하면 어찌하여 모세는 이혼 증서를 주어서 내어버리라 명하였나이까 예수께서 가라사대 모세가 너희 마음의 완악함을 인하여 아내 내어버림을 허락하였거니와 본래는 그렇지 아니하니라 내가 너희에게 말하노니 누구든지 음행한 연고 외에 아내를 내어 버리고 다른데 장가드는 자는 간음함이니라
엡 5 : 21-22	그리스도를 경외함으로 피차 복종하라 아내들이여 자기 남편에게 복종하기를 주께 하듯 하라

2. 개신 교회의 성례전 수

1) 개신교에서는 "세례"와 "성찬" 2개의 성례전만을 규정하고 있다. 로마 카톨릭 교회의 수다한 성례전과는 대조적이다.

2) 로마 카톨릭 교회의 7성사 중 결혼 성사나 종부 성사 등 기타 다양한 의식들은 그 방식에 있어서 성경적이기는 하지만 주님 당신이 직접 구속 사역을 상징하는 성례로 제정하지 않으셨다. 그러므로 이러한 의식은 성례전으로서의 자격이 없다. 예수님께서는 그분의 죽음을 세례와 잔으로 불렀다(마 20 : 22). 그러므로 세례와 성만찬은 예수 그리스도가 성취하신 구속 사업을 직접 반영한다. 그러기에 그 자체의 본성으로 인하여 이 두 성례는 다른 어떤 의식과도 비길 수 없으며

여타의 교회 의식에 포함시킬 수도 없다. 세례와 성만찬만은 기독교의 독특한 성례전이다.

마 20 : 22   예수께서 대답하여 가라사대 너희 구하는 것을 너희가 알지 못하는도다 나의 마시려는 잔을 너희가 마실 수 있느냐 저희가 말하되 할 수 있나이다

Ⅳ. 성례전의 효력과 필요성

1. 성례전의 효력

1) 성례전의 효력 문제도 개신교와 로마 카톨릭 교회가 서로 견해를 달리하고 있다. 성례전의 효력에 대하여 개신교는 상징주의라면 로마 카톨릭은 실제론적이다. 그러나 상징이란 말이 실제적 효력이 전혀 없음을 뜻하는 것은 아니다. 상징은 실제와 반대되지 않는다.

2) 로마 카톨릭 신학에 의하면 성례전의 효력이 수혜자(受惠者)의 어떤 조건에 전혀 관계되지 않은 채 객관적으로 적용된다고 한다. 성례전은 하나님의 도구이며, 구속적 은혜의 원인이라 한다. 그러나 개신교의 견해는 이와 좀 다르다. 성례전의 효력에 관하여 웨스터민스터소요리 문답(제91)에는 "성례전은 구원의 효과적 수단이다. 그것은 성례전이나 성례전을 집행하는 자에게 어떤 효능이 있어서가 아니라 오직 그리스도의 은총과 신앙에 의하여 성례전을 받아들이는 자 속에 역사하시는 성령 때문이다"라고 하였다. 그러므로 성례전의 효과는 그 자체 속에 내재하거나 외적인 행위에 있는 것이 아니고 수혜자의 그 신앙을 조건으로 한 그리스도와 성령의 은혜가 임할 때에 나타나는 것이다(고전 3 : 7; 벧전 3 : 21).

고전 3 : 7   그런즉 심는 이나 물주는 이는 아무 것도 아니로되 오직 자라나게 하시는 하나님뿐이니라

벧전 3 : 21   물은 예수 그리스도의 부활하심으로 말미암아 이제 너희를 구원하는 표니 곧 세례라 육체의 더러운 것을 제하여 버림이 아니요 오직 선한 양심이 하나님을 향하여 찾아가는 것이라

2. 성례의 필요성

1) 로마 카톨릭의 주장

로마 카톨릭의 주장에 의하면 세례는 모든 사람들을 구원으로 이끄는데 절대적으로 필요하며 또한 고해 성사는 세례받은 후에 죽음에 이르는 죄를 범한 자들에게 모두 필요하나 견진 성사, 성체 성사, 종부 성사는 그것들의 시행의 명령이 내렸거나 도움이 된다고 생각될 때에만 필요하다고 한다.

2) 개신교의 주장

개신교에서는 성례의 필요성에 관하여 로마 카톨릭과 견해를 달리한다. 즉 성례는 구원에 절대적으로 필요한 것이 아니라 다만 주님의 교훈이기 때문에 의무적인 것으로 보는 것이다. 성례가 구원에 절대적으로 필요치 않다는 것은 성경이 신앙만을 구원의 도구적 조건으로 언급하고 있으며(엡 2 : 8; 요 5 : 24, 6 : 29, 3 : 16; 행 16 : 31; 롬 10 : 9), 또 십자가의 강도는 성례에 참예함이 없이도 구원을 받았고(눅 23 : 43), 사마리아에서 요술하던 시몬은 빌립에게서 세례를 받았지만(행 8 : 13), 구원을 받지는 못했다(행 8 : 13, 8 : 19-20)는 사실들이 성례는 구원에 절대적으로 필요치 않음을 확증을 하고 있다는 것이다.

엡 2 : 8	너희가 그 은혜를 인하여 믿음으로 말미암아 구원을 얻었나니 이것이 너희에게서 난 것이 아니요 하나님의 선물이라
요 5 : 24	내가 진실로 진실로 너희에게 이르노니 내 말을 듣고 또 나 보내신 이를 믿는 자는 영생을 얻었고 심판에 이르지 아니하나니 사망에서 생명으로 옮겼느니라
요 6 : 29	예수께서 대답하여 가라사대 하나님의 보내신 자를 믿는 것이 하나님의 일이니라 하시니
요 3 : 16	하나님이 세상을 이처럼 사랑하사 독생자를 주셨으니 이는 저를 믿는 자마다 멸망치 않고 영생을 얻게 하려 하심이니라
행 16 : 31	가로되 주 예수를 믿으라 그리하면 너와 네 집이 구원을 얻으리라 하고
롬 10 : 9	네가 만일 네 입으로 예수를 주로 시인하며 또 하나님께서 그를 죽은 자 가운데서 살리신 것을 네 마음에 믿으면 구원을 얻으리니

눅 23 : 43   예수께서 이르시되 내가 진실로 네게 이르노니 오늘 네가 나와
             함께 낙원에 있으리라 하시니라
행 8 : 13   시몬도 믿고 세례를 받은 후에 전심으로 빌립을 따라다니며 그
             나타나는 표적과 큰 능력을 보고 놀라니라
행 8 : 19-20 가로되 이 권능을 내게도 주어 누구든지 내가 안수하는 사람은
             성령을 받게 하여 주소서 하니 베드로가 가로되 네가 하나님의
             선물을 돈 주고 살 줄로 생각하였으니 네 은과 네가 함께 망할지어다

기독교의 세례

Ⅰ. 세례의 제정

기독교의 세례는 그리스도께서 친히 제정하신 성례이다(마 28 : 19). 기독교의 세례는 물을 가지고 성삼위(聖三位)의 이름으로 죄를 씻어 정결케 하는 뜻을 가진 예식으로서 이는 우리가 죄를 회개하고 믿음으로, 그리스도께 연합됨과 그리스도 안에 언약된 모든 축복과 유익에 참여함과, 그리스도의 사람이 되어 헌신된 삶을 살기로 서약함을 표시하며 인치는 거룩한 예식이다(갈 3 : 27; 롬 6 : 1-4).

마 28 : 19	그러므로 너희는 가서 모든 족속으로 제자를 삼아 아버지와 아들과 성령의 이름으로 세례를 주고
갈 3 : 27	누구든지 그리스도와 합하여 세례를 받은 자는 그리스도로 옷입었으니라
롬 6 : 1-4	그런즉 우리가 무슨 말하리요 은혜를 더하게 하려고 죄에 거하겠느뇨 그럴 수 없느니라 죄에 대하여 죽은 우리가 어찌 그 가운데 더 살리요 무릇 그리스도 예수와 합하여 세례를 받은 우리는 그의 죽으심과 합하여 세례받은 줄을 알지 못하느뇨 그러므로 우리가 그의 죽으심과 합하여 세례를 받음으로 그와 함께 장사되었나니 이는 아버지의 영광으로 말미암아 그리스도를 죽은 자 가운데서 살리심과 같이 우리로 또한 새 생명 가운데서 행하게 하려 함이니라

1. 그리스도께서 세례받으심

예수님께서 공생애 성역의 시작에 앞선 준비로서 세례를 받으셨다(눅 3 : 21-

22). 요한의 세례는 회개의 세례였음으로 일반 사람들은 세례를 받음이 죄인된 과거를 청산하는 뜻이 있었지만 죄가 없으신 예수님께서는 사생활을 끝내고 공생애에 들어가시는 표증이었던 것이다. 그리고 또 다른 면에서는 죄인을 대속하실 예수님께서 죄인의 입장에서 죄를 지시고 회개와 죄 씻음의 표증(表證)인(막 1 : 4) 세례를 받으심으로써 하나님의 의를 이루신 것이다(마 3 : 15).

> 눅 3 : 21-22　　백성이 다 세례를 받을 새 예수도 세례를 받으시고 기도하실 때에
> 　　　　　　　　하늘이 열리며 성령이 형체로 비둘기같이 그의 위에 강림하시더니
> 　　　　　　　　하늘로서 소리가 나기를 너는 내 사랑하는 아들이라 내가 너를
> 　　　　　　　　기뻐하노라 하시니라
> 막 1 : 4　　　　세례 요한이 이르러 광야에서 죄 사함을 받게 하는 회개의 세례를
> 　　　　　　　　전파하니
> 마 3 : 15　　　　예수께서 대답하여 가라사대 이제 허락하라 우리가 이와 같이
> 　　　　　　　　하여 모든 의를 이루는 것이 합당하니라 하신대 이에 요한이
> 　　　　　　　　허락하는지라

2. 그리스도께서 세례를 명하심

예수 그리스도께서는 십자가에 죽으시고 부활하심으로 속죄 사업을 완성하셨으며, 이것이 성부의 인정을 받은 후에 세례를 제정하셨으니, 곧 예수님께서 제자들을 파송하시면서 명령하시기를 "너희는 가서 모든 족속으로 제자를 삼아 아버지와 아들과 성령의 이름으로 세례를 주라"고 하신 것이다(마 28 : 18-19;막 16 : 15-16).

> 마 28 : 18-19　　예수께서 나아와 일러 가라사대 하늘과 땅의 모든 권세를 내게
> 　　　　　　　　주셨으니 그러므로 너희는 가서 모든 족속으로 제자를 삼아
> 　　　　　　　　아버지와 아들과 성령의 이름으로 세례를 주고
> 막 16 : 15-16　　또 가라사대 너희는 온 천하에 다니며 만민에게 복음을 전파하라
> 　　　　　　　　믿고 세례를 받는 사람은 구원을 얻을 것이요 믿지 않는 사람은
> 　　　　　　　　정죄를 받으리라

II. 세례의 의미와 표징

1. 세례의 정의

기독교의 세례는 교인이 회개하고 예수 그리스도를 믿어 죄 사함을 받아 거듭 남으로써 하나님의 자녀가 됨을 증거하는 성례전이다. 즉 세례는 회개하여 죄 사함을 받고(막 16 : 16) 그리스도와 합일되는 영적 체험의 외형적 증거이다.

막 16 : 16　　　믿고 세례를 받는 사람은 구원을 얻을 것이요 믿지 않는 사람은 정죄를 받으리라

2. 세례의 구원론적 의미

세례가 구원의 조건은 아니나, 그리스도의 구속 적용에 있어서 다음과 같은 깊은 관계가 있음을 알 수 있다.

1) 죄를 씻어 버림

성경에 "이제는 왜 주저하느뇨 일어나 주의 이름을 불러 세례를 받고 너의 죄를 씻으라"(행 22 : 16)고 했다. 물론 세례 의식 자체가 죄를 씻는 효력이 있는 것이 아니라 믿음으로 세례를 받을 때 그 믿음이 죄를 씻어 버리게 되는 것이다. 그러나 세례가 죄 씻음과 깊은 관계가 있음을 성경이 보여 주는 것만은 사실이다. 어떤 의미에서는 신약의 성도들은 세례를 통하여 정결케 된다고 볼 수도 있을 것이다 (막 1 : 4; 엡 5 : 26; 딛 3 : 5; 벧전 3 : 21).

막 1 : 4　　　세례 요한이 이르러 광야에서 죄 사함을 받게 하는 회개의 세례를 전파하니

엡 5 : 26　　　이는 곧 물로 씻어 말씀으로 깨끗하게 하사 거룩하게 하시고

딛 3 : 5　　　우리를 구원하시되 우리의 행한 바 의로운 행위로 말미암지 아니하고 오직 그의 긍휼하심을 좇아 중생의 씻음과 성령의 새롭게 하심으로 하셨나니

벧전 3 : 21　　　물은 예수 그리스도의 부활하심으로 말미암아 이제 너희를 구원하는 표니 곧 세례라 육체의 더러운 것을 제하여 버림이 아니요 오직

선한 양심이 하나님을 향하여 찾아가는 것이라

2) 중생함

바울은 "우리를 구원하시되… 그의 긍휼하심을 좇아 중생의 씻음과 성령의 새롭게 하심으로 하셨나니"(딛 3 : 5) 라는 말씀을 통하여 우리를 구원하시는 경로와 순서를 밝히고 있다. 즉 구원은 첫째, 하나님의 긍휼을 따라 계획되고 시작되었으며(요 3 : 16) 둘째, 중생의 씻음을 통하여 구원받고 셋째, 성령의 새롭게 하심을 통하여 구원이 성숙해 진다는 것이다. 그런데 여기서 중생의 씻음은 물 세례를 의미하는 것이다. 사람이 믿고 회개의 세례를 받음으로써(막 1 : 4) 이전 죄악의 사람(옛사람)이 그리스도의 십자가에서 같이 죽고 죄와 상관없이 주님과 더불어 함께 사는 새로운 피조물(갈 6 : 15)이 되어지는 것이다.

요 3 : 16	하나님이 세상을 이처럼 사랑하사 독생자를 주셨으니 이는 저를 믿는 자마다 멸망치 않고 영생을 얻게 하려 하심이니라
막 1 : 4	세례 요한이 이르러 광야에서 죄 사함을 받게 하는 회개의 세례를 전파하니
갈 6 : 15	할례나 무할례가 아무 것도 아니로되 오직 새로 지으심을 받은 자 뿐이니라

3) 그리스도와 접붙힘

세례는 그리스도와의 신비로운 연합의 상태를 이루는 것이다(갈 3 : 27). 즉 세례는 그리스도와 같이 십자가에서 죽고, 그분과 같이 장사되고, 그분과 같이 부활하는 것과 깊은 관련이 있다. 죄인은 믿고 세례를 받을때 성령을 통하여 그리스도와 영적 합일을 이루게 되는 것이다(롬 6 : 3-4; 고전 12 : 13).

갈 3 : 27	누구든지 그리스도와 합하여 세례를 받은 자는 그리스도로 옷 입었느니라
롬 6 : 3-4	무릇 그리스도 예수와 합하여 세례를 받은 우리는 그의 죽으심과 합하여 세례받은 줄을 알지 못하느뇨 그러므로 우리가 그의

죽으심과 합하여 세례를 받음으로 그와 함께 장사되었나니 이는
아버지의 영광으로 말미암아 그리스도를 죽은 자 가운데서 살리심과
같이 우리로 또한 새 생명 가운데서 행하게 하려 함이니라

고전 12 : 13　　우리가 유대인이나 헬라인이나 종이나 자유자나 다 한 성령으로
세례를 받아 한 몸이 되었고 또 다 한 성령을 마시게 하셨느니라

4) 성령이 수여됨

성경에 "우리가 유대인이나 헬라인이나 종이나 자유자나 다 한 성령으로 세례를 받아 한몸이 되었고 또 다 한 성령을 마시게 하셨느니라"(고전 12 : 13)고 하였으니 이는 신자가 세례를 받음으로 성령의 은혜를 체험하게 되는 것을 가리키는 것이다(행 2 : 38; 막 1 : 10; 요 1 : 32).

행 2 : 38　　베드로가 가로되 너희가 회개하여 각각 예수 그리스도의 이름으로
세례를 받고 죄 사함을 얻으라 그리하면 성령을 선물로 받으리니

막 1 : 10　　곧 물에서 올라오실새 하늘이 갈라짐과 성령이 비둘기같이 자기에게
내려오심을 보시더니

요 1 : 32　　요한이 또 증거하여 가로되 내가 보매 성령이 비둘기같이 하늘로써
내려와서 그의 위에 머물렀더라

5) 교회에 속함

신자가 세례를 받음으로 예수님의 제자가 되고 이로써 교회에 속하게 된다(행 2 : 41; 고전 12 : 12-13).

행 2 : 41　　그 말을 받는 사람들은 세례를 받으매 이 날에 제자의 수가 삼천이나
더하더라

고전 12 : 12-13　몸은 하나인데 많은 지체가 있고 몸의 지체가 많으나 한 몸임과
같이 그리스도도 그러하니라 우리가 유대인이라 헬라인이나 종이나
자유자나 다 한 성령으로 세례를 받아 한 몸이 되었고 또 다 한
성령을 마시게 하셨느니라

6) 구원의 은사가 시여됨

성경에 "믿고 세례를 받는 사람은 구원을 얻을 것이요…"(막 16 : 16) 라고 하였으니 세례를 받음으로 구원을 얻는 것이 아니라 믿음으로 세례를 받는 자에게 구원의 은사가 시여되는 것이다(엡 2 : 8).

> 엡 2 : 8   너희가 그 은혜를 인하여 믿음으로 말미암아 구원을 얻었나니
> 이것이 너희에게서 난 것이 아니요 하나님의 선물이라

7) 하나님과의 새로운 관계에 들어감

성경에 "그리스도와 합하여 세례를 받은 자는 그리스도로 옷 입었느니라"(갈3 : 27)하였으니 이는 믿고 세례를 받는 자는 하나님과의 새로운 신분적 관계에 들어감을 의미한다(엡 2 : 19).

> 엡 2 : 19   그러므로 이제부터 너희가 외인도 아니요 손도 아니요 오직
> 성도들과 동일한 시민이요 하나님의 권속이라

3. 세례의 표징
1) 믿고 죄 사함받아 구원얻는 표임

세례는 죄인의 회개하고 예수 그리스도를 믿어 죄 사함을 받고 성령의 은혜로 거듭나 구원을 얻은 표징이다(막 16 : 16; 행 8 : 36-39, 10 : 47).

> 막 16 : 16   믿고 세례를 받는 사람은 구원을 얻을 것이요 믿지 않는 사람은
> 정죄를 받으리라
> 행 8 : 36-39   길 가다가 물 있는 곳에 이르러 내시가 말하되 보라 물이 있으니
> 내가 세례를 받음에 무슨 거리낌이 있느뇨 이에 명하여 병거를
> 머물고 빌립과 내시가 둘 다 물에 내려가 빌립이 세례를 주고 둘이
> 물에서 올라갈새 주의 영이 빌립을 이끌어 간지라 내시는 혼연히
> 길을 가므로 그를 다시 보지 못하니라
> 행 10 : 47   이에 베드로가 가로되 이 사람들이 우리와 같이 성령을 받았으니
> 누가 능히 물로 세례 줌을 금하리요 하고

2) 육체를 십자가에 죽임의 표임

세례는 회개하고 믿음으로 옛사람이 그리스도와 함께 십자가에 죽어 죄와 완전히 분리된, 죄에 대하여 죽은 것같이 아무런 관계가 없는 표가 되는 것이다(롬 6 : 2). 그리스도 안에서의 새사람의 삶의 전제 조건은 옛사람의 죽음이다. 그 이유는 아담의 죄에 살던 옛사람이 죽기 전에 그리스도 안에서의 새사람의 삶을 살지 못하기 때문이다. 그러므로 신자는 이미 주와 함께 십자가에서 옛사람이 못박혀 죽은 것이다(롬 6 : 3).

롬 6 : 2 그럴 수 없느니라 죄에 대하여 죽은 우리가 어찌 그 가운데 더 살리요

롬 6 : 3 무릇 그리스도 예수와 합하여 세례를 받은 우리는 그의 죽으심과 합하여 세례받은 줄을 알지 못하느뇨

3) 마음속에 죄 씻음의 표임

성경에 "죄 사함을 받게 하는 회개의 세례"라고 하였으니 이는 세례 자체가 사죄가 된다는 것이 아니라 사죄를 받기 위해서는 회개해야 한다는 뜻이다. 이런 회개를 촉구하고 세례를 베푸는 것이 세례 요한의 사명이었다. 그러므로 세례는 믿고 회개하여 마음속의 죄 씻음받는 표가 되는 것이다(막 1 : 4; 눅 3 : 3).

막 1 : 4 세례 요한이 이르러 광야에서 죄 사함을 받게 하는 회개의 세례를 전파하니

눅 3 : 3 요한이 요단강 부근 각처에 와서 죄 사함을 얻게 하는 회개의 세례를 전파하니

4) 예수와 함께 영적 부활의 표임

성경에 "너희가 세례로 그리스도와 함께 장사한 바 되고, 또 죽은 자들 가운데서 그를 일으키신 하나님의 역사를 믿음으로 말미암아 그 안에서 함께 일으키심을 받았느니라"고 하였다(골 2 : 12). 세례는 믿음으로 그리스도와 함께 죽고 그 안에서 함께 부활에 참예하게 되는 표시이다(골 3 : 1-3).

골 3 : 1-3   그러므로 너희가 그리스도와 함께 다시 살리심을 받았으면 위엣
     것을 찾으라 거기는 그리스도께서 하나님 우편에 앉아 계시느니라
     위엣 것을 생각하고 땅엣 것을 생각지 말라 이는 너희가 죽었고
     너희 생명이 그리스도와 함께 하나님 안에 감취었음이니라

5) 성령이 임하는 표임

회개와 세례와 사죄는 성령의 역사와 불가분의 관계가 있다. 세례는 회개하고
죄 사함을 받는 사람에게 성령이 임하는 표시이다(행 2 : 38; 마 3 : 15-17).

행 2 : 38   베드로가 가로되 너희가 회개하여 각각 예수 그리스도의 이름으로
     세례를 받고 죄 사함을 얻으라 그리하면 성령을 선물로 받으리니

마 3 : 15-17   예수께서 대답하여 가라사대 이제 허락하라 우리가 이와 같이하여
     모든 의를 이루는 것이 합당하니라 하신대 이에 요한이 허락하는
     지라 예수께서 세례를 받으시고 곧 물에서 올라오실 새 하늘이
     열리고 하나님의 성령이 비둘기같이 내려 자기 위에 임하심을
     보시더니 하늘로서 소리가 있어 말씀하시되 이는 내 사랑하는
     아들이요 내 기뻐하는 자라 하시니라

III. 세례의 바른 양식

세례를 베푸는 양식은 크게 침례와 약례로 구분된다.

1. 침례만이 바른 양식인가?

침례교회에서는 물 속에 온몸을 넣었다가 나오는 것이 세례의 유일하고도 바
른 양식이라고 주장한다. 그것은 이 양식만이 성도의 영적 죽음과 부활을 상징
해 주기 때문이라는 것이다. 그러므로 침례교에서는 침수가 세례의 본질이라고
한다. 그러므로 세례를 어떤 다른 형식으로 행하는 것은 세례가 될 수 없다. 그
이유는 세례의 참된 이념이 물 속으로 온몸이 들어갔다가 다시 물 밖으로 나오
는 데서 표현되기 때문이라는 것이다(막 10 : 38-39; 눅 12 : 50; 롬 6 : 3-4; 골
2 : 12).

막 10 : 38-39 예수께서 가라사대 너희 구하는 것을 너희가 알지 못하는도다
         너희가 나의 마시는 잔을 마시며 나의 받는 세례를 받을 수 있느냐
         저희가 말하되 할 수 있나이다 예수께서 이르시되 너희가 나의
         마시는 잔을 마시며 나의 받는 세례를 받으려니와

눅 12 : 50   나는 받을 세례가 있으니 그 이루기까지 나의 답답함이
         어떠하겠느냐

롬 6 : 3-4   무릇 그리스도 예수와 합하여 세례를 받은 우리는 그의 죽으심과
         합하여 세례받은 줄을 알지 못하느뇨 그러므로 우리가 그의
         죽으심과 합하여 세례를 받음으로 그와 함께 장사되었나니 이는
         아버지의 영광으로 말미암아 그리스도를 죽은 자 가운데서 살리심과
         같이 우리로 또한 새 생명 가운데서 행하게 하려 함이니라

골 2 : 12   너희가 세례로 그리스도와 함께 장사한 바 되고 또 죽은 자들
         가운데서 그를 일으키신 하나님의 역사를 믿음으로 말미암아
         그 안에서 함께 일으키심을 받았느니라

2. 약례는 잘못된 양식인가?

성경에 나오는 세례의 실례들은 어떤 특별한 양식을 강조하고 있지 않으며 또 세례가 어떤 양식으로 시행되었는지 분명하게 언급되어 있는 곳은 한군데도 없다. 그리고 또 성경은 세례가 육신을 깨끗이 하는 것이 아니라 영적 성결 혹은 정화를 상징하는 것이라고 가르치고 있다(행 2 : 38,22 : 16; 고전 6 : 11; 딛 3 : 5; 히 10 : 22; 벧전 3 : 21). 그러므로 약례도 세례의 바른 양식이요 잘못된 것이 아니다.

침례교에서는 침수(물에 담그는 것)만이 세례의 적절한 양식이라고 하지만 관수(물을 붓는 것)나, 복수(물을 덮는 것)나, 살수(물을 뿌리는 것)도 세례의 적절한 양식이다. 고대로부터 침수와 함께 물을 뿌리든지 붓든지 하여 세례를 집행하는 것이 관습이었다. 따라서 침례 아닌 약례(관수, 복수, 살수 등)도 유효한 세례로 인정된다. 구약 시대에 정화는 물을 뿌림으로써 이루어진 경우가 많다(민 8 : 17,19 : 13,18-20; 시 51 : 7; 겔 36 : 25; 요 3 : 25-26; 히 9 : 10,13). 세례는 영적 성결 혹은 정화를 상징하는 것으로서 침수가 중요한 것이 아니다. 예수님께서도 세례의 어떤 일정한 양식을 중요시하여 규정하지 않으셨다. 그리고 예수님께

서 사용하신 "세례"라는 말은 반드시 "담그다"는 것만 의미하지 않고 "씻어 정결케 하다"를 의미하기도 한다. 신약의 고린도전서 10장 1-2절, 사도행전 10장 47-48절, 16장 22-23절 등에 기재된 세례는 침수에 의하여 시행된 것이 아니었음이 분명하다. 물론 성경에 침수의 세례가 베풀어졌다고 할 수 있는 예도 몇 군데 있다. 그러나 세례가 반드시 그렇게 실시된 것도 아니다. 사도 바울은 고린도전서 10장 2절에 "모세 때에 이스라엘은 모두 다 세례를 받았다"라고 말했다. 그는 말하기를 "그들 모두가 바다를 통과했다"라고 했다(고전 10 : 1). 그런데 출애굽기 14장 22절, 28절에 가서 보면 그때 침수를 받은 사람은 한 사람도 없었다. 오히려 침수를 받은 자들은 애굽인들이었다. 그래서 애굽인들은 세례가 아닌 침수를 받았고, 이스라엘은 침수가 아닌 세례를 받았던 것이다. 이는 곧 세례는 반드시 침수일 필요가 없다는 증거가 된다. 물론 세례를 주는 것은 곧 성령 세례를 표징하는 것이기 때문에 성령 세례의 양식을 생각하는 것은 매우 중요하다(마 3 : 11). 그런데 성령의 세례는 붓는(쏟는) 것이었음을 성경이 보여 주고 있는 것이다(행 1 : 5,8,2 : 17; 욜 2 : 28-29).

행 2 : 38	베드로가 가로되 너희가 회개하여 각각 예수 그리스도의 이름으로 세례를 받고 죄 사함을 얻으라 그리하면 성령을 선물로 받으리니
행 22 : 16	이제는 왜 주저하느뇨 일어나 주의 이름을 불러 세례를 받고 너의 죄를 씻으라 하더라
고전 6 : 11	너희 중에 이와 같은 자들이 있더니 주 예수 그리스도의 이름과 우리 하나님의 성령 안에서 씻음과 거룩함과 의롭다 하심을 얻었느니라
딛 3 : 5	우리를 구원하시되 우리의 행한바 의로운 행위로 말미암지 아니하고 오직 그의 긍휼하심을 좇아 중생의 씻음과 성령의 새롭게 하심으로 하셨나니
히 10 : 22	우리가 마음에 뿌림을 받아 양심의 악을 깨닫고 몸을 맑은 물로 씻었으니 참마음과 온전한 믿음으로 하나님께 나아가자
벧전 3 : 21	물은 예수 그리스도의 부활하심으로 말미암아 이제 너희를 구원하는 표니 곧 세례라 육체의 더러운 것을 제하여 버림이 아니요 오직 선한 양심이 하나님을 향하여 찾아가는 것이라

민 8 : 17   이스라엘 자손 중에 처음 난 것은 사람이든지 짐승이든지 다 내게 속하였음은 내가 애굽 땅에서 그 모든 처음 난 자를 치던 날에 내가 그들을 내게 구별하였음이라

민 19 : 13   누구든지 죽은 사람의 시체를 만지고 스스로 정결케 아니하는 자는 여호와의 성막을 더럽힘이라 그가 이스라엘에서 끊쳐질 것은 정결케 하는 물을 그에게 뿌리지 아니하므로 깨끗케 되지 못하고 그 부정함이 그저 있음이니라

민 19 : 18-20   정한 자가 우슬초를 취하여 그 물을 쩍어서 장막과 그 모든 기구와 거기 있는 사람들에게 뿌리고 또 뼈나 죽임을 당한 자나 시체나 무덤을 만진 자에게 뿌리되 그 정한 자가 제 삼일과 제 칠일에 그 부정한 자에게 뿌려서 제 칠일에 그를 정결케 할 것이며 그는 자기 옷을 빨고 물로 몸을 씻을 것이라 저녁이면 정하리라 사람이 부정하고도 스스로 정결케 하니하면 여호와의 성소를 더럽힘이니 그러므로 총회 중에서 끊쳐질 것이니라 그는 정결케 하는 물로 뿌리움을 받지 아니하였은즉 부정하니라

시 51 : 7   우슬초로 나를 정결케 하소서 내가 정하리이다 나를 씻기소서 내가 눈보다 희리이다

겔 36 : 25   맑은 물로 너희에게 뿌려서 너희로 정결케 하되 곧 너희 모든 더러운 것에서와 모든 우상을 섬김에서 너희를 정결케 할 것이며

요 3 : 25-26   이에 요한의 제자 중에서 한 유대인으로 더불어 결례에 대하여 변론이 되었더니 저희가 요한에게 와서 가로되 랍비여 선생님과 함께 요단강 저편에 있던 자 곧 선생님이 증거하시던 자가 세례를 주매 사람이 다 그에게로 가더이다

히 9 : 10   이런 것은 먹고 마시는 것과 여러 가지 씻는 것과 함께 육체의 예법만 되어 개혁할 때까지 맡겨 둔 것이니라

히 9 : 13   염소와 황소의 피와 및 암송아지의 재로 부정한 자에게 뿌려 그 육체를 정결케 하여 거룩케 하거든

고전 10 : 1-2   형제들아 너희가 알지 못하기를 내가 원치 아니하노니 우리 조상들이 다 구름 아래 있고 바다 가운데로 지나며 모세에게 속하여 다 구름과 바다에서 세례를 받고

행 10 : 47-48   이에 베드로가 가로되 이 사람들이 우리와 같이 성령을 받았으니 누가 능히 물로 세례 줌을 금하리요 하고 명하여 예수 그리스도의

이름으로 세례를 주라 하니라 저희가 베드로에게 수일 더 유하기를
청하니라

행 16 : 22-23　무리가 일제히 일어나 송사하니 상관들이 옷을 찢어 벗기고 매로
치라 하여 많이 친 후에 옥에 가두고 간수에게 분부하여 든든히
지키라 하니

마 3 : 11　나는 너희로 회개케 하기 위하여 물로 세례를 주거니와 내 뒤에
오시는 이는 나보다 능력이 많으시니 나는 그의 신을 들기도
감당치 못하겠노라 그는 성령과 불로 너희에게 세례를 주실 것이요

행 1 : 5　요한은 물로 세례를 베풀었으나 너희는 몇 날이 못되어 성령으로
세례를 받으리라 하셨느니라

행 1 : 8　오직 성령이 너희에게 임하시면 너희가 권능을 받고 예루살렘과
온 유대와 사마리아와 땅 끝까지 이르러 내 증인이 되리라 하시니라

행 2 : 17　하나님이 가라사대 말세에 내가 내 영으로 모든 육체에게 부어
주리니 너희의 자녀들은 예언할 것이요 너희의 젊은이들은 환상을
보고 너희의 늙은이들은 꿈을 꾸리라

욜 2 : 28-29　그 후에 내가 내신을 만민에게 부어 주리니 너희 자녀들이 장래
일을 말할 것이며 너희 늙은이는 꿈을 꾸며 너희 젊은이는 이상을
볼 것이며 그 때에 내가 또 내 신으로 남종과 여종에게 부어 줄
것이며

Ⅳ. 세례 시행자와 수세자

1. 세례의 합법적 시행자

1) 개신교의 세례 시행자

일반적으로 개신교에서는 말씀 선포와 성례전의 집행은 동일 직권(職權)에 속하는 것이기 때문에 복음의 사역자인 목사만이 세례의 합법적 시행자라고 인정한다. 그리고 또 세례는 개인적 사사로운 일이 아니라 교회의 규례이기 때문에 신자들의 공중 집회에서 시행되어져야 한다고 주장한다. 개신교에서는 정당한 자격을 갖춘 공인된 목사에 의하여 삼위일체 하나님의 이름으로 시행된 세례를 합법적인 것으로 인정한다.

2) 로마 교회의 세례 시행자

로마 카톨릭에서는 세례를 구원에 절대적으로 필요한 것으로 간주하기 때문에 세례 집행권을 신부만이 가짐으로써, 어떤 경우에 개인의 구원을 얻고 못 얻음이, 그때 그 자리에 신부의 임재(있고)와 부재(없고)에 따라 좌우된다고 하면 이는 너무 잔인하다고 생각한다. 그러기 때문에 그들은 위급할 경우에는 신부 이외의 사람들도 세례를 줄 수 있도록 허용하며, 특히 필요에 따라서는 산파들까지도 줄 수 있다고 한다.

2. 세례받기에 적합한 자

세례는 유형 교회(有形敎會)에 속하는 두 계층의 사람들에게 베풀어지고 있다. 즉 예수 그리스도를 구주로 믿는 신앙을 고백하는 장년 신자와 그의 자녀인 영아들에게 세례가 시행되는 것이다. 소요리 문답(95)에 보면 "세례는 교회 밖에 있는 자들에게는 베풀지 않으며 그들이 그리스도를 믿고 그에게 복종하겠다는 고백을 할 때 비로소 베풀게 되며 또 입교한 자의 자녀들에게도 베풀게 되는 것이다"라고 하였다.

1) 장년 세례

세례받기에 적합한 장년은 회개하고 예수 그리스도를 구주로 믿는 신앙을 고백한 사람이다. 예수님께서는 믿는 자들에게 세례를 시행하도록 가르치는 동시에 세례가 믿음이 없이는 무의미한 것을 말씀하셨다(막 16 : 16). 이는 곧 세례가 분명한 신앙 고백 이후에 시행되어야 한다는 의미를 내포하고 있다.

오순절에 베드로의 설교를 들은 사람들이 세례를 받은 것이나(행 2 : 41), 구스 내시가 빌립에게 세례를 받은 경우나(행 8 : 36-37), 또 빌립보 감옥의 간수가 바울에게 세례를 받은 경우(행 16 : 29-31) 등을 종합해 보면 초대 교회에서의 세례는 신앙 고백이 있은 후에 베풀어졌음이 분명하다. 그러기에 교회가 세례받기를 원하는 모든 장년들에게 신앙 고백을 요구하는 것(세례 문답과 서약)은 참으로 타당한 일이다. 그리고 신앙이 고백된 때 교회는 그것의 진실성을 의심할 필요가 없으며, 교회는 다만 신앙을 고백하는 그 사람을 받아들이면 된다. 그 이유는 마음의 비밀을 들어서 신앙 고백의 진실성을 판결하는 것은 교회의 영역에 속하지 않으며, 그 책임은 어디까지나 고백자에게 있기 때문이다.

막 16 : 16 　　믿고 세례를 받는 사람은 구원을 얻을 것이요 믿지 않는 사람은
　　　　　　　정죄를 받으리라

행 2 : 41 　　그 말을 받는 사람들은 세례를 받으매 이 날엔 제자의 수가 삼천이나
　　　　　　　더하더라

행 8 : 36-37 　　길 가다가 물 있는 곳에 이르러 내시가 말하되 보라 물이 있으니
　　　　　　　내가 세례를 받음에 무슨 거리낌이 있느뇨

행 16 : 29-31 　　간수가 등불을 달라고 하며 뛰어들어가 무서워 떨며 바울과 실라
　　　　　　　앞에 부복하고 저희를 데리고 나가 가로되 선생들아 내가 어떻게
　　　　　　　하여야 구원을 얻으리이까 하거늘

2) 영아 세례

장년 신자에 대한 세례가 성경적으로 적합하다고 하는데는 모든 교파의 견해가 일치하나 영아 세례가 성경적으로 적합하냐에 대해서는 견해가 일치하지 못하다. 특히 침례 교회서는 영아들에게 세례를 베푸는 것은 반대한다.

(1) 영아 세례 지지자들의 주장

❖ 영아 세례 지지자들의 주장은 비록 성경에 영아 세례를 명령한 적도 없고, 또 영아들이 세례를 받았다는 명백한 실례가 없다고 하더라도 이러한 사실이 반드시 영아 세례는 비성경적이라고 규정할 근거가 될 수 없다는 것이다.

❖ 세례는 구약의 할례를 대치한 것으로 구약의 할례는 근본적으로 아브라함과의 영적 은혜의 언약에 의한 것이었다(창 17 : 1-14; 신 10 : 16, 30 : 6; 렘 4 : 4, 9 : 25-26; 행 15 : 1 참조; 롬 2 : 26-29, 4 : 11; 빌 3 : 2). 그러므로 그 후손들은 어린애들까지도 할례를 통하여 이 은혜의 언약에 참여하였던 것이다. 그런데 이 언약에 의한 할례는 신약에 와서 세례로 대치되면서 그 형태가 바뀌었다. 즉 구약의 할례는 피흘리는 형태로 신자들과 그의 자녀들을 죄로부터 씻음을 상징하는 것으로 한번만 실시하였으며(창 17 : 1-14), 신약의 세례는 구약의 할례를 대

치한 것으로 이는 피 없는 형태로 역시 신자들과 그의 자녀들을 죄로부터 씻음을 상징하는 것이며 한번만 실시하게 된다(행 2 : 39; 갈 3 : 29). 구약에서는 언약이 갱신될 때마다 어린아이들도 이에 참여하였으며(신 29 : 10-13; 수 8 : 35; 대하 20 : 13), 그들은 이스라엘 회중의 한 부분으로 간주되었다(대하 20 : 13; 욜 2 : 16). 그렇다면 신약에 와서 어린아이들이라 해서 구약에 언약된 약속에서 제외될 이유가 없으리라고 보는 것이다.

신약에 와서는 세례가 은혜 언약에 들어가는 표와 인(印)이 되었고 따라서 할례는 폐지되었다(행 15 : 1-2,21 : 21; 갈 2 : 3-5,5 : 2-6,6 : 12-13,15). 그러므로 구약에서 어린아이들이 할례에 참여한 것과 같이 신약에서도 어린아이들이 세례에 참여하는 것이 마땅하다는 것이다. 골로새서 2장 11-12절에는 분명히 세례는 할례를 대신했다고 하였다. 세례는 영적 의미에서 죄의 제거를 의미한다는 점에서 할례에 해당한다(행 2 : 38; 벧전 3 : 21; 딛 3 : 5).

창 17 : 1-14 아브람의 구십 구세 때에 여호와께서 아브람에게 나타나서 그에게 이르시되 나는 전능한 하나님이라 너는 내 앞에서 행하여 완전하라 내가 내 언약을 나와 너 사이에 세워 너로 심히 번성케 하리라 하시니 아브람이 엎드린대 하나님이 또 그에게 일러 가라사대 내가 너와 내 언약을 세우니 너는 열국의 아비가 될지라 이제 후로는 네 이름을 아브람이라 하지 아니하고 아브라함이라 하리니 이는 내가 너로 열국의 아비가 되게 함이니라 내가 너로 심히 번성케 하리니 나라들이 네게로 좇아 일어나며 열왕이 네게로 좇아 나리라 내가 내 언약을 나와 너와 네 대대 후손의 사이에 세워서 영원한 언약을 삼고 너와 네 후손의 하나님이 되리라 내가 너와 네 후손에게 너의 우거하는 이 땅 곧 가나안 일경으로 주어 영원한 기업이 되게 하고 나는 그들의 하나님이 되리라 하나님이 또 아브라함에게 이르시되 그런즉 너는 내 언약을 지키고 네 후손도 대대로 지키라 너희 중 남자는 다 할례를 받으라 이것이 나와 너희와 너희 후손 사이에 지킬 내 언약이니라 너희는 양피를 베어라 이것이 나와 너의 사이의 언약의 표징이니라 대대로 남자는 집에서 난 자나 혹 너희 자손이 아니요 이방 사람에게서 돈으로 산 자를 무론하고

난지 팔 일만에 할례를 받을 것이라 너희 집에서 난 자든지 너희 돈으로 산 자든지 할례를 받아야 하리니 이에 내 언약이 너희 살에 있어 영원한 언약이 되려니와 할례를 받지 아니한 남자 곧 그 양피를 베지 아니한 자는 백성 중에서 끊어지리니 그가 내 언약을 배반하였음이니라

신 10 : 16 그러므로 너희는 마음에 할례를 행하고 다시는 목을 곧게 하지 말라

신 30 : 6 네 하나님 여호와께서 네 마음과 네 자손의 마음에 할례를 베푸사 너로 마음을 다하며 성품을 다하여 네 하나님 여호와를 사랑하게 하사 너로 생명을 얻게 하실 것이며

렘 4 : 4 유다인과 예루살렘 거민들아 너희는 스스로 할례를 행하여 너희 마음 가죽을 베고 나 여호와께 속하라 그렇지 아니하면 너희 행악을 인하여 나의 분노가 불같이 발하여 사르리니 그것을 끌 자가 없으리라

렘 9 : 25-26 여호와께서 말씀하시되 날이 이르면 할례받은 자와 할례받지 못한 자를 내가 다 벌하리니 곧 애굽과 유다와 애돔과 암몬 자손과 모압과 및 광야에 거하여 그 머리털을 모지게 깎은 자들에게라 대저 열방은 할례를 받지 못하였고 이스라엘은 마음에 할례를 받지 못하였느니라 하셨느니라

롬 2 : 26-29 그런즉 무할례자가 율법의 제도를 지키면 그 무할례를 할례와 같이 여길 것이 아니냐 또한 본래 무할례자가 율법을 온전히 지키면 의문과 할례를 가지고 율법을 범하는 너를 판단치 아니하겠느냐 대저 표면적 유대인이 유대인이 아니요 표면적 육신의 할례가 할례가 아니라 오직 이면적 유대인이 유대인이며 할례는 마음에 할찌니 신령에 있고 의문에 있지 아니한 것이라 그 칭찬이 사람에게서가 아니요 다만 하나님에게서니라

롬 4 : 11 저가 할례의 표를 받은 것은 무할례시에 믿음으로 된 의를 인친 것이니 이는 무할례자로서 믿는 모든 자의 조상이 되어 저희로 의로 여기심을 얻게 하려 하심이라

빌 3 : 2 개들을 삼가고 행악하는 자들을 삼가고 손할례당을 삼가라

행 2 : 39 이 약속은 너희와 너희 자녀와 모든 먼데 사람 곧 주 우리 하나님이 얼마든지 부르시는 자들에게 하신 것이라 하고

갈 3 : 29 너희가 그리스도께 속한 자면 곧 아브라함의 자손이요 약속대로

유업을 이을 자니라

신 29 : 10-13 오늘날 너희 곧 너희 두령과 너희 지파와 너희 장로들과 너희 유사와 이스라엘 모든 남자와 너희 유아들과 너희 아내와 및 네 진 중에 있는 객과 무릇 너를 위하여 나무를 패는 자로부터 물 긷는 자까지 다 너희 하나님 여호와 앞에 선 것은 너의 하나님 여호와의 언약에 참예하며 또 너의 하나님 여호와께서 오늘날 네게 향하여 하시는 맹세에 참예하여 여호와께서 이왕에 네게 말씀하신 대로 또 네 열조 아브라함과 이삭과 야곱에게 맹세하신 대로 오늘날 너를 세워 자기 백성을 삼으시고 자기는 친히 네 하나님이 되시려 함이니라

수 8 : 35 모세의 명한 것은 여호수아가 이스라엘 온 회중과 여인과 아이와 그들 중에 동거하는 객들 앞에 낭독하지 아니한 말이 하나도 없었더라

대하 20 : 13 유다 모든 사람은 그 아내와 자녀와 어린 자로 더불어 여호와 앞에 섰더라

욜 2 : 16 백성을 모아 그 회를 거룩케 하고 장로를 모으며 소아와 젖 먹는 자를 모으며 신랑을 그 방에서 나오게 하며 신부도 그 골방에서 나오게 하고

행 15 : 1-2 어떤 사람들이 유대로부터 내려와서 형제들을 가르치되 너희가 모세의 법대로 할례를 받지 아니하면 능히 구원을 얻지 못하리라 하니 바울과 바나바와 저희 사이에 적지 아니한 다툼과 변론이 일어난지라 형제들이 이 문제에 대하여 바울과 바나바와 및 그 중에 몇 사람을 예루살렘에 있는 사도와 장로들에게 보내기로 작정하니라

행 21 : 21 네가 이방에 있는 모든 유대인을 가르치되 모세를 배반하고 아들들에게 할례를 하지 말고 또 규모를 지키지 말라 한다 함을 저희가 들었도다

갈 2 : 3-6 그러나 나와 함께 있는 헬라인 디도라도 억지로 할례를 받게 아니하였으니 이는 가만히 들어온 거짓형제 까닭이라 저희가 가만히 들어온 것은 그리스도 예수 안에서 우리의 가진 자유를 엿보고 우리를 종으로 삼고자 함이로되 우리가 일시라도 복종치 아니하였으니 이는 복음의 진리로 너희 가운데 항상 있게

하려함이라 유명하다는 이들 중에 (본래 어떤이들이든지 내게
상관이 없으며 하나님은 사람의 외모를 취하지 아니하시나니)
저 유명한 이들은 내게 더하여 준 것이 없고

갈 5 : 2-6 　보라 나 바울은 너희에게 말하노니 너희가 만일 할례를 받으면
그리스도께서 너희에게 아무 유익이 없으리라 내가 할례를 받는
각 사람에게 다시 증거하노니 그는 율법 전체를 행할 의무를 가진
자라 율법 안에서 의롭다 함을 얻으려 하는 너희는 그리스도에게서
끊어지고 은혜에서 떨어진 자로다 우리가 성령으로 믿음을 좇아
의의 소망을 기다리노니 그리스도 예수 안에서는 할례나 무할례가
효력이 없되 사랑으로써 역사하는 믿음 뿐이니라

갈 6 : 12-13 　무릇 육체의 모양을 내려 하는 자들이 억지로 너희로 할례받게
함은 저희가 그리스도의 십자가를 인하여 핍박을 면하려 함 뿐이라
할례받은 저희라도 스스로 율법은 지키지 아니하고 너희로 할례받게
하려 하는 것은 너희의 육체로 자랑하려 함이니라

갈 6 : 15 　할례나 무할례가 아무것도 아니로되 오직 새로 지으심을 받은자
뿐이니라

골 2 : 11-12 　또 그 안에서 너희가 손으로 하지 아니한 할례를 받았으니 곧 육적
몸을 벗는 것이요 그리스도의 할례니라 너희가 세례로 그리스도와
함께 장사한 바 되고 또 죽은 자들 가운데서 그를 일으키신 하나님의
역사를 믿음으로 말미암아 그 안에서 함께 일으키심을 받았느니라

행 2 : 38 　베드로가 가로되 너희가 회개하여 각각 예수 그리스도의 이름으로
세례를 받고 죄 사함을 얻으라 그리하면 성령을 선물로 받으리니

벧전 3 : 21 　물은 예수 그리스도의 부활하심으로 말미암아 이제 너희를 구원하는
표니 곧 세례라 육체의 더러운 것을 제하여 버림이 아니요 오직
선한 양심이 하나님을 향하여 찾아가는 것이라

딛 3 : 5 　우리를 구원하시되 우리의 행한바 의로운 행위로 말미암지 아니하고
오직 그의 긍휼하심을 좇아 중생의 씻음과 성령의 새롭게 하심으로
하셨나니

❖ 사도 시대에 어린아이들이 그 부모와 함께 가서 세례를 받았다는 것을 뒷받
침해줄 만한 증거가 성경에 나타나고 있다. 즉 신약에는 반복적으로 온 가족들이

세례받았다는 사실에 대해서 언급하고 있다(행 16 : 15, 33; 고전 1 : 6; 행 10 : 24, 47-48). 세례를 받은 가정들에 대부분 어린아이들이 있었다고 가정함은 당연한 일이다. 이밖에도 영아 세례의 타당성이 성경에서 발견되고 있다(행 2 : 38-39; 마 19 : 14; 고전 7 : 14).

행 16 : 15	저와 그 집이 다 세례를 받고 우리에게 청하여 가로되 만일 나를 주 믿는 자로 알거든 내 집에 들어와 유하라 하고 강권하여 있게 하나라
행 16 : 33	밤 그 시에 간수가 저희를 데려다가 그 맞은 자리를 씻기고 자기와 그 권속이 다 세례를 받은 후
고전 1 : 6	그리스도의 증거가 너희 중에 견고케 되어
행 10 : 24	이튿날 가이사랴에 들어간 고넬료가 일가와 가까운 친구들을 모아 기다리더니
행 10 : 47-48	이에 베드로가 가로되 이 사람들이 우리와 같이 성령을 받았으니 누가 능히 물로 세례 줌을 금하리요 하고 명하여 예수 그리스도의 이름으로 세례를 주라 하니라 저희가 베드로에게 수일 더 유하기를 청하니라
행 2 : 38-39	베드로가 가로되 너희가 회개하여 각각 예수 그리스도의 이름으로 세례를 받고 죄 사함을 얻으라 그리하면 성령을 선물로 받으리니 이 약속은 너희와 너희 자녀와 모든 먼 데 사람 곧 주 우리 하나님이 얼마든지 부르시는 자들에게 하신 것이라 하고
마 19 : 14	예수께서 가라사대 어린아이들을 용납하고 내게 오는 것을 금하지 말라 천국이 이런 자의 것이니라 하시고
고전 7 : 14	믿지 아니하는 남편이 아내로 인하여 거룩하게 되고 믿지 아니하는 아내가 남편으로 인하여 거룩하게 되나니 그렇지 아니하면 너희 자녀도 깨끗지 못하니라 그러나 이제 거룩하니라

(2) 영아 세례 반대자들의 주장

❖ 영아 세례를 반대하는 자들의 주장은 성경에 영아들에게 세례를 시행하라는 명령도 없고, 또 영아들이 세례를 받았다는 단 하나의 명백한 실례도 없다는 것이다.

❖ 그리고 신약에 보면 세례는 자기 스스로 신앙을 고백하는 이들에게 시행된 것이 분명하며(행 8 : 37-38), 영아들은 자기 의지로 능동적인 신앙 고백이 불가능하다는 것이다.

세례를 받을 자격이 있는 사람은 믿고, 회개하고, 신앙을 고백하는 사람이어야 하는데 (막 16 : 15-16;8 : 37-38,10 : 44-48,16 : 14-15,31,34), 유아들은 이런 조건들 중에서 아무것도 할 수 없다는 것이다. 그러므로 만일 이런 조건을 무시하고 세례를 받는다면 그 아이는 물에 젖는 것 외에 아무 것도 아니라는 것이다.

행 8 : 37-38	이에 명하여 병거를 머물고 빌립과 내시가 둘 다 물에 내려가 빌립이 세례를 주고
막 16 : 15-16	또 가라사대 너희는 온 천하에 다니며 만민에게 복음을 전파하라 믿고 세례를 받는 사람은 구원을 얻을 것이요 믿지 않는 사람은 정죄를 받으리라
행 10 : 44-48	베드로가 이말 할 때에 성령이 말씀 듣는 모든 사람에게 내려오시니 베드로와 함께 온 할례받은 신자들이 이방인들에게도 성령 부어 주심을 인하여 놀라니 이는 방언을 말하며 하나님 높임을 들음이러라 이에 베드로가 가로되 이 사람들이 우리와 같이 성령을 받았으니 누가 능히 물로 세례 줌을 금하리요 하고 명하여 예수 그리스도의 이름으로 세례를 주라 하니라 저희가 베드로에게 수일 더 유하기를 청하니라
행 16 : 14-15	두아디라 성의 자주 장사로서 하나님을 공경하는 루디아라 하는 한 여자가 들었는데 주께서 그 마음을 열어 바울의 말을 청종하게 하신지라 저와 그 집이 다 세례를 받고 우리에게 청하여 가로되 만일 나를 주 믿는 자로 알거든 내 집에 들어와 유하라 하고 강권하여 있게 하니라
행 16 : 31	가로되 주 예수를 믿으라 그리하면 너와 네 집이 구원을 얻으리라 하고
행 16 : 34	저희를 데리고 자기 집에 올라가서 음식을 차려 주고 저와 온 집이 하나님을 믿었으므로 크게 기뻐하니라

❖ 구약의 할례는 단순히 육체적이고 예표적인 규례에 불과했으며 따라서 할례

를 세례로 대치한다면 이는 단지 구약의 육체적 규례를 계속하는 의미밖에 없다고 한다.

❖ 성경이 가족 세례에 있어서 아이들은 포함하지 않는다고 본다. 예컨대 고넬료와 함께 한 온 집으로 표현된 무리들은 하나님을 경외(두려워함)할 수 있었다는 것이다(행 10 : 2). 성경에 "고넬료가 경건하여 온 집으로 더불어 하나님을 경외하며"(행 10 : 2), "주의 말씀을 그 집에 있는 모든 사람에게 전하더라… 자기와 그 권속이 다 세례를 받고"(행 16 : 32-33), "그리스보가 온 집으로 더불어 주를 믿으며 수다한 고린도 사람도 듣고 믿어 세례를 받더라"(행 18 : 8) 등의 말씀을 미루어 볼 때 회개하고, 믿고, 신앙을 고백할 수 없는 아이들은 거기에 포함하지 아니했던 것이 분명하다는 것이다. 루디아의 가족 세례에 있어서도 그가 어린 자녀를 가진 자가 아니었기 때문에 자주 장사를 하며 가정에서 멀리 떠나 있을 수 있었다는 것이다(행 16 : 14-15).

행 10 : 2	그가 경건하여 온 집으로 더불어 하나님을 경외하며 백성을 많이 구제하고 하나님께 항상 기도하더니
행 16 : 32-33	주의 말씀을 그 사람과 그 집에 있는 모든 사람에게 전하더라 밤 그 시에 간수가 저희를 데려다가 그 맞은 자리를 씻기고 자기와 그 권속이 다 세례를 받은 후
행 18 : 8	또 회당장 그리스보가 온 집으로 더불어 주를 믿으며 수다한 고린도 사람도 듣고 믿어 세례를 받더라
행 16 : 14-15	두아디라 성의 자주 장사로서 하나님을 공경하는 루디아라 하는 한 여자가 들었는데 주께서 그 마음을 열어 바울의 말을 청종하게 하신지라 저와 그 집이 다 세례를 받고 우리에게 청하여 가로되 만일 나를 주 믿는 자로 알거든 내 집에 들어와 유하라 하고 강권하여 있게 하니라

(3) 영아 세례 시행 근거
❖ 영아에게 세례를 주는 것은 영아들의 추정적 중생을 근거로 하는 것이다.

즉 그의 가정을 신임하고 그 가정적 신앙에 의거하여 세례를 주는 것이다. 다시 말하면 세례를 받게 되는 어린아이들이 믿는 부모들에게서 태어났기 때문에(그들은 언약 가운데서 태어났기 때문에) 중생했으리라고 추정하는 것이다.

❖ 영아에게 또 세례를 주는 것은 중생의 약속이 포함된 하나님의 포괄적인 약속을 근거로 해서 한다는 것이다. 즉 신자의 자녀들은 그들이 이미 중생했느냐 아니했느냐의 문제와 상관없이 하나님의 언약 관계에 있기 때문에(창 17 : 7; 행 2 : 39; 고전 7 : 14) 세례를 받을 수 있다는 것이다. 다시 말하면 이스라엘 백성의 자녀들이 하나님의 약속에 의하여 할례를 받았듯이 믿는 부모들의 유아들도 세례를 받아 언약의 표징으로 인침받아야 한다는 것이다. 그리고 경건한 부모들은 자기 자녀들의 선택과 구원을 의심해서는 안 된다는 것이다.

창 17 : 7	내가 내 언약을 나와 너와 네 대대 후손의 사이에 세워서 영원한 언약을 삼고 너와 네 후손의 하나님이 되리라
행 2 : 39	이 약속은 너희와 너희 자녀와 모든 먼데 사람 곧 주 우리 하나님이 얼마든지 부르시는 자들에게 하신 것이라 하고
고전 7 : 14	믿지 아니하는 남편이 아내로 인하여 거룩하게 되고 믿지 아니하는 아내가 남편으로 인하여 거룩하게 되나니 그렇지 아니하면 너희 자녀도 깨끗지 못하니라 그러나 이제 거룩하니라

3) 사자 세례(死者洗禮)

죽은 자의 세례에 대한 성경적 근거라 할 수 있는 것은 "만일 죽은 자들이 도무지 다시 살지 못하면 죽은 자들을 위하여 세례받은 자들이 무엇을 하겠느냐 어찌하여 저희를 위하여 세례를 받느뇨"(고전 15 : 29) 라고 한 말씀이다. 이 말씀은 극히 난해한 말씀으로서 이에 대한 해석도 여러 가지이다. 그러나 이는 초대 교회에서 행한 대신 세례, 즉 세례받지 못하고 죽은 신자를 위하여 대신 세례받은 관습을 보여준 말씀이다. 터툴리안(Tertullianus)은 초대 교회에서 산 자가 이미 죽은 자를 대신하여 세례받는 사례가 있었다고 전해 주고 있다. 죽은 자의 영혼을 위해 대신 세례받은 일은 세례받지 못한 자는 하늘 복락에 참여하지 못한다는 미신에서 생긴 관습이었다고 한다.

고린도전서 15장 29절의 말씀은 바울이 초대 교회가 죽은자 대신 세례받은 습관에 대해 가부를 언급한 것이 아니라, 죽은 자의 부활이 없다면, 죽은 자를 위한 대신 세례도 무가치하지 아니하냐는 뜻이다. 성경적으로 볼 때 대리 세례란 세례의 원리에 위배된다. 그것은 세례란 각 개인의 참된 신앙 고백을 근거해서만이 시행되기 때문이다.

성찬

I. 성찬의 기원

1. 성찬(聖餐)과 구약의 제례

　기독교 성례전의 기원은 구약의 할례와 제례(祭禮)에서 찾을 수 있다. 구약에는 이스라엘 백성에게 2대 성례가 있었으니, 곧 할례와 제례이다. 할례는 아브라함 때로부터 시작되었고 이는 하나님의 언약에 의하여 성민(聖民)이 되는 표로써 행하여졌다(창 17 : 9-14; 레 12 : 3). 제례는 선민이 신인 화목(神人和睦)을 위하여 하나님께 헌제(獻祭)하는 방법으로 5대 제법(祭法)이 있었으니, 즉 번제(신인 화목의 뜻), 화목제(신인 교통의 뜻), 소제(헌신의 뜻), 속죄제(속죄의 뜻), 속건제(과오를 제함의 뜻) 등이다. 이 중에서 소제 외에는 모두 피 흘리는 제사로서 그리스도의 십자가의 모형이 되며(히 8 : 5), 이 외에 화제는 불로 드린다는 뜻이요, 요제와 거제는 제사드릴 때에 행하는 모양을 가리키는 것뿐이고, 다른 제사가 또 있음을 의미하는 것이 아니다. 그런데 구약의 할례는 신약의 세례로 대치되었고(행 15 : 1-11; 롬 2 : 26-29; 빌 3 : 2) 제례는 그리스도의 십자가의 죽음으로 대치되었다(히 9 : 26,10 : 10,12). 그러기에 신약 시대에는 구약 시대에 행하여진 형식적 제례는 폐하고 다만 십자가에서 우리의 대속의 제물이 되신 예수 그리스도를 믿고 그 희생의 살과 피를 먹음(떡을 떼고 포도주를 나눔)으로 그리스도의 십자가의 죽음, 즉 영원한 속죄제를 기념하게 되는데 이것이 바로 구약의 5대 제례를 대신하는 성례전으로써 오늘날 교회가 행하는 성찬식이다.

　창 17 : 9-14　　하나님이 또 아브라함에게 이르시되 그런즉 너는 내 언약을 지키고 네 후손도 대대로 지키라 너희 중 남자는 다 할례를 받으라 이것이

나와 너희와 너희 후손 사이에 지킬 내 언약이니라 너희는 양피를
베어라 이것이 나와 너희 사이의 언약의 표징이니라 대대로 남자는
집에서 난자나 혹 너희 자손이 아니요 이방 사람에게서 돈으로
산 자를 무론하고 난지 팔일만에 할례를 받을 것이라 너희 집에서
난자든지 너희 돈으로 산 자든지 할례를 받아야 하리니 이에 내
언약이 너희 살에 있어 영원한 언약이 되려니와 할례를 받지 아니한
남자 곧 그 양피를 베지 아니한 자는 백성 중에서 끊어지리니 그가
내 언약을 배반하였음이니라

레 12 : 3   제 팔일에는 그 아이의 양피를 벨 것이요

히 8 : 5   저희가 섬기는 것은 하늘에 있는 것의 모형과 그림자라 모세가
장막을 지으려 할 때에 지시하심을 얻음과 같으니 가라사대 삼가
모든 것을 산에서 네게 보이던 본을 좇아 지으라 하셨느니라

행 15 : 1-11   어떤 사람들이 유대로부터 내려와서 형제들을 가르치되 너희가
모세의 법대로 할례를 받지 아니하면 능히 구원을 얻지 못하리라
하니 바울과 바나바와 저희 사이에 적지 아니한 다툼과 변론이
일어난지라 형제들이 이 문제에 대하여 바울과 바나바와 및 그중에
몇 사람을 예루살렘에 있는 사도와 장로들에게 보내기로 작정하니라
저희가 교회의 전송을 받고 베니게와 사마리아로 다녀가며
이방인들의 주께 돌아온 일을 말하여 형제들을 다 크게 기쁘게
하더라 예루살렘에 이르러 교회와 사도와 장로들에게 영접을 받고
하나님이 자기들과 함께 계셔 행하신 모든 일을 말하매 바리새파
중에 믿는 어떤 사람들이 일어나 말하되 이방인에게 할례 주고
모세의 율법을 지키라 명하는 것이 마땅하다 하니라 사도와
장로들이 이일을 의논하러 모여 많은 변론이 있은 후에 베드로가
일어나 말하되 형제들아 너희도 알거니와 하나님이 이방인들로
내 입에서 복음의 말씀을 들어 믿게 하시려고 오래 전부터 너희
가운데서 나를 택하시고 또 마음을 아시는 하나님이 우리에게와
같이 저희에게도 성령을 주어 증거하시고 믿음으로 저희 마음을
깨끗이 하사 저희나 우리나 분간치 아니하셨느니라 그런데 지금
너희가 어찌하여 하나님을 시험하여 우리 조상과 우리도 능히
메지 못하던 멍에를 제자들의 목에 두려느냐 우리가 동일하게
주 예수의 은혜로 구원받는 줄을 믿노라

롬 2 : 26-29	그런즉 무할례자가 율법의 제도를 지키면 그 무할례를 할례와
	같이 여길 것이 아니냐 또한 본래 무할례자가 율법을 온전히 지키면
	의문과 할례를 가지고 율법을 범하는 너를 판단치 아니하겠느냐
	대저 표면적 유대인이 유대인이 아니요 표면적 육신의 할례가
	할례가 아니라 오직 이면적 유대인이 유대인이며 할례는 마음에
	할찌니 신령에 있고 의문에 있지 아니한 것이라 그 칭찬이
	사람에게서가 아니요 다만 하나님에게서니라
빌 3 : 2	개들을 삼가고 행악하는 자들을 삼가고 손할례당을 삼가라
히 9 : 26	그리하면 그가 세상을 창조할 때부터 자주 고난을 받았어야 할
	것이로되 이제 자기를 단번에 제사로 드려 죄를 없게 하시려고
	세상 끝에 나타나셨느니라
히 10 : 10	이 뜻을 좇아 예수 그리스도의 몸을 단번에 드리심으로 말미암아
	우리가 거룩함을 얻었노라
히 10 : 12	오직 그리스도는 죄를 위하여 한 영원한 제사를 드리시고 하나님
	우편에 앉으사

1) 화목제의 제향(祭饗)

구약의 화목제에서 희생을 드릴 때에 내장을 제단에 불살라 여호와 앞에 바치고 가슴은 제사장들이 먹고, 뒷다리는 주례 제사장이 먹었다(렘 7 : 28-34). 그리고 희생의 남은 부분은 제주(祭主)와 그의 가족들 및 기타 그것을 먹을 만한 친구들이 먹었다(렘 7 : 19-21; 신 12 : 7, 12-19). 구약의 이와 같은 제사(祭祀)와 제향(祭饗, 떡 또는 우양을 신 앞에서 먹음)은 신약에서 그리스도에 의한 신인 화목(神人和睦), 즉 "어린양 예수 그리스도께서 십자가의 희생의 제물이 되심으로 인하여 하나님과 화목되었다" 라는 것을 상징하는 성찬과 상통하는 것이다(고전 11 : 23-29; 눅 22 : 14-20). 구약의 화목제의 제향은 신약의 성찬의 모형으로 이는 하나님의 거룩한 식탁에 참여한다는 의미가 있다.

렘 7 : 28-34	너는 그들에게 말하기를 너희는 너희 하나님 여호와의 목소리를
	청종치 아니하며 교훈을 받지 아니하는 국민이라 진실이 없어져
	너희 입에서 끊어졌다 할지니라 예루살렘아 너희 머리털을 베어

버리고 자산 위에서 호곡할지어다 여호와께서 그 노하신바 이
세대를 끊어 버리셨음이니라 여호와께서 말씀하시되 유다 자손이
나의 목전에 악을 행하여 내 이름으로 일컬음을 받는 집에 그들의
가증한 것을 두어 집을 더럽혔으며 힌놈의 아들 골짜기에 도벳
사당을 건축하고 그 자녀를 불에 살랐나니 내가 명하지 아니하였고
내 마음에 생각지도 아니한 일이니라 그러므로 나 여호와가
말하노라 날이 이르면 이곳을 도벳이라 하거나 힌놈의 아들의
골짜기라 칭하지 아니하고 살륙의 골짜기라 칭하리니 매장할 자리가
없도록 도벳에 장사함을 인함이니라 이 백성의 시체가 공중의
새와 땅 짐승의 밥이 될 것이나 그것을 쫓을 자가 없을 것이라
그때에 내가 유다 성읍들과 예루살렘 거리에 기뻐하는 소리 즐기는
소리 신랑의 소리 신부의 소리가 끊쳐지게 하리니 땅이 황폐하리라

렘 7 : 19-21   나 여호와가 말하노라 그들이 나를 겨노케 함이냐 어찌 자기 얼굴에
수욕을 자취함이 아니냐 그러므로 주 여호와 내가 이같이 말하노라
보라 나의 진노와 분한을 이곳에 붓되 사람과 짐승과 들나무와
땅의 소산에 부으리니 불같이 살라지고 꺼지지 아니하리라 하시니라
만군의 여호와 이스라엘의 하나님이 이같이 말씀하시되 너희 희생에
번제물을 아울러 그 고기를 먹으라

신 12 : 7   거기 곧 너희 하나님 여호와 앞에서 먹고 너희 하나님 여호와께서
너희 손으로 수고한 일에 복 주심을 인하여 너희와 너희 가족이
즐거워할지니라

신 12 : 12-19   너희와 너희 자녀와 노비와 함께 너희 하나님 여호와 앞에서
즐거워할 것이요 네 성중에 거하는 레위인과도 그리할찌니 레위인은
너희 중에 분깃이나 기업이 없음이니라 너는 삼가서 네게 보이는
아무 곳에서든지 번제를 드리지 말고 오직 너희의 한 지파 중에
여호와의 택하실 그곳에서 너는 번제를 드리고 또 내가 네게 명하는
모든 것을 거기서 행할지니라 그러나 네 하나님 여호와께서 네게
주신 복을 따라 각 성에서 네 마음에 즐기는 대로 생축을 잡아
그 고기를 먹을 수 있나니 곧 정한 자나 부정한 자를 무론하고
노루나 사슴을 먹음같이 먹으려니와 오직 그 피는 먹지 말고 물같이
땅에 쏟을 것이며 너는 곡식과 포도주와 기름의 십일조와 네 우양의
처음 낳은 것과 너의 서원을 갚는 예물과 너의 낙헌 예물과 네 손의

거제물은 너의 각 성에서 네 마음에 즐기는 대로 생축을 잡아 그
고기를 먹을 수 있나니 곧 정한 자나 부정한 자를 무론하고 노루나
사슴을 먹음같이 먹으려니와 오직 그 피는 먹지 말고 물같이 땅에
쏟을 것이며 너는 곡식과 포도주와 기름의 십일조와 네 우양의
처음 낳은 것과 너의 서원을 갚는 예물과 너의 낙헌 예물과 네 손의
거제물은 너의 각 성에서 먹지 말고 오직 네 하나님 여호와께서
택하실 곳에서 네 하나님 여호와 앞에서 너는 네 자녀와 노비와
성중에 거하는 레위인과 함께 그것을 먹고 또 네 손으로 수고한
모든 일을 인하여 네 하나님 여호와 앞에서 즐거워하되 너는 삼가서
네 땅에 거하는 동안에 레위인을 저버리지 말지니라

히 9 : 26　　　그리하면 그가 세상을 창조할 때부터 자주 고난을 받았어야 할
　　　　　　것이로되 이제 자기를 단번에 제사로 드려 죄를 없게 하시려고
　　　　　　세상 끝에 나타나셨느니라

고전 11 : 23-29　내가 너희에게 전한 것은 주께 받은 것이니 곧 주 예수께서 잡히시던
　　　　　　밤에 떡을 가지사 축사하시고 떼어 가라사대 이것은 너희를 위하는
　　　　　　내 몸이니 이것을 행하여 나를 기념하라 하시고 식후에 또한 이와
　　　　　　같이 잔을 가지시고 가라사대 이 잔은 내피로 세운 새 언약이니
　　　　　　이것을 행하여 마실 때마다 나를 기념하라 하셨으니 너희가 이
　　　　　　떡을 먹으며 이 잔을 마실 때마다 주의 죽으심을 오실 때까지 전하는
　　　　　　것이니라 그러므로 누구든지 주의 떡이나 잔을 합당치 않게 먹고
　　　　　　마시는 자는 주의 몸과 피를 범하는 죄가 있느니라 사람이 자기를
　　　　　　살피고 그 후에야 이 떡을 먹고 이 잔을 마실찌니 주의 몸을 분변치
　　　　　　못하고 먹고 마시는 자는 자기의 죄를 먹고 마시는 것이니라

눅 22 : 14-20　때가 이르매 예수께서 사도들과 함께 앉으사 이르시되 내가 고난을
　　　　　　받기 전에 너희와 함께 이 유월절 먹기를 원하고 원하였노라 내가
　　　　　　너희에게 이르노니 이 유월절이 하나님의 나라에서 이루기까지
　　　　　　다시 먹지 아니하리라 하시고 이에 잔을 받으사 사례하시고
　　　　　　가라사대 이것을 갖다가 너희끼리 나누라 내가 너희에게 이르노니
　　　　　　내가 이제부터 하나님의 나라가 임할 때까지 포도나무에서 난
　　　　　　것을 다시 마시지 아니하리라 하시고 또 떡을 가져 사례하시고
　　　　　　떼어 저희에게 주시며 가라사대 이것은 너희를 위하여 주는 내
　　　　　　몸이라 너희가 이를 행하여 나를 기념하라 하시고 저녁 먹은 후에

**잔도 이와 같이하여 가라사대 이 잔은 내피로 세우는 새 언약이니
곧 너희를 위하여 붓는 것이라**

2) 유월절 예전

구약의 화목제의 제향에서도 성찬의 유례(類例)를 찾아 볼 수 있으나, 그보다 더 신약의 성찬과 그 성질의 형식면에서 동일한 것은 유월절 예식이다. 유월절 예식은 무엇보다도 속죄(대속)와 구원을 상징하는 제사로서의 의의가 있으니(출 12 : 13, 23, 27; 사 31 : 5, 13 : 14-16), 이는 이스라엘 백성이 애굽에서 나올 때 마지막으로 준비해서 먹은 음식과 이 음식을 만들기 위하여 잡은 흠 없는 어린 양의 피를 문위 인방(引枋)에 바름으로써 첫아들과, 첫 짐승의 새끼들을 죽는 재앙에서 면케 한데서 유례된 예전인 것이다(출 12 : 1-14, 13 : 2-3, 12). 유월절 예전은 니산월(아빕월)이라 부르는 연중 첫달 14일 저녁에 베풀어지며, 이는 7일 간의 무교절 마지막에 온다. 그러나 경우에 따라서는 연장되기도 했다.

유월절 예전의 절차는

① 그 달(니산월) 10일에 흠 없는 어린 양을 집에다 간직해 둔다.

② 14일 해질 때에 가장이 그 양을 잡는다.

③ 음식을 만들 양을 잡을 때 나온 피를 문설주와 문 위 인방에 뿌린다.

④ 머리와 4족과 내장까지도 그대로 둔 채 굽되, 설익거나 물에 불려서(혹국 같은 것을 끓여서)먹지 않는다.

⑤ 누룩 없는 떡과 쓴 나물과 같이 먹는다.

⑥ 허리에 띠를 띠고 발에 신을 신고 손에는 지팡이를 가지고 급히 먹는다.

⑦ 그리고 아침까지 집안에 있는다.

⑧ 남은 음식은 다 태워 버린다.

결국 유월절 음식은 하룻 밤만 먹게 되는 셈이다(출 12 : 1-23). 이러한 예식을 될 수 있는 한 자녀들에게 전부 보여 주었고(출 12 : 42) 이 날은 철야를 했다.

이상과 같은 유월절 예전은 후대에 조금씩 변하여 일반 가축 또는 짐승으로 대신 잡는 경우도 있었고(신 16 : 2; 겔 45 : 22), 많은 사람들이 한자리에 모여서 지내며, 참가자의 자격을 규제하여 무할례자나 부정한 자는 동참치 못하게 했다.

다만 부정한 자에게는 한달 후에 이런 예전을 다시 베풀어서 참석하게 했다(민 9 : 11). 구약의 유월절 양은 신약에 세상 죄를 지고 가시는 하나님의 어린양 예수 그리스도의 예표였으니(요 1 : 29), 십자가의 속죄 제물이 되신 예수님의 살과 피를 기념하는 성찬은 곧 이스라엘의 애굽에서 유월절 양을 잡아먹고 그 피를 문설주에 바르므로 애굽의 모든 장자(長子)가 죽임을 당하는 재앙에서 구원함을 받은 일을 기념하는 유월절 제향(祭饗)과 같은 것이다. 그러기에 예수님이 친히 제정하신 성찬은 유월절 예전이 역사적 배경이 되고 있는 것이다(고전 11 : 23; 눅 22 : 19-20). 바울은 예수 그리스도의 십자가의 죽음을 유대인의 유월절과 연관시켜 그리스도를 유월절 양이라고 하였다(고전 5 : 7).

출 12 : 13	**내가 애굽 땅을 칠 때에 그 피가 너희의 거하는 집에 있어서 너희를 위하여 표적이 될지라 내가 피를 볼 때에 너희를 넘어가리니 재앙이 너희에게 내려 멸하지 아니하리라**
출 12 : 23	**여호와께서 애굽 사람을 치러 두루 다니실 때에 문 인방과 좌우 설주의 피를 보시면 그 문을 넘으시고 멸하는 자로 너희 집에 들어가서 너희를 치지 못하게 하실 것임이니라**
출 12 : 27	**너희는 이르기를 이는 여호와의 유월절 제사라 여호와께서 애굽 사람을 치실 때에 애굽에 있는 이스라엘 자손의 집을 넘으사 우리의 집을 구원하셨느니라 하라 하매 백성이 머리 숙여 경배하니라**
사 31 : 5	**새가 날개치며 그 새끼를 보호함같이 나 만군의 여호와가 예루살렘을 보호할 것이라 그것을 호위하며 건지며 넘어와서 구원하리라 하셨나니**
사 13 : 14-16	**그들이 쫓긴 노루나 모으는 자 없는 양같이 각기 동족에게로 돌아가며 본향으로 도망할 것이나 만나는 자는 창에 찔리겠고 잡히는 자는 칼에 엎드러지겠고 그들의 어린아이들은 그 목전에 메어침을 입겠고 그 집은 노략을 당하겠고 그 아내는 욕을 당하리라**
출 12 : 1-14	**여호와께서 애굽 땅에서 모세와 아론에게 일러 가라사대 이 달로 너희에게 달의 시작 곧 해의 첫 달이 되게 하고 너희는 이스라엘 회중에게 고하여 이르라 이달 열흘에 너희 매인이 어린양을 취할지니 각 사람의 식량을 따라서 너희 어린양을 계산할 것이며**

너희 어린양은 흠 없고 일 년된 수컷으로 하되 양이나 염소 중에서
취하고 이 달 십 사일까지 간직하였다가 해질 때에 이스라엘 회중이
그 양을 잡고 그 피로 양을 먹을 집 문 좌우 설주와 인방에 바르고
그 밤에 그 고기를 불에 구워 무교병과 쓴 나물과 어우러 먹되
날로나 물에 삶아서나 먹지 말고 그 머리와 정강이와 내장을 다
불에 구워 먹고 아침까지 남겨 두지 말며 아침까지 남은 것은 곧
소화하라 너희는 그것을 이렇게 먹을지니 허리에 띠를 띠고 발에
신을 신고 손에 지팡이를 잡고 급히 먹으라 이것이 여호와의
유월절이니라 내가 그 밤에 애굽 땅에 두루 다니며 사람과 짐승을
무론하고 애굽 나라 가운데 처음 난 것을 다치고 애굽의 모든 신에게
벌을 내리리라 나는 여호와로라 내가 애굽 땅을 칠 때에 그 피가
너희의 거하는 집에 있어서 너희를 위하여 표적이 될지라 내가 피를
볼 때에 너희를 넘어가리니 재앙이 너희에게 내려 멸하지
아니하리라 너희는 이날을 기념하여 여호와의 절기를 삼아 영원한
규례로 대대에 지킬지니라

출 13 : 2-3 이스라엘 자손 중에 사람이나 짐승이나 무론하고 초태생은 다
거룩히 구별하여 내게 돌리라 이는 내 것이니라 하시니라 모세가
백성에게 이르되 너희는 애굽에서 곧 종되었던 집에서 나온 그날을
기념하여 유교병을 먹지 말라 여호와께서 그 손의 권능으로 너희를
그곳에서 인도하여 내셨음이니라

출 13 : 12 너는 무릇 초태생과 네게 있는 생축의 초태생을 다 구별하여
여호와께 돌리라 수컷은 여호와의 것이니라

출 12 : 42 이 밤은 그들을 애굽 땅에서 인도하여 내심을 인하여 여호와 앞에
지킬 것이니 이는 여호와의 밤이라 이스라엘 자손이 다 대대로
지킬 것이니라

신 16 : 2 여호와께서 그 이름을 두시려고 택하신 곳에서 우양으로 네 하나님
여호와께 유월절 제사를 드리되

겔 45 : 22 뜰 네 구석에 있는 그 뜰에 담이 둘렸으니 뜰의 장이 사십척이요
광이 삼십 척이라 구석의 네 뜰이 한 척수며

민 9 : 11 이월 십사 일 해 질 때에 그것을 지켜서 어린양에 무교병과 쓴
나물을 아울러 먹을 것이요

요 1 : 29 이튿날 요한이 예수께서 자기에게 나아오심을 보고 가로되 보라

	세상 죄를 지고 가는 하나님의 어린양이로다
고전 11 : 23	내가 너희에게 전한 것은 주께 받은 것이니 곧 주 예수께서 잡히시던 밤에 떡을 가지사
눅 22 : 19-20	또 떡을 가져 사례하시고 떼어 저희에게 주시며 가라사대 이것은 너희를 위하여 주는 내 몸이라 너희가 이를 행하여 나를 기념하라 하시고 저녁 먹은 후에 잔도 이와 같이하여 가라사대 이 잔은 내피로 세우는 새 언약이니 곧 너희를 위하여 붓는 것이라
고전 5 : 7	너희는 누룩 없는 자인데 새 덩어리가 되기 위하여 묵은 누룩을 내어 버리라 우리의 유월절 양 곧 그리스도께서 희생이 되셨느니라

II. 성찬의 창시(創始)

성찬 성례는 세례 성례와 마찬가지로 예수 그리스도께서 친히 창시하신 성례전이다.

1. 그리스도께서 본을 보이심

성찬 성례는 예수 그리스도께서 친히 성만찬을 베풀어 모본을 보여 주심으로 비롯된 기독교의 성례이다(눅 22 : 17-20; 막 14 : 22-25; 마 26 : 26-29).

| 눅 22 : 17-20 | 이에 잔을 받으사 사례하시고 가라사대 이것을 갖다가 너희끼리 나누라 내가 너희에게 이르노니 내가 이제부터 하나님의 나라가 임할 때까지 포도나무에서 난 것을 다시 마시지 아니하리라 하시고 또 떡을 가져 사례하시고 떼어 저희에게 주시며 가라사대 이것은 너희를 위하여 주는 내 몸이라 너희가 이를 행하여 나를 기념하라 하시고 저녁 먹은 후에 잔도 이와 같이 하여 가라사대 이 잔은 내피로 세우는 새 언약이니 곧 너희를 위하여 붓는 것이라 |
| 막 14 : 22-25 | 저희가 먹을 때에 예수께서 떡을 가지 사 축복하시고 떼어 제자들에게 주시며 가라사대 받으라 이것이 내 몸이니라 하시고 또 잔을 가지 사 사례하시고 저희에게 주시니 다 이를 마시매 가라사대 이것은 많은 사람을 위하여 흘리는 바 나의 피 곧 언약의 피니라 진실로 너희에게 이르노니 내가 포도 나무에서 난 것을 하나님 나라에서 새것으로 마시는 날까지 다시 마시지 아니하리라 |

<blockquote>

하시니라

마 26 : 26-29 저희가 먹을 때에 예수께서 떡을 가지사 축복하시고 떼어 제자들을
주시며 가라사대 받아 먹으라 이것이 내 몸이니라 하시고 또 잔을
가지사 사례하시고 저희에게 주시며 가라사대 너희가 다 이것을
마시라 이것은 죄 사함을 얻게 하려고 많은 사람을 위하여 흘리는 바
나의 피 곧 언약의 피니라 그러나 너희에게 이르노니 내가
포도나무에서 난 것을 이제부터 내 아버지의 나라에서 새 것으로
너희와 함께 마시는 날까지 마시지 아니하리라 하시니라

</blockquote>

2. 그리스도께서 성찬을 명하심

성찬은 그리스도께서 십자가 수난 전야에 예루살렘 다락방의 유월절 만찬에서
본을 보여 주시고, 이를 세상 끝날까지 계속할 것을 명령하셨다(눅 22 : 19-20).

<blockquote>

눅 22 : 19-20 또 떡을 가져 사례하시고 떼어 저희에게 주시며 가라사대 이것은
너희를 위하여 주는 내 몸이라 너희가 이를 행하여 나를 기념하라
하시고 저녁 먹은 후에 잔도 이와 같이하여 가라사대 이 잔은
내피로 세우는 새 언약이니 곧 너희를 위하여 붓는 것이라

</blockquote>

3. 사도가 성찬을 가르쳐 전함

사도 바울은 우리에게 주님께서 다시 오시는 날까지 성찬을 계속하라고 가르쳐
주었으니 그는 복음서에서 주님께서 모본을 보여 주신 성찬을 그대로 후대에 가
르쳐 전승하게 하였다(고전 11 : 23-26).

<blockquote>

고전 11 : 23-26 내가 너희에게 전한 것은 주께 받은 것이니 곧 주 예수께서 잡히시던
밤에 떡을 가지사 축사하시고 떼어 가라사대 이것은 너희를 위하는
내 몸이니 이것을 행하여 나를 기념하라 하시고 식후에 또한
이와 같이 잔을 가지시고 가라사대 이 잔은 내피로 세운 새 언약이니
이것을 행하여 마실 때마다 나를 기념하라 하셨으니 너희가 이
떡을 먹으며 이 잔을 마실 때마다 주의 죽으심을 오실 때까지
전하는 것이니라

</blockquote>

III. 성찬의 정의
1. 용어상의 정의
1) 주의 만찬

성찬을 가르켜 "주의 만찬(Lord' s Supper)"이라 함은(고전 11 : 20), 이 예식이 유월절 최후의 만찬석상에서 제정되었기 때문이다(만찬이란 유대인의 보통 저녁 식사를 가르침) 그리고 또 성찬을 주의 만찬이라고도 함은 그 성찬이 주께서 친히 정하신 것으로 예수님의 십자가의 죽으심과 그분의 은혜를 상징하는 것이기 때문이다.

고전 11 : 20　　그런즉 너희가 함께 모여서 주의 만찬을 먹을 수 없으니

2) 축복의 잔

성찬을 가리켜 축복의 잔(The cup of blessing)이라 함은 예수님의 죽으시기 전날 밤에 열두 제자와 함께 회식(會食)한 최후 만찬에서 잔을 들고 주께서 축복하신 것을 의미하는 것이며(막 14 : 22-25), 이는 또한 시찬자(施餐者)의 축복으로 말미암아 하나님의 복 주심이 그 잔 위에 같이함을 의미한다(마 26 : 26-27; 고전 10 : 16).

막 14 : 22-25　　저희가 먹을 때에 예수께서 떡을 가지사 축복하시고 떼어
제자들에게 주시며 가라사대 받으라 이것이 내 몸이니라 하시고
또 잔을 가지사 사례하시고 저희에게 주시니 다 이를 마시매
가라사대 이것은 많은 사람을 위하여 흘리는 바 나의 피 곧 언약의
피니라 진실로 너희에게 이르노니 내가 포도나무에서 난 것을
하나님 나라에서 새것으로 마시는 날까지 다시 마시지 아니하리라
하시니라

마 26 : 26-27　　저희가 먹을 때에 예수께서 떡을 가지사 축복하시고 떼어 제자들을
주시며 가라사대 받아먹으라 이것이 내 몸이니라 하시고 또 잔을
가지사 사례하시고 저희에게 주시며 가라사대 너희가 다 이것을
마시라

> **고전 10 : 16** 우리가 축복하는 바 축복의 잔은 그리스도의 피에 참예함이
> 아니며 우리가 떼는 떡은 그리스도의 몸에 참예함이 아니냐

3) 주의 식탁

성찬을 주의 식탁(Lord's Table)이라 함은 성찬이 그리스도와의 교제의 식탁이라는 것을 가리키는 것으로 이는 곧 주께서 그 식탁의 중심이 되시고, 그 식탁의 사회자가 되심을 의미한다(고전 10 : 21).

> **고전 10 : 21** 너희가 주의 잔과 귀신의 잔을 겸하여 마시지 못하고 주의 상과
> 귀신의 상에 겸하여 참예치 못하리라

4) 떡을 뗌

성찬을 "떡을 뗌"이라 함은 성찬식에서의 시행상의 그 행동을 표현하는 것으로 이는 곧 주께서 성찬을 제정하실 때에 떡을 떼신 사실을 상기시키는 것이다(행 2 : 42). 이는 또 생명의 떡이신 그리스도의 몸의 상징인 떡을 떼고 그 피의 상징인 포도주를 나눔이 신자와 그리스도와의 신령한 교통인 동시에 성도가 주 안에서 하나되는 생명 공동체적 교제임을 의미하는 것이다.

> **행 2 : 42** 저희가 사도의 가르침을 받아 서로 교제하며 떡을 떼며 기도하기를
> 전혀 힘쓰니라

5) 동참 또는 교제

성찬을 동참(同參), 또는 교제(交際)라고도 한다. 사도 바울은 "우리가 축복하는 바 축복의 잔은 그리스도의 피에 참예함이 아니며 우리가 떼는 떡은 그리스도의 몸에 참예함이 아니냐"라고 하였다(고전 10 : 16). 이 말씀은 "주의 만찬"은 곧 십자가에 달려 찢기신 주님의 몸과 흘리신 피에 "함께 참여함"이라는 의의가 있다는 뜻이다. 여기서 "참여함"이란 곧 "교제(Fellowship)"를 의미하는 낱말이다(고후 6 : 14). 참여라는 말의 원어 "코이노니아(Koinonia)"는 어떤 물건을 공동으로 사용하는 행위를 뜻한다고 한다. 성찬을 "동참(함께 참여함)", "교제(사귐)"라는 말

로 표현함은 주의 만찬이 그리스도를 중심으로 한 교제(사귐)의 실현 모형으로써 신자들이 이 성례에 참여하여 서로를 주고받음으로 신자와 그리스도, 그리고 신자 상호간의 교제가 확립되어짐을 의미하는 것이다. 그러기에 본 훼퍼(Bon Hoeffer)는 "그리스도인의 말씀 안에서의 공동 생활(교제)은 성찬에서 완성에 이르는 것이라"고 했다.

고후 6 : 14	너희는 믿지 않는 자와 멍에를 같이하지 말라 의와 불법이 어찌 함께 하며 빛과 어두움이 어찌 사귀며

IV. 성찬의 의의와 영적 상징
1. 성찬의 의의

성찬을 행하는 것은 일반적으로 신자가 주님의 몸과 피를 상징하는 떡과 포도주를 받음으로써 그리스도와의 지속적인 교제를 나타내며 하나님의 택한 백성의 죄를 대속하기 위해 유월절 양으로 죽으신 주님의 몸과 피를 기념하고, 그 뜻을 소중히 밝히며, 믿으며, 전하는데 의의가 있다(마 26 : 26-29; 막 14 : 22-25; 눅 22 : 14-20; 고전 10 : 24, 11 : 23-26).

마 26 : 26-29	저희가 먹을 때에 예수께서 떡을 가지사 축복하시고 떼어 제자들을 주시며 가라사대 받아먹으라 이것이 내 몸이니라 하시고 또 잔을 가지사 사례하시고 저희에게 주시며 가라사대 너희가 다 이것을 마시라 이것은 죄 사함을 얻게 하려고 많은 사람을 위하여 흘리는바 나의 피 곧 언약이 피니라 그러나 너희에게 이르노니 내가 포도나무에서 난 것을 이제부터 내 아버지의 나라에서 새것으로 너희와 함께 마시는 날까지 마시지 아니하리라 하시니라
막 14 : 22-25	저희가 먹을 때에 예수께서 떡을 가지사 축복하시고 떼어 제자들에게 주시며 가라사대 받으라 이것이 내 몸이니라 하시고 또 잔을 가지사 사례하시고 저희에게 주시니 다 이를 마시매 가라사대 이것은 많은 사람을 위하여 흘리는바 나의 피 곧 언약의 피니라 진실로 너희에게 이르노니 내가 포도나무에서 난 것을 하나님 나라에서 새것으로 마시는 날까지 다시 마시지 아니하리라

	하시니라
눅 22 : 14-20	때가 이르매 예수께서 사도들과 함께 앉으사 이르시되 내가 고난을 받기 전에 너희와 함께 이 유월절 먹기를 원하고 원하였노라 내가 너희에게 이르노니 이 유월절이 하나님의 나라에서 이루기까지 다시 먹지 아니하리라 하시고 이에 잔을 받으사 사례하시고 가라사대 이것을 갖다가 너희끼리 나누라 내가 너희에게 이르노니 내가 이제부터 하나님의 나라가 임할 때까지 포도나무에서 난 것을 다시 마시지 아니하리라 하시고 또 떡을 가져 사례하시고 떼어 저희에게 주시며 가라사대 이것은 너희를 위하여 주는 내 몸이라 너희가 이를 행하여 나를 기념하라 하시고 저녁 먹은 후에 잔도 이와 같이하여 가라사대 이 잔은 내피로 세우는 새 언약이니 곧 너희를 위하여 붓는 것이라
고전 10 : 24	누구든지 자기의 유익을 구치 말고 남의 유익을 구하라
고전 11 : 23-26	내가 너희에게 전한 것은 주께 받은 것이니 곧 주 예수께서 잡히시던 밤에 떡을 가지사 축사하시고 떼어 가라사대 이것은 너희를 위하는 내 몸이니 이것을 행하여 나를 기념하라 하시고 식후에 또한 이와 같이 잔을 가지시고 가라사대 이 잔은 내피로 세운 새 언약이니 이것을 행하여 마실 때마다 나를 기념하라 하셨으니 너희가 이 떡을 먹으며 이 잔을 마실 때마다 주의 죽으심을 오실 때까지 전하는 것이니라

1) 주님의 대속의 은혜를 기념함

성찬은 근본적으로 예수님께서 너희가 이를(성찬) 행하여 "나를 기념하라"(눅 22 : 19; 고전 11 : 24)고 하신 말씀과 같이 우리를 죄악에서 속량하기 위하여 십 자가에 죽으신 예수님의 대속의 은혜를 기념하는데 그 의의가 있다.

눅 22 : 19	또 떡을 가져 사례하시고 떼어 저희에게 주시며 가라사대 이것은 너희를 위하여 주는 내 몸이라 너희가 이를 행하여 나를 기념하라 하시고
고전 11 : 24	축사하시고 떼어 가라사대 이것은 너희를 위하는 내 몸이니 이것을 행하여 나를 기념하라 하시고

2) 주님의 대속의 죽음을 선포함

성경에 "너희가 이 떡을 먹으며 이 잔을 마실 때마다 주의 죽으심을 오실 때까지 전하는 것이니라"(고전 11 : 26)고 하였으니, 성찬의 목적과 의의는 "기념"과 "전도"이다. 즉 성찬은 우리를 죄와 사망에서 구원하기 위하여 대속의 제물이 되사 십자가에 달려 죽으신 주님을 세상 끝날까지 기념하며, 십자가의 대속의 은혜의 복음을 선포하여 전하고자 하는데 그 의의가 있는 것이다.

3) 주님과 신령한 교제를 가짐

성찬을 주의 식탁(Lord's Table)이라고 하는 말과 같이(고전 10 : 21) 성찬은 그리스도의 몸의 상징인 떡을 떼고, 그분의 피의 상징인 포도주를 나눔으로써 신자와 그리스도와의 신령한 교제가 이루어지고, 따라서 성도들이 주 안에서 하나 되는 영적 교제를 가지게 되며, 구속의 은혜를 더욱 감사하게 되고, 믿음이 왕성하게 된다는데 의의가 있다(고전 10 : 16-18). 이에 대하여 워치만 니(Watchman Nee)는 "사람이 매우 친밀하지 않으면 같은 잔을 마실 수 없다. 이런 의미에서 주 안에서 형제된 성도들이 성찬에 참예하여 모두 같은 잔을 마심은 곧 하나님의 모든 자녀와 더불어 친밀한 교제를 나누는 것이 된다"라고 하였다.

고전 10 : 21 너희가 주의 잔과 귀신의 잔을 겸하여 마시지 못하고 주의 상과 귀신의 상에 겸하여 참예치 못하리라

고전 10 : 16-18 우리가 축복하는 바 축복의 잔은 그리스도의 피에 참예함이 아니며 우리가 떼는 떡은 그리스도의 몸에 참예함이 아니냐 떡이 하나요 많은 우리가 한 몸이니 이는 우리가 다 한 떡에 참예함이라 육신을 따라 난 이스라엘을 보라 제물을 먹는 자들이 제단에 참예하는 자들이 아니냐

4) 주님의 몸된 교회의 하나됨

성경에 "떡이 하나요 많은 우리가 한 몸이니 이는 우리가 다 한 떡에 참예함이라"고 하였으니(고전 10 : 17), 성찬은 주님의 몸된 교회의 지체가 되는 신자들이 떡을 나눔으로써 생명적(生命的) 연합을 이루어 주님 안에서 교회가 하나가 되는

영적 원리를 실현하는데 의의가 있다(고전 10 : 16-18).

사도 바울은 "떡이 하나이기 때문에 우리는 많으나 하나이다" 라고 하였다. 즉 성찬의 떡은 원래 한 개를 가지고 떼어 나누는 것이다. 이와 같이 하나의 떡을 나누어 먹음으로써 우리는 아무리 많아도 하나요, 하나의 그리스도의 몸을 형성하는 것이며 그 몸은 곧 우주적 하나의 교회이다.

> 고전 10 : 16-18　우리가 축복하는 바 축복의 잔은 그리스도의 피에 참예함이 아니며 우리가 떼는 떡은 그리스도의 몸에 참예함이 아니냐 떡이 하나요 많은 우리가 한 몸이니 이는 우리가 다 한 떡에 참예함이라 육신을 따라 난 이스라엘을 보라 제물을 먹는 자들이 제단에 참예하는 자들이 아니냐

2. 성찬의 영적 상징
1) 떡을 뗌

예수 그리스도께서 마지막 만찬에서 떡을 떼어 축사하시고 제자들에게 주시면서 "… 이것은 너희를 위하여 주는 내 몸이라"(눅 22 : 19)고 하셨다. 성찬의 떡은 생명의 떡되시는 예수 그리스도를 상징하고(눅 22 : 19) 떡을 뗌은 예수 그리스도께서 우리를 위하여 대속의 제물이 되사 십자가에 못박혀 상하시고 죽으심으로 우리에게 영원한 생명(生命)을 나누어 주심을 의미한다(마 20 : 28; 막 10 : 45).

> 마 20 : 28　　인자가 온 것은 섬김을 받으려 함이 아니라 도리어 섬기려 하고 자기 목숨을 많은 사람의 대속물로 주려 함이니라
>
> 막 10 : 45　　인자의 온 것은 섬김을 받으려 함이 아니라 도리어 섬기려 하고 자기 목숨을 많은 사람의 대속물로 주려 함이니라

2) 잔을 나눔

예수 그리스도께서 마지막 만찬에서 떡을 분배하신 다음 잔을 취하여 축사하시고 제자들에게 주시면서 "이 잔은 내피로 세우는 새 언약이니 곧 너희를 위하여 붓는 것이니라"(눅 22 : 20)고 하셨다. 성찬에서 떡을 나눔은 그리스도께서 십자가에

달려 몸이 찢겨 상하심을 상징하고 잔을 나눔은 예수님께서 우리의 죄를 씻고자 대속의 제물이 되어 십자가에서 흘리신 보혈을 의미한다(눅 22 : 20). 그리고 이는 하나님과 인간 사이에 맺어진 새 언약의 피를 상징한다. 즉, 구약에는 양의 피로 속죄의 언약을 세웠으나, 하나님께서는 번잡하고, 불완전한 이 언약을 폐지하시고, 완전한 새 언약을 세우셨으니, 즉 어린양 예수 그리스도께서 희생의 제물이 되사 십자가에 피 흘려 죽으심으로 단번에 완전하고 영원한 속죄의 제사를 드리셨고, 우리는 다만 그 피를 믿음으로써 죄 씻음을 받게 되는 것이다(히 9 : 12).

> **히 9 : 12**　　　　염소와 송아지의 피로 아니하고 오직 자기 피로 영원한 속죄를
> 이루사 단번에 성소에 들어가셨느니라

V. 성찬의 효능과 참례 자격

1. 성찬의 효능

성찬은 신자들의 영적 생활에서 믿음 안에 약속된 하나님의 은택을 가져다 주는 효능이 있다. 즉 성찬은 신자들에게 특별한 은혜의 방편이 된다.

1) 로마 카톨릭 교회의 견해(화체설)

로마 카톨릭 교회에서는 성찬의 요품(要品)인 떡과 포도주가 사제(司祭)에 의하여 축복되고, 즉 정해진 문구인 "이것이 내 몸이니라"고 말할 때에 그것들의 전 성질이 그리스도의 몸과 피로 변한다는 것이다. 다시 말하면 떡과 포도주의 형식으로 그리스도의 물리적 신체와 피가 임재한다는 것이다.

이는 신비적 연합을 물리적 연합으로 인식하는 것이라 하겠다. 이에 대한 성경적 근거로는 "이것이 내 몸이니라"고 하신 말씀을 들고 있다(요 6 : 50). 그러나 이는 요한복음 10장 9절, 14장 6절, 15장 1절 등의 말씀과 같이 비유적인 것이 분명하다. 그리고 성경에 보면, 떡과 포도주가 화체(化體)되었을 것으로 추측되는 마지막 주의 만찬 이후에도 그것을 단순히 떡과 잔이라고 칭한 사실이 이를 더욱 뒷받침하고 있다(고전 10 : 17, 11 : 26-28).

요 6 : 50   이는 하늘로서 내려오는 떡이니 사람으로 하여금 먹고 죽지
아니하게 하는 것이니라

요 10 : 9   내가 문이니 누구든지 나로 말미암아 들어가면 구원을 얻고 또는
들어가며 나오며 꼴을 얻으리라

요 14 : 6   예수께서 가라사대 내가 곧 길이요 진리요 생명이니 나로 말미암지
않고는 아버지께로 올 자가 없느니라

요 15 : 1   내가 참 포도나무요 내 아버지는 그 농부라

고전 10 : 17   떡이 하나요 많은 우리가 한 몸이니 이는 우리가 다 한 떡에
참예함이라

고전 11 : 26-28 너희가 이 떡을 먹으며 이 잔을 마실 때마다 주의 죽으심을 오실
때까지 전하는 것이니라 그러므로 누구든지 주의 떡이나 잔을
합당치 않게 먹고 마시는 자는 주의 몸과 피를 범하는 죄가 있느니라
사람이 자기를 살피고 그 후에야 이 떡을 먹고 이 잔을 마실지니

2) 루터파의 견해(공재설)

루터는 로마 카톨릭의 화체설(化體說)을 부인하고, 대신 그것과 긴밀한 관련이 있는 공재설(共在說) 혹은 인격적 현재설(人格的 現在說)을 주장했다. 즉 떡과 포도주는 있는 그대로 있으나 성만찬의 요품인 그것들은 그 안에, 밑에, 함께(In, under, with), 성육신하신 그리스도의 전인격(몸과 영과 신성)이 신성적(神性的)의 임재에 따라 현재(現在)한다는 것이다. 이에 대한 성경적 근거는 역시 "이것은 내 몸이니라"이다(눅 22 : 19). 루터파의 공재설은 예컨대 자력(磁力)이 장소적으로 자석(磁石)에 있고 영혼이 장소적으로 육체에 있는 것처럼 그리스도의 육체의 성질이 장소적으로 성찬에 임재한다는 것이다. 그러나 성령을 통하여 수찬자(受餐者)의 신앙에 의하여 발효(發效)한다고 하며 또 성찬 예식에 있어서 그리스도의 임재가 집례하는 목사에 의하여 이루어지는 것도 아니고 요품들에 그리스도의 임재가 영구하다는 것도 아니다. 그것은 다만 성례적이어서 세례가 끝나면 중지한다고 한다. 루터파도 "이것은 내 몸이니라"는 말씀을 문자적으로 해석하면서도 화체설은 부정한다.

3) 즈윙글리파의 견해(기념설)

즈윙글리(Zwingli)파의 견해는 성만찬의 떡과 포도주는 단순히 영적인 진리나 축복들을 비유적으로 제시하는 표호(表號) 또는 상징에 불과하다는 것이다. 즉 성찬을 받는 것은 그리스도께서 죄인들을 위하여 하신 바를 기념함과 그리스도인의 신앙 고백의 한 휘장(Badge)에 불과하다고 한다. 다시 말하면 성례는 단순히 기념적 의식, 즉 신자가 그 신앙을 공언하는 표징이나 상징일 뿐이라는 것이다.

칼빈은 이를 반대하였다. 즈윙글리는 이러한 견해를 시간이 흐름에 따라 약간 변경한 듯하나 그가 성찬에 있어서 꼭 무엇을 믿었는지 정확히 단정하기는 심히 곤란하다. 그러나 그는 분명히 성찬 교리로부터 모든 난해한 신비주의를 제거하기를 원하였고, 이 교리의 강해에 있어서 평이와 단순에 너무 치우쳤다. 그는 종종 성찬은 예수님의 죽음을 기념하는 표호, 혹은 상징일 뿐이라고 강조하였다. 그는 주의 만찬에 그리스도의 신체적 임재를 부정하였으나 신자의 신앙에 의하여 그리스도께서 영적 방식으로 거기 임재하신다는 것은 부정하지 아니했다.

즉 그리스도는 오직 그분의 신성으로만, 그리고 신앙하는 수찬자의 이해(Apprehension)에만 임재하신다고 주장했다. 이상과 같은 그의 견해가 처음에는 개혁 교회들 중에 성행하였으며 알미니안주의와 쏘시니안주의자들은 이에 따라 기념설을 취하였으며 그들은 은혜의 방편으로서의 성찬의 효과를 부정하고 다만 신앙 고백의 표(標 : Badge)가 되는 것이라고 한다.

4) 개혁파의 견해

칼빈은 성찬은 그리스도의 과거 사역, 즉 죽으신 그리스도와 연관되어 있을 뿐만 아니라, 그리스도의 현재 영적인 사역 즉 영광 중에 살아 계신 그리스도와 연관되어 있다고 했다. 그는 신자들과 구원자의 전인격과의 신비적인 교제를 강조하고 있다. 그의 표현은 매우 명확하지는 않으나, 그리스도의 몸과 피가 비록 성찬에 있지 않고 장소적으로 하늘에만 임재할지라도 신자가 요품들을 받을 때 생명을 주는 감화력은 그에게 전달된다는 것을 의미하는 것 같다.

그러나 감화력은 참되기는 하지만 육신적(물리적)인 것이 아니라 영적이고 신비적이며 성령에 의해 중재되고, 수찬자(受餐者)가 그리스도의 몸과 피를 상징하는 떡과 잔을 받는 신앙의 행위에 한하게 된다. 하지(Hodge) 박사는 성찬의 효능에 대해 말하기를 "십자가 위에서 구속주가 몸으로 드리신 제사의 효력과 효능은 이 성례 중에 임재하며, 또한 실제적으로 성령의 능력에 의하여 합당한 수령자에게 성례 중에서 전달되는데, 성령은 자기의 주권적 의지에 의해 이 성례를 자기의 도구로 사용하신다"라고 했다(「Common the confession of faith」p492).

2. 수찬 자격에 대한 견해들

성찬 참예 자격 문제에 대한 각 교회의 견해와 그들이 주장하는 교리적 의미를 살펴보면 다음과 같다.

1) 로마 카톨릭 교회

로마 교회는 신자가 교회에 연합하고 순종하는 것을 구원의 조건으로 삼으며, 따라서 교회의 법도와 관례나 명령을 받들어 순종하려고 지원(志願)하는 자들은 다 성례에 참예함을 허용한다. 그러나 "죽음에 이르는 죄를 의식하며, 청죄사(聽罪사)에게 오고가는 기회를 가진 사람은 어떤 통회를 그 자신이 느끼더라도, 그가 고해성사에 의해 정화되기까지는 거룩한 성체에 접근할 수 없다"라고 한다.

2) 루터파 교회

루터파 교회에서는 신자로서 교회의 외면적 요구 조건들에 순응하는 모든 사람들을 다 성찬에 참예하도록 허용함에 있어서 로마 카톨릭 교회와 같다.

3) 개혁 교회

개혁 교회에서는 주의 성찬은 무차별하게 모든 사람들을 위하여 제정된 것이 아니라 오직 신앙을 적극적으로 실천할 수 있는 사람과 주의 성찬의 영적 의의를 공정하게 평가할 수 있는 사람들만을 위하여 제정된 것이라고 한다. 따라서 개혁 교회는 원칙적으로 참신자라 하더라도 그의 일상 생활이 수찬자로서 손색이 없는 것을 그 기준으로 한다.

3. 수찬 적격자와 부적격자

1) 수찬 적격자

성찬은 교회 고유의 성례로서 교회 밖에 있는 사람은 참례할 수 없다. 즉 성찬은 지상의 유형적 교회에 속한 모든 성도들을 위한 것이 아니라 진지하게 자기 죄를 회개하고 자기 죄가 예수 그리스도의 보혈로 속죄된 것을 믿으며 또한 자기의 신앙이 성결한 생활 가운데서 더욱 성장하기를 갈망하는 자들을 위해 제정된 것이다. 따라서 성찬을 받기에 적격한 자는 성령으로 거듭난(중생) 자이어야 한다. 사도 바울은 성찬을 받을 자는 먼저 자기를 살펴야 할 것이며, 성찬을 부정하게 먹고 마심은 자기 죄를 먹고 마심이라고 했다(고전 11 : 28-32 참조).

웨스터민스터신앙고백(29장 8조)과 대요리문답(제172-173)에도 "악하고 우매한 사람들과 자기들이 중생되지 못한 줄로 아는 자들은 자격이 없으니, 성만찬에 참예시키지 말 것이나", "자기들이 그리스도 안에 있는 지를 의심하되 오히려 참된 그리스도인들인 사람들이 많으니, 만일 어떤 사람이 이렇게 의심하되 그리스도 안에 발견되기와 악에서 떠나기를 진실로 갈망하면 그는 당연히 자기의 의심을 해소하고, 주의 만찬에 와서 보다 더 강화됨을 얻게 할 것이다" 라고 했다.

2) 수찬 부적격자

성찬은 교회에 의한 교회를 위한 교회의 성례이기 때문에 자연히 교회 밖에 있는 이들은 참여할 수 없다. 그러나 비록 교회 안에 있는 자라 하더라도 주의 상에 허용되지 못하는 경우가 있다.

(1) 어린아이들

구약에는 어린아이들이 유월절에 참예하여 먹는 것이 허용되었지만 주님의 상에 참예하는 것을 허용치 않는다. 그 이유는 그들이 성찬을 합당하게 받을 요구 사항들을 갖추지 못하기 때문이다. 즉 성경에 사람이 성찬을 받기 전에 "자기를 살피고 그 후에야 이 떡을 먹고 이 잔을 마실지니…"(고전 11 : 28-29) 라고 하였으니 어린아이들은 자신을 살필 수 없는 것이다.

(2) 교회 내의 불신자

지상의 가견적 교회 내에 있는 불신자들은 성찬에 참예함이 허용될 수 없다. 그러기에 교회는 성찬에 참예하기 원하는 자들에게 신임할 만한 신앙 고백을 요구해야 한다. 그것은 자연적으로 교회는 사람의 마음속을 살피지 못하므로 그리스도를 믿는다고 하는 신앙 고백에 의해 수찬의 자격을 판정할 수밖에 없기 때문이다.

교회는 만일 교인 중에 불신앙적이고 불경건함이 현저할 때에는 거기에 상당한 권징에 의하여 그들의 수찬을 배제함으로써 교회와 성례의 신성을 보수(保守)하여야만 한다.

(3) 결함 있는 신자

참신자들이라도 언제 어디서나 성찬식에 참예할 수 있는 것은 아니다. 그것은 신자가 교회의 권징하에 있거나, 혹은 권징하에는 있지 않다 하더라도 그 자신의 영적 생활 상태, 즉 하나님과의 관계나 동료 신자들과의 관계가 성찬에 참예할 자격을 손상할 수 있기 때문이다(고전 11 : 27-29).

> **고전 11 : 27-29** 그러므로 누구든지 주의 떡이나 잔을 합당치 않게 먹고 마시는 자는 주의 몸과 피를 범하는 죄가 있느니라 사람이 자기를 살피고 그 후에야 이 떡을 먹고 이 잔을 마실지니 주의 몸을 분변치 못하고 먹고 마시는 자는 자기의 죄를 먹고 마시는 것이니라

4. 수찬 자격 판정 문제

1) 형식적 판정 기준

수찬 자격 판정에 있어서 우선적으로 적용될 기준은 성찬에 참예할 자가 합당한 세례를 받고, 그 교회에 입교한 정회원이냐, 아니냐 하는 것이다. 개신교에서는 일반적으로 세례 입교인은 교회의 정회원으로서 성찬에 참례할 권리가 부여되기 때문이다. 그러나 원칙적으로 수찬 자격을 세례인으로 하되, 신앙상 거리낌을 가지는 이는 자진해서 수찬을 중지하도록 할 것이며 아니면 시례자(施禮者)에 의하여 수찬이 금지되어야 할 것이다.

2) 신앙적 판정 기준

수찬 자격 판정 기준에서 적용될 하나의 기준은 진정 성령으로 중생한 자인가 아닌가 이다. 그리고 진정 성령으로 거듭난 자의 신앙은 교회 안에서 그가 신임할 만한 신앙 고백을 공언함으로써 인정된다. 따라서 수찬자의 자격은 신임할 만한 신앙 고백에 의하여 판정되어지는 것이다.

5. 수찬 자격 판정 방법

교회에서 수찬 자격을 심사하고 판정하는 일은 당회나 직원회가 해야 할 것이다. 웨스터민스터 예배 모범(제9장)에 보면 "교회의 직원들은 인(印)치는 규례들에 허용될 자격을 판정할 재판관들이다"라고 하였다. 그러나 하나님께서 당회원들이나 직원들에게 사람의 마음을 알아내는 능력을 주시지 않았음으로 자연이 수찬 자격의 판정 기준은 주로 신앙에 관한 적당한 지식과 성결 생활 그리고 신임할 만한 신앙의 고백 등이 될 것이다.

제 19 장
기도론

기도는 하나님을 믿는 신자가 신(神)이신 하나님과

대화하며 교제하는 방편으로서 영적 생활에 없어서는 안 될 중요한 요소이다.

 기도는 신자가 하나님과의 인격적 접촉을 통하여

하나님의 뜻을 알고 자신의 소원을 아뢰며 호소하고

도움을 요청하는 것으로써

이는 하나님의 실존과 그분의 자비와 긍휼하심,

전능하신 그분의 능력과 지혜를 믿는 신앙이 전제가 되기 때문에

기도 생활의 정도는 그 사람의 신앙의 척도가 된다.

쉽게 풀어쓴
기독교 신학

기도의 개념

본 장에서는 기도란 무엇인가, 그리스도인들에게 왜 기도가 중요하며 기도는 어떻게 하는 것인가? 그리고 기도 성립의 요건, 기도의 응답, 기도의 종류 등에 대하여 상고해 보고자 한다.

스탠리 존스 박사는 "주님께서 네가 한 가지 소원만을 구하라고 하신다면 기도하는 마음이라고 대답하겠노라"고 하였다. 성도에게 있어서 기도는 참으로 중요하다. 성도의 성화는 말씀과 기도로써 이루어진다고 하였다(딤전 4 : 5). 인간은 기도로써 하나님께 죄를 고백하여 용서를 받고 기도를 통하여 하나님과 교제를 하며 믿음과 신령한 은혜를 받는다. 그리스도인은 기도를 통하여 하늘의 지혜와 능력을 받고 용기를 얻어 세상의 죄와 정욕을 이기고 마귀를 이기며 승리하게 된다.

딤전 4 : 5   하나님의 말씀과 기도로 거룩하여짐이니라

I. 기도의 어의

성경에는 "기도"(Prayer)를 나타내는 용어가 여러 가지가 있다. 그 중에 중요한 것들을 소개하면 다음과 같다.

1. 구약의 용어

1) 테필라(Tepillah)

기도를 히브리어로 "테필라"(Tepillah) 라고 하는데 이는 "탄원하다", "베다", "가르다" 등의 뜻을 내포하고 있다. 이는 기도할 때 제 몸을 상하며 제물을 분해(각을 뜸)하며, 하나님 앞에 자기를 살피며 탄원하는 기도의 간절성을 나타내는 것으로 셈족의 습관을 암시하는 용어이다(왕상 18 : 28-38).

> 왕상 18 : 28-38 이에 저희가 큰 소리로 부르고 그 규례를 따라 피가 흐르기까지
> 칼과 창으로 그 몸을 상하게 하더라 또 나무를 벌이고 송아지의
> 각을 떠서 나무 위에 놓고 선지자 엘리야가 나아가서 말하되
> 아브라함과 이삭과 이스라엘의 하나님 여호와여 주께서 이스라엘
> 중에서 하나님이 되심과 내가 주의 종이 됨과 내가 주의 말씀대로
> 이 모든 일을 행하는 것을 오늘날 알게 하옵소서 여호와여 내게
> 응답하소서 내게 응답하소서 이 백성으로 주 여호와는 하나님이신
> 것과 주는 저희의 마음으로 돌이키게 하시는 것을 알게 하옵소서

2) 파랄(Palal)

기도를 표현하는 히브리어의 "파랄"(Palal)은 "기도하다", "중재하다", "간원하다", "주선하다", "조종하다", "화해하다"의 뜻이 있다. 이는 제사장이 백성을 대신하여 하나님께 제사와 분향을 드리며 기도함으로써 중재가 되고, 신인간(神人間)에 화해가 이루어지는 것을 암시하는 용어이다. 구약에 백성을 위한 모세의 기도나 선지자들의 기도 중에 "파랄"(Palal)의 기도가 많다. 병들어 죽게 된 히스기야 왕이 울면서 하나님께 살기를 기도하였더니 그 응답은 이사야 선지자에게 들려왔다. 이는 본인 히스기야의 기도보다도 이사야의 중재의 기도(파랄 ; Palal)가 더 간절하여 하나님께 상달되었던 것임을 암시한다(왕하 20 : 4-5).

> 왕하 20 : 4-5 이사야가 성읍 가운데까지도 이르기 전에 여호와의 말씀이 저에게
> 임하여 가라사대 너는 돌아가서 내 백성의 주권자 히스기야에게
> 이르기를 왕의 조상 다윗의 하나님 여호와의 말씀이 내가 네 기도를
> 들었고 네 눈물을 보았노라 내가 너를 낫게 하리니 네가 삼일만에
> 여호와의 전에 올라가겠고

3) 아타르(Athar)

기도를 표현하는 용어 중에 히브리어의 "아타르"(Athar)는 신에게 "향기를 피우다", "기도하다", "간구하다" 등의 뜻이 있다. 이는 제사장이 향을 피우며 제사

를 드릴 때 그 향연이 하늘에 상달되어 하나님께서 흠향하시고 백성의 죄를 용서하시는 것을 암시하는 용어이다(레 16 : 13; 계 8 : 3; 행 10 : 4).

레 16 : 13	여호와 앞에서 분향하여 향연으로 증거궤 위 속죄소를 가리우게 할지니 그리하면 그가 죽음을 면할 것이며
계 8 : 3	또 다른 천사가 와서 제단 곁에 서서 금 향로를 가지고 많은 향을 받았으니 이는 모든 성도의 기도들과 합하여 보좌 앞 금단에 드리고자 함이라
행 10 : 4	고넬료가 주목하여 보고 두려워 가로되 주여 무슨 일이니이까 천사가 가로되 네 기도와 구제가 하나님 앞에 상달하여 기억하신 바가 되었으니

4) 라카슈(Lachash)

기도를 표현하는 용어 중에 히브리어의 "라카슈"(Lachash)는 "속삭임(낮은 소리로 기도함)", 혹은 "기원" 등의 뜻이 있다. 이는 신자가 기도로서 은밀하게 하나님과의 깊은 영교를 가지는 상태를 표현하는 용어이다(출 33 : 11; 삼상 1 : 12,15).

출 33 : 11	사람이 그 친구와 이야기함같이 여호와께서는 모세와 대면하여 말씀하시며 모세는 진으로 돌아오나 그 수종자 눈의 아들 청년 여호수아는 회막을 떠나지 아니하니라
삼상 1 : 12	그가 여호와 앞에 오래 기도하는 동안에 엘리가 그의 입을 주목한즉
삼상 1 : 15	한나가 대답하여 가로되 나의 주여 그렇지 아니하니이다 나는 마음이 슬픈 여자라 포도주나 독주를 마신 것이 아니요 여호와 앞에 나의 심정을 통한 것 뿐이오니

5) 베아(Beah)

기도를 표현하는 히브리어의 "베아"(Beah)는 "찾다", "요청하다", "묻다"의 뜻이 있다(마 7 : 7; 계 6 : 10; 눅 17 : 20).

마 7 : 7	구하라 그러면 너희에게 주실 것이요 찾으라 그러면 찾을 것이요 문을 두드리라 그러면 너희에게 열릴 것이니
계 6 : 10	큰 소리로 불러 가로되 거룩하고 참되신 대주재여 땅에 거하는 자들을 심판하여 우리 피를 신원하여 주지 아니하시기를 어느 때까지 하시려나이까 하니
눅 17 : 20	바리새인들이 하나님의 나라가 어느 때에 임하나이까 묻거늘 예수께서 대답하여 가라사대 하나님의 나라는 볼 수 있게 임하는 것이 아니요

2. 신약의 용어

1) 프로슈케(Proseuche)

기도를 헬라어로 "프로슈케"(Proseuche) 라고 하는데, 이는 히브리어 "테필라" (Tepillah)를 번역한 것이다. 신약에서 "프로슈케"는 가장 많이 나타나는데 그것은 하나님께만 사용한 용어이다. 이 말은 "기도", "기도처", "예배" 혹은 "주목하다", "마음을 돌린다" 등의 뜻을 가지고 있다. 즉 기도는 경건한 가운데 하나님을 앙망하며 온갖 정성을 기울여 구하는 것임을 암시하는 것이다.

2) 데오마이(Deomai)

기도를 표현하는 헬라어의 "데오마이"(Deomai)는 "결핍하다", "모자라다", "기도하다", "간구하다", "탄원하다" 등의 뜻이 있다. 이는 우리에게 꼭 있어야 할 것을 하나님께 허락받으려고 애절한 마음으로 탄원하는 것을 암시하는 말이다(막 10 : 47, 48, 51).

막 10 : 47	나사렛 예수시란 말을 듣고 소리질러 가로되 다윗의 자손 예수여 나를 불쌍히 여기소서 하거늘
막 10 : 48	많은 사람이 꾸짖어 잠잠하라 하되 그가 더욱 심히 소리질러 가로되 다윗의 자손이여 나를 불쌍히 여기소서 하는지라
막 10 : 51	예수께서 일러 가라사대 네게 무엇을 하여 주기를 원하느냐 소경이 가로되 선생님이여 보기를 원하나이다

3) 아고니죠마이(Agonizomai)

기도를 표현하는 헬라어 "아고니죠마이(Agonizomai)"는 "열심으로 구하다", "노력하다", "애써 간구하다" 등의 뜻이 있다. 이는 기도의 간절성을 암시하는 용어이다(약 5 : 17; 눅 22 : 44; 시 63 : 1).

약 5 : 17	엘리야는 우리와 성정이 같은 사람이로되 저가 비 오지 않기를 간절히 기도한즉 삼년 육개월 동안 땅에 비가 아니 오고
눅 22 : 44	예수께서 힘쓰고 애써 더욱 간절히 기도하시니 땀이 땅에 떨어지는 피방울 같이 되더라
시 63 : 1	하나님이여 주는 나의 하나님이시라 내가 간절히 주를 찾되 물이 없어 마르고 곤핍한 땅에서 내 영혼이 주를 갈망하며 내 육체가 주를 앙모하나이다

4) 엔튜시스(Enteusis)

기도를 표현하는 헬라어 "엔튜시스(Enteusis)"는 "만남", "접근함", "청원", "담화", "기도", "중재", "탄원" 등의 뜻이 있다(롬 8 : 26-27; 사 55 : 6).

롬 8 : 26-27	이와 같이 성령도 우리 연약함을 도우시나니 우리가 마땅히 빌 바를 알지 못하나 오직 성령이 말할 수 없는 탄식으로 우리를 위하여 친히 간구하시느니라 마음을 감찰하시는 이가 성령의 생각을 아시나니 이는 성령이 하나님의 뜻대로 성도를 위하여 간구하심이니라
사 55 : 6	너희는 여호와를 만날 만한 때에 찾으라 가까이 계실 때에 그를 부르라

II. 기도의 정의

기도는 신자와 하나님과의 교제 또는 대화의 방편이다. 즉 살아 계시며 인격적 신이신 하나님을 믿고 섬기는 신자는 자연 그 하나님과 교통을 하게 되는데, 이것을 가리켜 기도라고 한다. 다시 말하면 기도란 인격적 신이신 하나님과 그분을 믿고 의지하는 신자와의 교제요 대화이다. 그러므로 진정한 기도는 우상 종교에서는 있을 수 없다. 그 이유는 인격을 가진 사람이 인격이 아닌 우상과는 인격적인 대화가 불가능하기 때문이다(시 135 : 15-17). 기도는 사람이 그 마음과 생각을 하나님께 들어올리는 것이다. 따라서 기도는 간구(물질적 또는 정신적)와, 남을 위한 기원과, 지은 죄의 자복과, 하나님과의 대화와, 하나님께 드리는 맹세와, 받은 은혜에 대한 감사와, 사람들에 대한 축복과, 원수로 인한 탄원을 포함한다(시 25 : 1-2, 35 : 1).

시 135 : 15-17　　열방의 우상은 은금이요 사람의 수공물이라 입이 있어도 말하지 못하며 눈이 있어도 보지 못하며 귀가 있어도 듣지 못하며 그 입에는 아무 기식도 없나니

시 25 : 1-2　　여호와여 나의 영혼이 주를 우러러 보나이다 나의 하나님이여 내가 주께 의지하였사오니 나로 부끄럽지 않게 하시고 나의 원수로 나를 이기어 개가를 부르지 못하게 하소서

시 35 : 1　　여호와여 나와 다투는 자와 다투시고 나와 싸우는 자와 싸우소서

Ⅲ. 기도의 신령한 의미

1. 신령한 향기(香氣)

기도는 하나님께 드리는 성도들의 고귀한 마음의 향기이다. 성경에 기도를 상징적으로 하나님 앞에 상달되는 향기(香氣)라고 표현하였다(계 8 : 3-4). 성도의 기도는 하나님께 바쳐지는 최선의 향연(香煙)이다.

계 8 : 3-4　　또 다른 천사가 와서 제단 곁에 서서 금 향로를 가지고 많은 향을 받았으니 이는 모든 성도의 기도들과 합하여 보좌 앞 금단에 드리고자 함이라 향연이 성도의 기도와 함께 천사의 손으로 부터 하나님 앞으로 올라가는지라

2. 신령한 속삭임

기도는 신자가 하나님과 정답게 이야기하는 것을 상징하여, 낮은 소리로 "속삭임"이라고 표현했다(삼상 1 : 12-13). 우리말 개역 성경(사 26 : 16)에 "간절히 주

께 기도하였나이다"가 구역에는 "가는 말(細語 ; 세어)로 기도하나이다"로 되어 있다. 이는 히브리어의 "라카슈"라는 말을 번역한 것으로 원래는 "속삭인다", "귓속말로 하다"의 뜻으로 사용되는 단어이다.

> 삼상 1 : 12-13　그가 여호와 앞에 오래 기도하는 동안에 엘리가 그의 입을 주목한
> 즉 한나가 속으로 말하매 입술만 동하고 음성은 들리지 아니하므로
> 엘리는 그가 취한 줄 생각한지라
> 사 26 : 16　여호와여 백성이 환난중에 주를 앙모하였사오며 주의 징벌이
> 그들에게 임할 때에 그들이 간절히 주께 기도하였나이다

3. 신령한 교제

기도는 하나님과 신자와의 영적 교제이다. 신자는 기도를 통하여 하나님과 사랑의 교제를 가질 수 있으며, 통사정(通事情)을 할 수 있다(시 91 : 14; 사 1 : 18; 계 3 : 20).

> 시 91 : 14　하나님이 가라사대 저가 나를 사랑한즉 내가 저를 건지리라 저가
> 내 이름을 안즉 내가 저를 높이리라
> 사 1 : 18　여호와께서 말씀하시되 오라 우리가 서로 변론하자 너희 죄가
> 주홍 같을찌라도 눈과 같이 희어질 것이요 진홍같이 붉을찌라도
> 양털같이 되리라
> 계 3 : 20　볼지어다 내가 문 밖에 서서 두드리노니 누구든지 내 음성을 듣고
> 문을 열면 내가 그에게로 들어가 그로 더불어 먹고 그는 나로 더불어
> 먹으리라

4. 신령한 호흡

사람은 규칙적으로 쉬임 없이 호흡을 하여야 생명을 지속하게 된다. 기도를 영혼의 호흡이라고 하는 이유는 신자가 규칙적으로 부단히 기도를 계속하여야 영혼이 건전하게 성장하고 영적 생명을 유지하게 되기 때문이다(롬 12 : 12; 살전 5 : 17; 엡 6 : 18).

롬 12 : 12	소망 중에 즐거워하며 환난 중에 참으며 기도에 항상 힘쓰며
살전 5 : 17	쉬지 말고 기도하라
엡 6 : 18	모든 기도와 간구로 하되 무시로 성령 안에서 기도하고 이를 위하여 깨어 구하기를 항상 힘쓰며 여러 성도를 위하여 구하고

5. 하나님께 청구(請求)함

기도는 하나님께 청구하는 것이다. 성경에 신자가 필요한 사항을 하나님께 기도로 청구하면 이루어 주신다고 약속하였다(마 7 : 7; 렘 29 : 12-13; 출 8 : 30).

마 7 : 7	구하라 그리하면 너희에게 주실 것이요 찾으라 그러면 찾을 것이요 문을 두드리라 그러면 너희에게 열릴 것이니
렘 29 : 12-13	너희는 내게 부르짖으며 와서 내게 기도하면 내가 너희를 들을 것이요 너희가 전심으로 나를 찾고 찾으면 나를 만나리라
출 8 : 30	모세가 바로를 떠나 나와서 여호와께 기도하니

6. 하나님과 씨름함

성경에 야곱이 하나님께 간절히 기도하여 복을 받은 사실이 있는데, 이 때의 그 기도를 "하나님과의 씨름"으로 표현하였다(창 32 : 24-32). 씨름은 쌍방이 서로 붙잡고 힘을 겨루는 것으로서 비록 져서 넘어지는 경우에도 붙잡은 손을 놓지 않는 것이 특징이다. 야곱의 "기도 씨름"이란 그가 하나님과 힘겨루기를 벌였다는 것을 뜻하는 것이 아니고 복을 강청하며 끝까지 하나님께 매달렸다는 뜻이다(창 32 : 25-26; 눅 11 : 8).

| 창 32 : 24-32 | 야곱은 홀로 남았더니 어떤 사람이 날이 새도록 야곱과 씨름하다가 그 사람이 자기가 야곱을 이기지 못함을 보고 야곱의 환도뼈를 치매 야곱의 환도뼈가 그 사람과 씨름할 때에 위골되었더라 그 사람이 가로되 날이 새려하니 나로 가게 하라 야곱이 가로되 당신이 내게 축복하지 아니하면 가게 하지 아니하겠나이다 그 사람이 그에게 가로되 네이름이 무엇이냐 그가 가로되 야곱이니이다 그 사람이 가로되 네 이름을 다시는 야곱이라 부를것이 아니요 |

이스라엘이라 부를 것이니 이는 네가 하나님과 사람으로 더불어
겨루어 이기었음이니라 야곱이 청하여 가로되 당신의 이름을
고하소서 그사람이 가로되 어찌 내 이름을 묻느냐하고 거기서
야곱에게 축복한지라 그러므로 야곱이 그 곳 이름을 브니엘이라
하였으니 그가 이르기를 내가 하나님과 대면하여 보았으나 내
생명이 보전되었다 함이더라 그가 브니엘을 지날 때에 해가 돋았고
그 환도뼈로 인하여 절었더라 그 사람이 야곱의 환도뼈 큰 힘줄을
친고로 이스라엘 사람들이 지금까지 환도뼈 큰 힘줄을 먹지
아니하더라

눅 11 : 8　내가 너희에게 말하노니 비록 벗됨을 인하여서는 일어나 주지
아니할찌라도 그 강청함을 인하여 일어나 그 소용대로 주리라

7. 만능의 열쇠

기도는 하늘문을 열고 닫을 수 있는 열쇠이며, 모든 문제를 해결하는 만능의
열쇠라고 성경은 표현하고 있다(약 5 : 17-18; 마 7 : 7-8; 마 21 : 21-22 참조).

약5 : 17-18　엘리야는 우리와 성정이 같은 사람이로되 저가 비 오지 않기를
간절히 기도한즉 삼년 육개월 동안 땅에 비가 아니 오고 다시
기도한즉 하늘이 비를 주고 땅이 열매를 내었느니라

마 7 : 7-8　구하라 그러면 너희에게 주실 것이요 찾으라 그러면 찾을 것이요
문을 두드리라 그러면 너희에게 열릴 것이니 구하는 이마다 얻을
것이요 찾는 이가 찾을 것이요 두드리는 이에게 열릴 것이니라

Ⅳ. 기도 성립의 요건

하나님과 인간의 영적 관계인 신앙 생활에는 반드시 기도의 현상(現象)이 나타
나게 된다. 그리고 이 기도의 현상은 다음 몇 가지 사실을 기초로 하여 나타나는
것이다.

1. 하나님의 인격성(人格性)

기도는 하나님의 인격성, 즉 하나님께서 인격적 존재시라는 사실을 기초로 하

여 성립된다. 그것은 오직 인격과 인격만이 대화하고 서로를 이해하며, 응답할 수 있기 때문이다(시 135 : 15-17; 사 1 : 15, 59 : 1-2; 미 3 : 4).

시 135 : 15-17	열방의 우상은 은금이요 사람의 수공물이라 입이 있어도 말하지 못하며 눈이 있어도 보지 못하며 귀가 있어도 듣지 못하며 그 입에는 아무 기식도 없나니
사 1 : 15	너희가 손을 펼 때에 내가 눈을 가리우고 너희가 많이 기도할찌라도 내가 듣지 아니하리니 이는 너희의 손에 피가 가득함이니라
사 59 : 1-2	여호와의 손이 짧아 구원치 못하심도 아니요 귀가 둔하여 듣지 못하심도 아니라 오직 너희 죄악이 너희와 너희 하나님 사이를 내었고 너희 죄가 그 얼굴을 가리워서 너희를 듣지 않으시게 함이니
미 3 : 4	그때에 그들이 여호와께 부르짖을찌라도 응답치 아니하시고 그들의 행위의 악하던 대로 그들 앞에 얼굴을 가리우시리라

2. 하나님의 내재성(內在性)

기도는 하나님께서 초월적 존재인 동시에 인간의 측근적 내재적(內在的) 존재인 사실을 전제로 하여 성립되는 것이다(마 28 : 20, 18 : 19-20). 그것은 비록 하나님께서 인격적 존재이실지라도 무한히 멀리 계시어 지상에 있는 인간들과 더불어 교제가 불가능하다면 인간이 아무리 기도를 하여도 응답을 받지는 못할 것이다. 그러기에 기도는 하나님의 인격성을 전제로 하는 동시에 그분이 우리 인생들에게 항상 가까이 계시어 대화하시고 교제하실 수 있으시며, 또 그분은 초월적 존재이심으로 멀리서도 우리를 감찰하시고 우리의 생각과 우리의 사정을 아시며 우리가 발언하지 아니한 열망(熱望)들까지도 모두 다 아신다는 사실을 전제로 성립되는 것이다(렘 23 : 23-24; 왕상 8 : 39).

마 28 : 20	내가 너희에게 분부한 모든 것을 가르쳐 지키게 하라 볼지어다 내가 세상 끝날까지 너희와 항상 함께 있으리라 하시니라
마 18 : 19-20	진실로 다시 너희에게 이르노니 너희 중에 두 사람이 땅에서 합심하여 무엇이든지 구하면 하늘에 계신 내 아버지께서 저희를 위하여 이루게 하시리라 두세 사람이 내 이름으로 모인 곳에는

	나도 그들 중에 있느니라
렘 23 : 23-24	나 여호와가 말하노라 나는 가까운데 하나님이요 먼데 하나님은 아니냐 나 여호와가 말하노라 사람이 내게 보이지 아니하려고 누가 자기를 은밀한 곳에 숨길 수 있겠느냐 나는 천지에 충만하지 아니하냐
왕상 8 : 39	주는 계신 곳 하늘에서 들으시고 사유하시며 각 사람의 마음을 아시오니 그 모든 행위대로 행하사 갚으시옵소서 주만 홀로 인생의 마음을 다 아심이니이다

3. 하나님의 주권성(主權性)

기도는 하나님께서 모든 자연계와 만사 만물을 그 무한하신 능력과 절대적 주권에 의하여 임의로 주장하신다는 사실을 전제로 하여 성립되는 것이다(행 17 : 24; 계 4 : 11; 엡 1 : 11; 단 4 : 35; 잠 21 : 1). 다시 말하면 하나님께서는 전지전능(全知全能)하신 창조주(創造主)로서(행 17 : 24) 우주와 만물을 창조하시고, 그것을 또 소유하시고 관할하시며, 그것들의 모든 행동을 통제하시고, 편재하시며, 섭리하시는 살아 계신 하나님이신 사실을 전제로 하여 기도가 성립된다는 것이다.

행 17 : 24	우주와 그 가운데 있는 만유를 지으신 신께서는 천지의 주재시니 손으로 지은 전에 계시지 아니하시고
계 4 : 11	우리 주 하나님이여 영광과 존귀와 능력을 받으시는 것이 합당하오니 주께서 만물을 지으신지라 만물이 주의 뜻대로 있었고 또 지으심을 받았나이다
엡 1 : 11	모든 일을 그 마음의 원대로 역사하시는 자의 뜻을 따라 우리가 예정을 입어 그 안에서 기업이 되었으니
단 4 : 35	땅의 모든 거민을 없는 것같이 여기시며 하늘의 군사에게든지 땅의 거민에게든지 그는 자기 뜻대로 행하시나니 누가 그의 손을 금하든지 혹시 이르기를 네가 무엇을 하느냐 할 자가 없도다
잠 21 : 1	왕의 마음이 여호와의 손에 있음이 마치 보의 물과 같아서 그가 임의로 인도하시느니라

4. 하나님의 애정(愛情)

기도는 하나님께서 지성(知性)이나 권능 뿐만 아니라 무한히 자애로우심으로서, 아버지가 자녀를 긍휼히 여김같이 당신을 경외하는 자들을 긍휼히 여기시며, 또 자비와 인애와 긍휼과 오래참으심이 무한하시어 곤경에서 드리는 신자들의 기도를 들으시고 응답하여 주시려고 항상 준비하고 계시다는 사실을 전제로 하여 성립되는 것이다(마 7 : 7-11; 렘 33 : 1-3 참조).

마 7 : 7-11　　구하라 그러면 너희에게 주실 것이요 찾으라 그러면 찾을 것이요 문을 두드리라 그러면 너희에게 열릴 것이니 구하는 이마다 얻을 것이요 찾는 이가 찾을 것이요 두드리는 이에게 열릴 것이니라 너희 중에 누가 아들이 떡을 달라 하면 돌을 주며 생선을 달라 하면 뱀을 줄 사람이 있겠느냐 너희가 악한 자라도 좋은 것으로 자식에게 줄줄 알거든 하물며 하늘에 계신 너희 아버지께서 구하는 자에게 좋은 것으로 주시지 않겠느냐

기도의 대상과 방법

Ⅰ. 기도의 대상
1. 성부 하나님

구약에 나타난 기도는 주로 성부 하나님을 대상으로 한 것으로 되어 있다. 그실 예를 들면 다음과 같다.

1) 아브라함의 기도

족장 아브라함은 성부 하나님을 상대로 하여 기도했다(창 17 : 18, 15 : 2, 18 : 30, 32).

창 17 : 18   아브라함이 이에 하나님께 고하되 이스마엘이나 하나님앞에 살기를 원하나이다

창 15 : 2   아브람이 가로되 주 여호와여 무엇을 내게 주시려나이까 나는 무지하오니 나의 상속자는 이 다메섹 엘리에셀이니이다

창 18 : 30   아브라함이 가로되 내주여 노하지 마옵시고 말씀하게 하옵소서 거기서 삼십인을 찾으시면 어찌 하시려나이까 가라사대 내가 거기서 삼십인을 찾으면 멸하지 아니하리라

창 18 : 32   아브라함이 또 가로되 주는 노하지 마옵소서 내가 이번만 더 말씀하리이다 거기서 십인을 찾으시면 어찌 하시려나이까 가라사대 내가 십인을 인하여도 멸하지 아니하리라

2) 야곱의 기도

야곱도 역시 성부 하나님을 상대로 하여 기도하였다(창 28 : 20).

창 28 : 20   야곱이 서원하여 가로되 하나님이 나와 함께 계시사 내가 가는
이 길에서 나를 지키시고 먹을 양식과 입을 옷을 주사

3) 모세의 기도

모세도 성부 하나님을 상대로 하여 기도하였다(신 33 : 11; 출 33 : 12-16 참조).

신 33 : 11   여호와여 그 재산을 풍족케 하시고 그 손의 일을 받으소서 그를
대적하여 일어나는 자와 미워하는 자의 허리를 꺾으사 다시
일어나지 못하게 하옵소서

4) 다윗의 기도

다윗도 성부 하나님을 상대로 하여 간절히 기도하였다(시 6 : 1-10, 51 : 10-12).

시 6 : 1-10   여호와여 주의 분으로 나를 견책하지 마옵시며 주의 진노로 나를
징계하지 마옵소서 여호와여 내가 수척하였사오니 긍휼히 여기소서
여호와여 나의 뼈가 떨리오니 나를 고치소서 나의 영혼도 심히
떨리나이다 여호와여 어느 때까지니이까 여호와여 돌아와 나의
영혼을 건지시며 주의 인자하심을 인하여 나를 구원하소서 사망
중에서는 주를 기억함이 없사오니 음부에서 주께 감사할 자
누구리이까 내가 탄식함으로 곤핍하며 밤마다 눈물로 내 침상을
뛰우며 내 요를 적시나이다 내 눈이 근심을 인하여 쇠하며 내 모든
대적을 인하여 어두웠나이다 행악하는 너희는 다 나를 떠나라
여호와께서 내 곡성을 들으셨도다 여호와께서 내 간구를
들으셨음이여 여호와께서 내 기도를 받으시리로다 내 모든 원수가
부끄러움을 당하고 심히 떪이여 홀연히 부끄러워 물러가리로다

시 51 : 10-12   하나님이여 내 속에 정한 마음을 창조하시고 내 안에 정직한 영을
새롭게 하소서 나를 주 앞에서 쫓아내지 마시며 주의 성신을 내게서
거두지 마소서 주의 구원의 즐거움을 내게 회복시키시고 자원하는
심령을 주사 나를 붙드소서

2. 성자 예수 그리스도

구약에는 삼위일체 하나님의 개념이 분명히 규정되어 있지 않으므로 따라서 하나님 안에 삼위(三位)의 구별이 불완전히 계시되었기 때문에 모든 기도가 하나같이 성부 하나님께만 올려졌다. 그러나 신약에서는 삼위일체 하나님의 개념이 분명하여 기도는 성부(하나님), 성자(예수 그리스도), 성령(하나님의 영)에게 각각 올려졌다. 신약에서 성자 예수 그리스도에게 기도가 올려진 예는 다음과 같다.

1) 사도들의 기도

사도들은 예수 그리스도께서 지상에 계실 때에 하나님만이 주실 수 있는 은혜를 그분에게 기구(祈求)하며 "주여 우리의 믿음을 더하소서" 라고 하였다(눅 17 : 5).

눅 17 : 5　　　사도들이 주께 여짜오되 우리에게 믿음을 더하소서 하니

2) 강도의 기도

예수님의 십자가 옆에서 또 다른 십자가에 달려 임종하던 강도는 하나님의 성령의 감동과 가르침을 받아(고전 12 : 3) 기구(祈求)하기를 "예수여 당신의 나라에 임하실 때에 나를 생각하소서" 라고 하였다(눅 23 : 42).

고전 12 : 3　　　그러므로 내가 너희에게 알게 하노니 하나님의 영으로 말하는
　　　　　　　　자는 누구든지 예수를 저주할 자라 하지 않고 또 성령으로
　　　　　　　　아니하고는 누구든지 예수를 주시라 할 수 없느니라
눅 23 : 42　　　가로되 예수여 당신의 나라에 임하실 때에 나를 생각하소서 하니

3) 스데반의 기도

초대 교회 최초의 순교자인 스데반 집사는 임종시에 기도하기를 "주 예수여 내 영혼을 받으시옵소서" 라고 하였다(행 7 : 59).

행 7 : 59　　　저희가 돌로 스데반을 치니 스데반이 부르짖어 가로되 주 예수여
　　　　　　　　내 영혼을 받으시옵소서 하고

4) 사도 바울의 기도

사도 바울은 자기 육체를 찌르는 가시가 떠나기를 "세 번 주께 간구하였다" 라고 했다(고후 12 : 8-9).

고후12 : 8-9　이것이 내게서 떠나기 위하여 내가 세번 주께 간구하였더니 내게 이르시기를 내 은혜가 네게 족하도다 이는 내 능력이 약한데서 온전하여짐이라 하신지라 이러므로 도리어 크게 기뻐함으로 나의 여러 약한 것들에 대하여 자랑하리니 이는 그리스도의 능력으로 내게 머물게 하려함이라

3. 성령(하나님의 영)

성경에 성령께 직접 기도가 올려진 경우는 없고, 신자가 성령을 힘입어서 기도하며(요 14 : 16-17,15 : 26; 행 2 : 33; 롬 8 : 15-16), 성령께서 신자들을 도와 대신 탄식하며 친히 간구하신다고 표현되어 있다(롬8 : 26). 그러나 "하나님의 신(神)"인 성령은 곧 하나님이시므로(행 5 : 3-4; 마 28 : 19; 고후 13 : 13), 역시 예배의 대상이 되시며 예배의 대상이신 성령은 또한 기도의 대상이 되실 수 있다고 보는 것이다.

요 14 : 16-17　내가 아버지께 구하겠으니 그가 또다른 보혜사를 너희에게 주사 영원토록 너희와 함께 있게 하시리니 저는 진리의 영이라 세상은 능히 저를 받지 못하나니 이는 저를 보지도 못하고 알지도 못함이라 그러나 너희는 저를 아나니 저는 너희와 함께 거하심이요 또 너희 속에 계시겠음이라

요 15 : 26　내가 아버지께로서 너희에게 보낼 보혜사 곧 아버지께로서 나오시는 진리의 성령이 오실 때에 그가 나를 증거하실 것이요

행 2 : 33　하나님이 오른손으로 예수를 높이시매 그가 약속하신 성령을 아버지께 받아서 너희보고 듣는 이것을 부어주셨느니라

롬 8 : 15-16　너희는 다시 무서워하는 종의 영을 받지 아니하였고 양자의 영을 받았으므로 아바 아버지라 부르짖느니라 성령이 친히 우리 영으로 더불어 우리가 하나님의 자녀인 것을 증거하시나니

롬 8 : 26	이와같이 성령도 우리 연약함을 도우시나니 우리가 마땅히 빌바를 알지 못하나 오직 성령이 말할 수 없는 탄식으로 우리를 위하여 친히 간구하시느니라
행 5 : 3-4	베드로가 가로되 아나니아야 어찌하여 사단이 네 마음에 가득하여 네가 성령을 속이고 땅 값 얼마를 감추었느냐 땅이 그대로 있을 때에는 네 땅이 아니며 판 후에도 네 임의로 할 수가 없더냐 어찌하여 이 일을 네 마음에 두었느냐 사람에게 거짓말 한 것이 아니요 하나님께로다
마 28 : 19	그러므로 너희는 가서 모든 족속으로 제자를 삼아 아버지와 아들과 성령의 이름으로 세례를 주고
고후 13 : 13	주 예수 그리스도의 은혜와 하나님의 사랑과 성령의 교통하심이 너희 무리와 함께 있을지어다

II. 기도의 방법

1. 기도의 자세

성경은 기도에 있어서 특정한 자세를 말하지 않고 있다. 이스라엘 백성들이 기도 하는 자세는 그 시대와 장소에 따라 일정치 않았으며, 성경에 나타난 예수님의 기도하시는 모습은 더구나 어떤 형식에 매이지 않으셨던 것이다.

1) 서서 기도함

(1) 예수님의 경우

예수님은 서서 기도하셨다(요 17 : 1). 그리고 제자들에게 기도에 대하여 교훈하시면서 "서서 기도할 때에 아무에게나 혐의가 있거든 용서하라"고 하셨다(막 11 : 24-25; 마 6 : 5; 눅 18 : 11 참조).

요 17 : 1	예수께서 이 말씀을 하시고 눈을 들어 하늘을 우러러 가라사대 아버지여 때가 이르렀사오니 아들을 영화롭게 하사 아들로 아버지를 영화롭게 하게하옵소서
막 11 : 24-25	그러므로 내가 너희에게 말하노니 무엇이든지 기도하고 구하는 것은 받은 줄로 믿으라 그리하면 너희에게 그대로 되리라 서서

> 기도할 때에 아무에게나 혐의가 있거든 용서하라 그리하여야 하늘에
> 계신 너희 아버지도 너희 허물을 사하여 주시리라 하셨더라

(2) 구약의 경우

구약에 보면 "여호사밧"(대하 20 : 12-13)도, "한나"(삼상 1 : 26)도, "솔로몬"(왕상 8 : 22-23)도 서서 기도하였다.

대하 20 : 12-13	우리 하나님이여 저희를 징벌하지 아니하시나이까 우리를 치러 오는 이 큰 무리를 우리가 대적할 능력이 없고 어떻게 할 줄도 알지 못하옵고 오직 주만 바라보나이다 하고 유다 모든 사람은 그 아내와 자녀와 어린 자로 더불어 여호와 앞에 섰더라
삼상 1 : 26	한나가 가로되 나의 주여 당신의 사심으로 맹세하나이다 나는 여기서 나의 주 당신 곁에 서서 여호와께 기도하던 여자라
왕상8 : 22-23	솔로몬이 여호와의 단 앞에서 이스라엘의 온 회중에 마주서서 하늘을 향하여 손을 펴고 가로되 이스라엘 하나님 여호와여 상천 하지에 주와 같은 신이 없나이다 주께서는 온 마음으로 주의 앞에서 행하는 종들에게 언약을 지키시고 은혜를 베푸시나이다

(3) 바리새인과 세리의 경우

예수님 당시에 바리새인과 세리도 서서 기도하였다(눅 18 : 11, 13). 서서하는 기도는 이스라엘 백성들의 일반적인 기도 자세이며, 이는 감사와 축복의 기도가 대부분이었다(눅 18 : 11, 24 : 50-51). 특별한 경우 하나님께 서약하는 의미가 있었다(창 18 : 22-32).

눅 18 : 11	바리새인은 서서 따로 기도하여 가로되 하나님이여 나는 다른 사람들 곧 토색 불의 간음을 하는자들과 같지 아니하고 이 세리와도 같지 아니함을 감사하나이다
눅 18 : 13	세리는 멀리 서서 감히 눈을 들어 하늘을 우러러 보지도 못하고 다만 가슴을 치며 가로되 하나님이여 불쌍히 여기옵소서 나는 죄인이로소이다 하였느니라

눅 24 : 50-51　예수께서 저희를 데리고 베다니 앞까지 나가사 손을 들어 저희에게 축복하시더니 축복하실 때에 저희를 떠나 (하늘로 올리우)시니

창 18 : 22-32　그 사람들이 거기서 떠나 소돔으로 향하여 가고 아브라함은 여호와 앞에 그대로 섰더니 가까이 나아가 가로되 주께서 의인을 악인과 함께 멸하시려나이까… 아브라함이 또 가로되 주는 노하지 마옵소서 내가 이번만 더 말씀하리이다 거기서 십인을 찾으시면 어찌 하시려나이까 가라사대 내가 십인을 인하여도 멸하지 아니하리라

2) 꿇어 엎드려 기도함

(1) 아브라함의 종의 경우

아브라함의 종 엘리에셀은 꿇어 엎드려 기도하였다(창 24 : 26-27).

창 24 : 26-27　이에 그 사람이 머리를 숙여 여호와께 경배하고 가로되 나의 주인 아브라함의 하나님 여호와를 찬송하나이다 나의 주인에게 주의 인자와 성실을 끊이지 아니하셨사오며 여호와께서 길에서 나를 인도하사 내 주인의 동생 집에 이르게 하셨나이다 하니라

(2) 모세의 경우

모세는 "땅에 엎드려 경배하며 가로되 주여 내가 주께 은총을 입었거든 원컨대 주는 우리 중에서 행하옵소서…"(출 34 : 8-9) 라고 기도하였다.

(3) 엘리야의 경우

엘리야는 "갈멜산 꼭대기로 올라가서 땅에 꿇어 엎드려 그 얼굴을 무릎 사이에 넣고" 꿇어 엎드려 기도하였다(왕상 18 : 42).

(4) 예수님의 경우

예수님은 겟세마네 동산에서 "얼굴을 땅에 대시고 엎드려 기도"하셨다(마 26 : 39; 막 14 : 35). 엎드리는 것은 절하는 자세(눅 17 : 16 참조)로서, 겸손의 의미가 있다. 대개 간절한 기도나 사죄를 구하는 자복의 기도는 엎드려서 한 것 같다.

마 26 : 39	조금 나아가사 얼굴을 땅에 대시고 엎드려 기도하여 가라사대 내 아버지여 만일 할만하시거든 이 잔을 내게서 지나가게 하옵소서 그러나 나의 원대로 마옵시고 아버지의 원대로 하옵소서 하시고
막 14 : 35	조금 나아가사 땅에 엎드리어 될 수 있는 대로 이 때가 자기에게서 지나가기를 구하여

3) 무릎을 꿇고 기도함

(1) 예수님의 경우

예수님께서 습관적으로 감람산에 올라가시어 "무릎을 꿇고 기도"하셨다(눅 22 : 39-42).

눅 22 : 39-42	예수께서 나가사 습관을 좇아 감람산에 가시매…저희를 떠나 돌 던질 만큼 가서 무릎을 꿇고 기도하여 가라사대 아버지여 만일 아버지의 뜻이어든 이 잔을 내게서 옮기시옵소서 그러나 내 원대로 마옵시고 아버지의 원대로 되기를 원하나이다 하시니

(2) 스데반의 경우

스데반은 순교를 당할 때에 "무릎을 꿇고 크게 불러 가로되 주여 이 죄를 저들에게 돌리지 마옵소서" 라고 기도하였다(행 7 : 60).

(3) 사도들의 경우

베드로(행 9 : 40)와 바울도(행 20 : 36-37) 무릎을 꿇고 기도하였다.

행 9 : 40	베드로가 사람을 다 내어 보내고 무릎을 꿇고 기도하고 돌이켜 시체를 향하여 가로되 다비다야 일어나라 하니 그가 눈을 떠 베드로를 보고 일어나 앉는지라
행 20 : 36-37	이 말을 한 후 무릎을 꿇고 저희 모든 사람과 함께 기도하니 다 크게 울며 바울의 목을 안고 입을 맞추고

⑷ 솔로몬의 경우
구약에는 "솔로몬이 무릎을 꿇고 손을 펴서 하늘을 향하여" 기도하였다(왕상 8 : 54; 대하 6 : 13).

왕상 8 : 54	솔로몬이 무릎을 꿇고 손을 펴서 하늘을 향하여 이 기도와 간구로 여호와께 아뢰기를 마치고 여호와의 단 앞에서 일어나
대하 6 : 13	솔로몬이 이왕에 놋으로 대를 만들었으니 장이 다섯 규빗이요 고가 세 규빗이라 뜰 가운데 두었더니 저가 그 위에 서서 이스라엘의 회중 앞에서 무릎을 꿇고 하늘을 향하여 손을 펴고

⑸ 다윗의 경우
다윗은 "오라 우리가 굽혀 경배하며 우리를 지으신 여호와 앞에 무릎을 꿇자"라고 하였다(시 95 : 6).

4) 손을 들고 기도함
성경에 손을 들고 기도한 예는 구약에도(출 17 : 11; 시 63 : 4, 119 : 48, 134 : 2, 143 : 6, 28 : 2; 욥 11 : 13-14, 17 : 9; 왕상 8 : 22, 54), 신약에도(딤전 2 : 8; 엡 3 : 14-16) 많이 나타나 있다. 손을 들고 하는 기도는 하나님께 대하여 맡김, 신뢰, 회개, 항복, 영광, 능력, 승리의 뜻을 담고 있는 기도의 자세이다(시 24 : 4). 예수님은 제자들을 향하여 축복의 손을 드신 채로 승천하셨다(눅 24 : 50-51).

출 17 : 11	모세가 손을 들면 이스라엘이 이기고 손을 내리면 아말렉이 이기더니
시 63 : 4	이러므로 내 평생에 주를 송축하며 주의 이름으로 인하여 내 손을 들리이다
시 119 : 48	또 나의 사랑하는바 주의 계명에 내 손을 들고 주의 율례를 묵상하리이다
시 134 : 2	성소를 향하여 너희 손을 들고 여호와를 송축하라
시 143 : 6	주를 향하여 손을 펴고 내 영혼이 마른 땅같이 주를 사모하나이다 (셀라)

시 28 : 2	내가 주의 성소를 향하여 나의 손을 들고 주께 부르짖을 때에 나의 간구하는 소리를 들으소서
욥 11 : 13-14	만일 네가 마음을 바로 정하고 주를 향하여 손을 들 때에 네 손에 죄악이 있거든 멀리 버리라 불의로 네 장막에 거하지 못하게 하라
욥 17 : 9	그러므로 의인은 그 길을 독실히 행하고 손이 깨끗한 자는 점점 힘을 얻느니라
왕상 8 : 22	솔로몬이 여호와의 단 앞에서 이스라엘의 온 회중을 마주서서 하늘을 향하여 손을 펴고
왕상 8 : 54	솔로몬이 무릎을 꿇고 손을 펴서 하늘을 향하여 이 기도와 간구로 여호와께 아뢰기를 마치고 여호와의 단 앞에서 일어나
딤전 2 : 8	그러므로 각처에서 남자들이 분노와 다툼이 없이 거룩한 손을 들어 기도하기를 원하노라
엡 3 : 14-16	이러하므로 내가 하늘과 땅에 있는 각 족속에게 이름을 주신 아버지 앞에 무릎을 꿇고 비노니 그 영광의 풍성을 따라 그의 성령으로 말미암아 너희 속 사람을 능력으로 강건하게 하옵시며
시 24 : 4	곧 손이 깨끗하며 마음이 청결하며 뜻을 허탄한데 두지 아니하며 거짓 맹세치 아니하는 자로다
눅 24 : 50-51	예수께서 저희를 데리고 베다니 앞까지 나가사 손을 들어 저희에게 축복하시더니 축복하실 때에 저희를 떠나 (하늘로 올리우)시니

5) 눈을 들어 우러러보며 기도함

(1) 예수님의 경우

예수님께서 "눈을 들어 우러러보시며" 기도하셨다(요 11 : 41, 17 : 1). 이는 앙망하며 간구하는 자세이다. 그리고 또 예수님은 "하늘을 우러러 축사"하셨다(마 14 : 19).

요 11 : 41	돌을 옮겨 놓으니 예수께서 눈을 들어 우러러보시고 가라사대 아버지여 내 말을 들으신 것을 감사하나이다
요 17 : 1	예수께서 이 말씀을 하시고 눈을 들어 하늘을 우러러 가라사대 아버지여 때가 이르렀사오니 아들을 영화롭게 하사 아들로 아버지를 영화롭게 하게하옵소서

마 14 : 19   무리를 명하여 잔디 위에 앉히시고 떡 다섯 개와 물고기 두 마리를
              가지사 하늘을 우러러 축사하시고 떡을 떼어 제자들에게 주시매
              제자들이 무리에게 주니

(2) 스데반의 경우

스데반은 순교를 당하던 날 "하늘을 우러러 주목하여"(행 7 : 55) 간구하기를
"주 예수여 내 영혼을 받으시옵소서"(행 7 : 59) 라고 하였고 또 "… 주여 이 죄를
저들에게 돌리지 마옵소서"(행 7 : 60) 라고 기도하였다.

행 7 : 55   스데반이 성령이 충만하여 하늘을 우러러 주목하여 하나님의 영광과
              및 예수께서 하나님 우편에 서신 것을 보고
행 7 : 59   저희가 돌로 스데반을 치니 스데반이 부르짖어 가로되 주 예수여
              내 영혼을 받으시옵소서 하고
행 7 : 60   무릎을 꿇고 크게 불러 가로되 주여 이 죄를 저들에게 돌리지
              마옵소서 이 말을 하고 자니라

2. 기도의 장소

성경에는 성전 외에 회당과 큰 거리 어귀 등, 기타 적당한 장소에서 기도한 예
가 많이 나타나 있다(마 6 : 5-6).

마 6 : 5-6   또 너희가 기도할 때에 외식하는 자와 같이 되지 말라 저희는
              사람에게 보이려고 회당과 큰 거리 어귀에 서서 기도하기를 좋아
              하느니라 내가 진실로 너희에게 이르노니 저희는 자기 상을 이미
              받았느니라 너는 기도할 때에 네 골방에 들어가 문을 닫고 은밀한
              중에 계신 네 아버지께 기도하라 은밀한 중에 보시는 네 아버지께서
              갚으시리라

1) 밀실에서

예수님은 "너희가 기도할 때에 외식하는 자와 같이 되지 말라 저희는 사람에게 보
이려고 회당과 큰 거리 어귀에서 서서 기도하기를 좋아하느니라… 기도할 때에 네 골

방에 들어가 문을 닫고 은밀한 중에 계신 네 아버지께 기도하라…"(마 6 : 5-6)고 하셨다. 예수님은 기도의 장소로서 은밀한 밀실(골방)을 권장하신 것이다.

2) 산야(山野)에서

예수님께서는 산에 올라가셔서 자주 기도하셨고(마 14 : 23), 또 광야에서 40일 간 동안 금식 기도하셨으며(마 4 : 1-2), 새벽 같은 때에는 한적한 곳에서 기도하셨다(막 1 : 35).

마 14 : 23	무리를 보내신 후에 기도하러 따로 산에 올라가시다 저물매 거기 혼자계시더니
마 4 : 1-2	그때에 예수께서 성령에게 이끌리어 마귀에게 시험을 받으러 광야로 가서 사십 일을 밤낮으로 금식하신 후에 주리신지라
막 1 : 35	새벽 오히려 미명에 예수께서 일어나 나가 한적한 곳으로 가사 거기서 기도하시더니

3) 길거리에서

예수님 당시에 유대인들은 큰 거리 어귀에 서서 사람들이 보는 가운데 기도하기를 좋아했다(마 6 : 5).

마 6 : 5	또 너희가 기도할 때에 외식하는 자와 같이 되지 말라 저희는 사람에게 보이려고 회당과 큰 거리 어귀에 서서 기도하기를 좋아하느니라 내가 진실로 너희에게 이르노니 저희는 자기 상을 이미 받았느니라

4) 대중 앞에서

예수님과 사도들은 교회 회중 앞에서 혹은 많은 무리들 앞에서 기도하였다(행 2 : 1; 요 17 : 1; 행 20 : 36,7 : 59-60).

행 2 : 1	오순절 날이 이미 이르매 저희가 다같이 한 곳에 모였더니

요 17 : 1	예수께서 이 말씀을 하시고 눈을 들어 하늘을 우러러 가라사대 아버지여 때가 이르렀사오니 아들을 영화롭게 하사 아들로 아버지를 영화롭게 하게하옵소서
행 20 : 36	이 말을 한 후 무릎을 꿇고 저희 모든 사람과 함께 기도하니
행 7 : 59-60	저희가 돌로 스데반을 치니 스데반이 부르짖어 가로되 주 예수여 내 영혼을 받으시옵소서 하고 무릎을 꿇고 크게 불러 가로되 주여 이 죄를 저들에게 돌리지 마옵소서 이 말을 하고 자니라

5) 불신자 앞에서

사도 바울은 "아드리아" 바다에서(행 27 : 27 참조) "유라굴로" 라는 광풍을 만나(행 27 : 14 참조) 파선당하게 될 때에 불신자인 백부장과 사공들과 여러 죄수들 앞에서 기도하였다(행 27 : 27-37 참조). 또 빌립보 옥중에서는 불신자인 죄수들과 간수가 듣는 가운데 찬송하고 기도하였다(행 16 : 25).

행 16 : 25	밤중쯤 되어 바울과 실라가 기도하고 하나님을 찬미하매 죄수들이 듣더라

6) 기타 어디서나

성경에는 기도의 장소를 성전과 회당 외에도 어디서나 할 수 있도록 제한하고 있지 않다. 기도해야 할 필요가 있으면 그때마다 사정과 형편에 따라 각처에서, 즉 산이나 들이나 길거리나 강변이나 지붕 위나, 어디서든 적당한 곳이면 기도하였다(마 6 : 5, 14 : 23; 딤전 2 : 8; 살전 5 : 17; 행 10 : 9, 16 : 13).

마 6 : 5	또 너희가 기도할 때에 외식하는 자와 같이 되지 말라 저희는 사람에게 보이려고 회당과 큰 거리 어귀에 서서 기도하기를 좋아하느니라 내가 진실로 너희에게 이르노니 저희는 자기 상을 이미 받았느니라
마 14 : 23	무리를 보내신 후에 기도하러 따로 산에 올라가시다 저물매 거기 혼자 계시더니
딤전 2 : 8	그러므로 각처에서 남자들이 분노와 다툼이 없이 거룩한 손을

	들어 기도하기를 원하노라
살전 5 : 17	쉬지 말고 기도하라
행 10 : 9	이튿날 저희가 행하여 성에 가까이 갔을 그때에 베드로가 기도하려고 지붕에 올라가니 시간은 제 육시더라
행 16 : 13	안식일에 우리가 기도처가 있는가 하여 문 밖 강가에 나가 거기 앉아서 모인 여자들에게 말하더니

3. 기도 시간

기도는 언제 어디서나 무시로 할 수 있다(엡 6 : 18). 그러나 성경에 나타난 초대 교회의 매일 드리는 기도 시간은 다음과 같다.

엡 6 : 18	모든 기도와 간구로 하되 무시로 성령 안에서 기도하고 이를 위하여 깨어 구하기를 항상 힘쓰며 여러 성도를 위하여 구하고

1) 정시(定時)에

유대인들과 초대 교회 신자들은 하루 세 번, 즉 제3시(오전 9시), 제6시(정오), 제9시(오후 3시)에 정시(定時) 기도를 드렸다(단 6 : 10; 시 55 : 16-17; 행 3 : 1, 10 : 9).

단 6 : 10	다니엘이 이 조서에 어인이 찍힌 것을 알고도 자기 집에 돌아가서는 그 방의 예루살렘으로 향하여 열린 창에서 전에 행하던 대로 하루 세번씩 무릎을 꿇고 기도하며 그 하나님께 감사하였더라
시 55 : 16-17	나는 하나님께 부르짖으리니 여호와께서 나를 구원하시리로다 저녁과 아침과 정오에 내가 근심하여 탄식하리니 여호와께서 내 소리를 들으시리로다
행 3 : 1	제 구시 기도 시간에 베드로와 요한이 성전에 올라갈 새
행 10 : 9	이튿날 저희가 행하여 성에 가까이 갔을 그때에 베드로가 기도하려고 지붕에 올라가니 시간은 제 육시더라

2) 새벽에

예수님께서는 새벽 오히려 미명에 기도하셨다(막 1 : 35). 그분은 가장 고요한 시간에 조용한 장소에서 성부 하나님과 깊은 영교(靈交)를 가지심으로써 군중에게 시달려 지치신 심신(心身)에 새로운 힘을 얻으신 것이다.

막 1 : 35　　　　새벽 오히려 미명에 예수께서 일어나 나가 한적한 곳으로 가사 거기서 기도하시더니

3) 밤중에

예수님께서는 한적한 곳에서 밤을 새어 기도하셨다(눅 6 : 12). 구약의 야곱도 얍복강 나루터에서 밤새 기도하였고(창 32 : 21-25), 다윗은 밤마다 침상을 눈물로 띄우며 참회의 기도를 드렸다(시 6 : 6). 그는 밤에나 낮에나 항상 기도하였다(시 22 : 2). 아삽은 밤마다 하나님 앞에 손을 들고 기도하였다(시 77 : 2).

눅 6 : 12　　　　이 때에 예수께서 기도하시러 산으로 가사 밤이 맞도록 하나님께 기도하시고

창 32 : 21-25　　그 예물은 그의 앞서 행하고 그는 무리 가운데서 경야하다가 밤에 일어나 두 아내와 두 여종과 열 한 아들을 인도하여 얍복 나루를 건널 새 그들을 인도하여 시내를 건네며 그 소유도 건네고 야곱은 홀로 남았더니 어떤 사람이 날이 새도록 야곱과 씨름하다가 그 사람이 자기가 야곱을 이기지 못함을 보고 야곱의 환도뼈를 치매 야곱의 환도뼈가 그 사람과 씨름할 때에 위골되었더라

시 6 : 6　　　　　내가 탄식함으로 곤핍하여 밤마다 눈물로 내 침상을 띄우며 내 요를 적시나이다

시 22 : 2　　　　내 하나님이여 내가 낮에도 부르짖고 밤에도 잠잠치 아니하오나 응답치 아니하시나이다

시 77 : 2　　　　나의 환난 날에 내가 주를 찾았으며 밤에는 내 손을 들고 거두지 아니하였으며 내 영혼이 위로받기를 거절하였도다

4) 무시(無時)로

성경에는 기도 시간이 특별히 규정되어 있지 않다. 따라서 필요할 때는 언제 어디서나 수시로 기도하였던 것이다(딤후 1 : 3-4; 엡 6 : 18; 골 4 : 2; 살전 5 : 17; 시 22 : 2).

딤후 1 : 3-4	나의 밤낮 간구하는 가운데 쉬지 않고 너를 생각하여 청결한 양심으로 조상 적부터 섬겨 오는 하나님께 감사하고 네 눈물을 생각하여 너 보기를 원함은 내 기쁨이 가득하게 하려 함이니
골 4 : 2	기도를 항상 힘쓰고 기도에 감사함으로 깨어 있으라
엡 6 : 18	모든 기도와 간구로 하되 무시로 성령 안에서 기도하고 이를 위하여 깨어 구하기를 항상 힘쓰며 여러 성도를 위하여 구하고
살전 5 : 17	쉬지 말고 기도하라
시 22 : 2	내 하나님이여 내가 낮에도 부르짖고 밤에도 잠잠치 아니하오나 응답치 아니하시나이다

4. 음성 및 동작

기도는 어떤 음성이나 동작으로 할 수 있다. 그러나 신구약 성경에 나타난 기도의 음성과 동작은 다음과 같다.

1) 큰소리로 기도함

예수님께서는 십자가상에서 큰소리로 "나의 하나님 나의 하나님 어찌하여 나를 버리셨나이까"라고 하셨고(마 27 : 46; 막 15 : 34), "아버지여 내 영혼을 아버지 손에 부탁하나이다"라고(눅 23 : 46) 기도하셨다. 스데반도 순교시에 큰소리로 자기를 돌로 치는 원수들의 죄를 용서해 달라고 주께 기도하였다(행 7 : 60).

행 7 : 60	무릎을 꿇고 크게 불러 가로되 주여 이 죄를 저들에게 돌리지 마옵소서 이 말을 하고 자니라

2) 소리 없이 기도함

구약의 한나는 한자리에서 오랫동안 기도하였지만 입술만 움직일 뿐, 음성은 내지 않으며 기도했다(삼상 1 : 12-13). 다윗도 밤중에 침상에서 소리 없이 묵상 기도하였던 것으로 보인다(시 63 : 6).

삼상 1 : 12-13　　그가 여호와 앞에 오래 기도하는 동안에 엘리가 그의 입을 주목한
　　　　　　　　즉 한나가 속으로 말하매 입술만 동하고 음성은 들리지 아니하므로
　　　　　　　　엘리는 그가 취한 줄로 생각한지라
시 63 : 6　　　　내가 나의 침상에서 주를 기억하며 밤중에 주를 묵상할 때에
　　　　　　　　하오리니

3) 통곡하며 기도함

예수님께서는 지상에 계실 때에 "심한 통곡과 눈물"로 간구와 소원을 올리는 기도를 하셨다(히 5 : 7). 야곱은 얍복강 나룻터에서 밤새어 기도할 때 울면서 기도했다(호 12 : 4).

히 5 : 7　　　　그는 육체에 계실 때에 자기를 죽음에서 능히 구원하실 이에게
　　　　　　　　심한 통곡과 눈물로 간구와 소원을 올렸고 그의 경외하심을 인하여
　　　　　　　　들으심을 얻었느니라
호 12 : 4　　　　천사와 힘을 겨루어 이기고 울며 그에게 간구하였으며 하나님은
　　　　　　　　벧엘에서 저를 만나셨고 거기서 우리에게 말씀하셨나니

4) 가슴치며 기도함

성경에 보면 세리는 하늘을 우러러보지도 못하고 다만 가슴을 치며 기도하였다(눅 18 : 13). 가슴을 치는 것은 애통과 회개의 동작이다(눅 23 : 48, 23 : 27; 렘 31 : 19).

눅 18 : 13　　　세리는 멀리 서서 감히 눈을 들어 하늘을 우러러보지도 못하고
　　　　　　　　다만 가슴을 치며 가로되 하나님이여 불쌍히 여기옵소서 나는
　　　　　　　　죄인이로소이다 하였느니라
눅 23 : 48　　　이를 구경하러 모인 무리도 그 된 일을 보고 다 가슴을 두드리며

돌아가고

눅 23 : 27　　또 백성과 및 그를 위하여 가슴을 치며 슬피 우는 여자의 큰 무리가 따라 오는지라

렘 31 : 19　　내가 돌이킴을 받은 후에 뉘우쳤고 내가 교훈을 받은 후에 내 볼기를 쳤사오니 이는 어렸을 때의 치욕을 진고로 부끄럽고 욕됨이니이다 하도다

기도의 분류(종류)

기도의 종류는 크게 사기도(私祈禱), 공기도(公祈禱), 사회적 기도(社會的 祈禱)로 구분되지만, 그 성격과 형식에 따라서 다양하게 구분할 수 있다.

Ⅰ. 형식에 따른 분류

1. 사기도(私祈禱)

사기도는 각 개인이 자유로이 하나님과 영교(靈交)하는 사적(私的)인 기도로서 개인 기도라고도 한다(고후 12 : 8). 이는 시간과 장소, 그리고 그 내용에 있어서 전혀 제한을 받지 않는 것이 특성이며 언제 어디서나 어떤 내용이라도 관계없이 하나님과 개인의 심령간에 자유로이 이루어지는 영적 교통(靈的 交通)인 것이다(창 33 : 24-26 참조).

> 고후 12 : 8 이것이 내게서 떠나기 위하여 내가 세 번 주께 간구하였더니

2. 공기도(公祈禱)

공기도는 회중(會衆)이 예배를 드리거나 교회 의식에서 특정인이 회중을 대표하여 공적으로 하는 기도를 의미한다. 회중을 대표하여 공기도(公祈禱)를 드리는 이는 다음 사항을 유의하여야 한다(행 12 : 5).

❖ 회중을 의식하지 말고 하나님께서 들으시도록 기도할 것
❖ 모든 회중이 다 공감하도록 모든 사람들의 기도 제목을 구하도록 할 것
❖ 기도는 설교가 아니라는 사실을 명심하고 하나님을 설득하려 하지 말고 자

기 사정을 진술할 것

   ❖ 순서 있게, 조리 있게, 명백하게 요건을 들어 기도할 것

   ❖ 필요 이상의 긴 기도를 하지 말 것, 예배시의 대표 기도는 간략한 것이 좋음

   ❖ 모든 사람이 알아들을 수 있는 음성으로 똑똑히 발음하고 평이한 술어를 사용할 것

> 행 12 : 5   이에 베드로는 옥에 갇혔고 교회는 그를 위하여 간절히 하나님께 빌더라

3. 의식 기도(儀式祈禱)

의식 기도는 성례를 비롯하여 혼례식, 장례식, 임직식, 봉헌식 등 모든 교회 예식에서 드리는 기도를 의미한다. 의식 기도는 사기도보다 훨씬 사회성(社會性)을 띠고 있다. 사기도에는 그 형식이 문제되지 않으나, 의식 기도에 있어서는 그의 장단(長短)과 그 내용 및 방법 등이 의식에 적합할 것이 요구된다.

4. 합심 기도(合心祈禱)

합심 기도는 회중이 뜻을 같이하여 공통된 어떤 목적을 달성하기 위해 함께 드리는 기도를 의미한다. 주님께서 합심 기도는 특별한 운동력이 있음을 암시하셨다(마 18 : 19).

> 마 18 : 19   진실로 다시 너희에게 이르노니 너희 중에 두 사람이 땅에서 합심하여 무엇이든지 구하면 하늘에 계신 내 아버지께서 저희를 위하여 이루게 하시리라

5. 성문 기도(成文祈禱)

성문 기도는 미리 준비된 기도문에 의하여 드리는 기도로서, 이는 사전에 작성된 원고 없이 그때 그때 그 상황에 대하여 생각나는 대로 자유로이 하는 기도와 대조된다.

6. 자유 기도(自由祈禱)

자유 기도는 미리 기도문을 준비하여 드리는 성문 기도와는 달리 그때 그때의 사정에 알맞게 생각나는 대로 자유로이 말을 구사하여 드리는 기도이다.

II. 성격에 따른 분류

1. 간구(懇求)

간구(懇求)는 특별한 경우를 위한 애원으로서(딤전 2 : 1), 주경 학자들의 일반적인 견해에 따르면 간구(Supplication)는 죄악에서 구원을 얻기 위한 기도요, 은혜를 더 충만히 받기 위한 것이라 한다.

> 딤전 2 : 1　　그러므로 내가 첫째로 권하노니 모든 사람을 위하여 간구와 기도와 도고와 감사를 하되

2. 도고(禱告 ; 중보 기도)

이는 남을 위한 중보의 기도(딤전 2 : 1)로서, 대도(代禱 ; 대신 기도)라고도 한다. 사도 바울은 그의 제자 디모데에게 "내가 첫째로 권하노니 모든 사람을 위하여 간구와 기도와 도고와 감사를 하라"고 하였다(딤전 2 : 1).

3. 감사(感謝)

감사는 기도의 승화(昇華)로서 이는 곧 하나님께 대한 찬미이다. 하나님께 대한 찬미는 곧 기도이다. 예로부터 찬송은 곡조가 붙은 기도라고 일컬어 오고 있다. 성경 역사에 나타난 바로는 "때에 따라서는 찬송의 위력이 어떤 강청하는 기도보다 더 강하게 나타났던 것"을 알 수 있다(행 16 : 25-26; 수 6 : 12-16). 감사가 기도의 승화라면 찬송은 감사보다 훨씬 승화된 감정에서 우러나오는 아름다운 기도이다(엡 5 : 19,1 : 3,6,12,14; 사 44 : 22-23,43 : 21). 윌리엄 에반스(William Evans)는 찬미는 참된 기도라고 했다.

> 행 16 : 25-26　　밤중쯤 되어 바울과 실라가 기도하고 하나님을 찬미하매 죄수들이

들더라 이에 홀연히 큰 지진이 나서 옥터가 움직이고 문이 곧 다 열리며 모든 사람이 매인 것이 다 벗어진지라

수 6 : 12-16   여호수아가 아침에 일찍이 일어나니라 제사장들이 여호와의 궤를 메고 일곱 제사장은 일곱 양각나팔을 잡고 여호와의 궤앞에서 계속 진행하며 나팔을 불고 무장한 자들은 그 앞에 행하며 후군은 여호와의 궤 뒤에 행하고 제사장들은 나팔을 불며 행하니라 그 제 이일에도 성을 한번 돌고 진에 돌아 오니라 엿새 동안을 이같이 행하니라 제칠일 새벽에 그들이 일찍이 일어나서 여전한 방식으로 성을 일곱번 도니 성을 일곱 번 돌기는 그날 뿐이었더라 일곱번째에 제사장들이 나팔을 불 때에 여호수아가 백성에게 이르되 외치라 여호와께서 너희에게 이 성을 주셨느니라

엡 5 : 19   시와 찬미와 신령한 노래들로 서로 화답하며 너희의 마음으로 주께 노래하며 찬송하며

엡 1 : 3   찬송하리로다 하나님 곧 우리 주 예수 그리스도의 아버지께서 그리스도 안에서 하늘에 속한 모든 신령한 복으로 우리에게 복 주시되

엡 1 : 6   이는 그의 사랑하시는 자 안에서 우리에게 거저 주시는 바 그의 은혜의 영광을 찬미하게 하려는 것이라

엡 1 : 12   이는 그리스도 안에서 전부터 바라던 우리로 그의 영광의 찬송이 되게 하려 하심이라

엡 1 : 14   이는 우리의 기업에 보증이 되사 그 얻으신 것을 구속하시고 그의 영광을 찬미하게 하려 하심이라

사 44 : 22-23   내가 네 허물을 빽빽한 구름의 사라짐같이 네 죄를 안개의 사라짐같이 도말하였으니 너는 내게로 돌아오라 내가 너를 구속하였음이니라 여호와께서 이 일을 행하셨으니 하늘아 노래할지어다 땅의 깊은 곳들아 높이 부를지어다 산들아 삼림과 그 가운데 모든 나무들아 소리내어 노래할지어다 여호와께서 야곱을 구속하셨으니 이스라엘로 자기를 영화롭게 하실 것임이로다

사 43 : 21   이 백성은 내가 나를 위하여 지었나니 나의 찬송을 부르게 하려 함이니라

4. 축복(祝福)

이는 복을 비는 기도로 축도(祝禱)라고도 한다. 성경에 보면 아론은 제사장으로서 이스라엘 백성을 위하여 축복하였고(민 6 : 22-27), 족장(族長) 이삭은 그 아들 야곱(창 27 : 29)에게, 야곱은 요셉의 아들들(창 48 : 12-20)에게 축복하였다. 예수님께서는 어린아이들을 안고 안수하시며 축복하셨고(막10 : 16), 부활 후 승천하시기 직전에 제자들을 향하여 손을 들고 축복하셨다(눅 24 : 50-51). 사도 바울은 기회가 있을 때마다 교회를 향하여 축복하였으며(고후 13 : 13; 고전 16 : 23-24; 갈 6 : 18; 엡 6 : 24; 빌 4 : 23; 살후 3 : 16), 사도 요한(요삼 1 : 2)도, 사도 베드로(벧후 3 : 18; 벧전 5 : 14)도 축복하였고, 야고보의 형제인 유다도 축복하였다(유 1 : 24-25).

민 6 : 22-27 　여호와께서 모세에게 일러 가라사대 아론과 그 아들들에게 고하여 이르기를 너희는 이스라엘 자손을 위하여 이렇게 축복하여 이르되 여호와는 네게 복을 주시고 너를 지키시기를 원하며 여호와는 그 얼굴로 네게 비취사 은혜 베푸시기를 원하며 여호와는 그 얼굴을 네게로 향하여 드사 평강 주시기를 원하노라 할지니라 하라 그들은 이같이 내 이름으로 이스라엘 자손에게 축복할지니 내가 그들에게 복을 주리라

창 27 : 29 　만민이 너를 섬기고 열국이 네게 굴복하리니 네가 형제들의 주가 되고 네 어미의 아들들이 네게 굴복하며 네게 저주하는 자는 저주를 받고 네게 축복하는 자는 복을 받기를 원하노라

창 48 : 12-20 　요셉이 아비 무릎 사이에서 두 아들을 물리고 땅에 엎드려 절하고 우수로는 에브라임을 이스라엘이 좌수를 향하게 하고 좌수로는 므낫세를 이스라엘의 우수를 향하게 하고 이끌어 그에게 가까이 나아가매 이스라엘이 우수를 펴서 차자 에브라임의 머리에 얹고 좌수를 펴서 므낫세의 머리에 얹으니 므낫세는 장자라도 팔을 어긋맞게 얹었더라 그가 요셉을 위하여 축복하여 가로되 내 조부 아브라함과 아버지 이삭의 섬기던 하나님 나를 모든 환난에서 건지신 사자께서 이 아이에게 복을 주시 오며 이들로 내 이름과 내 조부 아브라함과 아버지 이삭의 이름으로 칭하게 하시오며

이들로 세상에서 번식되게 하시기를 원하나이다 요셉이 그 아비가
우수를 에브라임의 머리에 얹은 것을 보고 기뻐 아니하여 아비의
손을 들어 에브라임의 머리에서 므낫세의 머리로 옮기고자 하여
그 아비에게 이르되 아버지여 그리 마옵소서 이는 우수를 그 머리에
얹으소서 아비가 허락지 아니하여 가로되 나도 안다 내 아들아
나도 안다 그도 한 족속이 되며 그도 크게 되려니와 그 아우가
그보다 큰 자가 되고 그 자손이 여러 민족을 이루리라 하고 그날에
그들에게 축복하여 가로되 이스라엘 족속이 너로 축복하기를
하나님이 너로 에브라임을 므낫세보다 앞세웠더라

막 10 : 16
그 어린 아이들을 안고 저희 위에 안수하시고 축복하시니라

눅 24 : 50-51
예수께서 저희를 데리고 베다니 앞까지 나가사 손을 들어 저희에게
축복하시더니 축복하실 때에 저희를 떠나 (하늘로 올리우)시니

고후 13 : 13
주 예수 그리스도의 은혜와 하나님의 사랑과 성령의 교통하심이
너희 무리와 함께 있을지어다

고전 16 : 23-24
주 예수 그리스도의 은혜가 너희와 함께 하고 나의 사랑이 그리스도
예수의 안에서 너희 무리와 함께 할지어다

갈 6 : 18
형제들아 우리 주 예수 그리스도의 은혜가 너희 심령에 있을지어다
아멘

엡 6 : 24
우리주 예수 그리스도를 변함없이 사랑하는 모든 자에게 은혜가
있을지어다

빌 4 : 23
주 예수 그리스도의 은혜가 너희 심령에 있을지어다

살후 3 : 16
평강의 주께서 친히 때마다 일마다 너희에게 평강을 주시기를
원하노라 주는 너희 모든 사람과 함께 하실지어다

요삼 1 : 2
사랑하는 자여 네 영혼이 잘됨같이 네가 범사에 잘되고 강건하기를
내가 간구하노라

벧후 3 : 18
오직 우리 주 곧 구주 예수 그리스도의 은혜와 저를 아는 지식에서
자라가라 영광이 이제와 영원한 날까지 저에게 있을지어다

벧전 5 : 14
너희는 사랑의 입맞춤으로 피차 문안하라 그리스도 안에 있는
너희 모든 이에게 평강이 있을지어다

유 1 : 24-25
능히 너희를 보호하사 거침이 없게 하시고 너희로 그 영광 앞에
흠이 없이 즐거움으로 서게 하실 자 곧 우리 구주 홀로 하나이신
하나님께 우리 주 예수 그리스도로 말미암아 영광과 위엄과 권력과

권세가 만고 전부터 이제와 세세에 있을지어다 아멘

III. 방법에 따른 분류
1. 묵상 기도(默想祈禱)
기도는 보통 소리내어서 하나, 어떤 때는 침묵한 채 말없이 묵상 기도도 할 수 있다. 신자의 기도는 대개 명확한 언어로서 소리내어 하는 것이지만, 경우에 따라서는 중심을 보시는 하나님께 침묵한 채 마음속으로 염원하기도 한다. 이것을 가리켜 묵상 기도(默想祈禱), 또는 묵도(默禱)라고 한다(삼상 1 : 13 참조; 시 63 : 6). 다윗은 "시시로 하나님을 의지하고, 그 앞에 마음을 토하라"고 했다(시 62 : 8). 하나님께서는 인간의 중심을 보신다(삼상 16 : 7). 그러므로 기도를 반드시 소리내어 해야 할 이유는 없는 것이다(사 26 : 9).

시 63 : 6	내가 나의 침상에서 주를 기억하며 밤중에 주를 묵상할 때에 하오리니
시 62 : 8	백성들아 시시로 저를 의지하고 그 앞에 마음을 토하라 하나님은 우리의 피난처시로다(셀라)
삼상 16 : 7	여호와께서 사무엘에게 이르시되 그 용모와 신장을 보지 말라 내가 이미 그를 버렸노라 나의 보는 것은 사람과 같지 아니하니 사람은 외모를 보거니와 나 여호와는 중심을 보느니라
사 26 : 9	밤에 내 영혼이 주를 사모하였사온즉 내 중심이 주를 간절히 구하오리니 이는 주께서 땅에서 심판하시는 때에 세계의 거민이 의를 배움이니이다

2. 큰 음성의 기도
성경에 큰 음성으로 기도를 드린 경우가 있었음이 여러 곳에 기록되어 있다(느 9 : 4; 잠 27 : 14; 겔 8 : 18; 막 5 : 7, 34, 15 : 37; 눅 8 : 28).

느 9 : 4	레위 사람 예수아와 바니와 갓미엘과 스바냐와 분니와 세레뱌와 바니와 그나니는 대에 올라서서 큰소리로 그 하나님 여호와께 부르짖고

잠 27 : 14	이른 아침에 큰소리로 그 이웃을 축복하면 도리어 저주같이 여기게 되리라
겔 8 : 18	그러므로 나도 분노로 갚아 아껴 보지 아니하고 긍휼을 베풀지도 아니하리니 그들이 큰소리로 내 귀에 부르짖을지라도 내가 듣지 아니하리라
막 5 : 7	큰소리로 부르짖어 가로되 지극히 높으신 하나님의 아들 예수여 나와 당신과 무슨 상관이 있나이까 원컨대 하나님 앞에 맹세하고 나를 괴롭게 마옵소서 하니
막 15 : 34	예수께서 가라사대 딸아 네 믿음이 너를 구원하였으니 평안히 가라 네 병에서 놓여 건강할지어다
막 15 : 37	예수께서 큰소리를 지르시고 운명하시다
눅 8 : 28	예수를 보고 부르짖으며 그 앞에 엎드리어 큰소리로 불러 가로되 지극히 높으신 하나님의 아들 예수여 나와 당신과 무슨 상관이 있나이까 당신께 구하노니 나를 괴롭게 마옵소서 하니

3. 통곡 기도(痛哭祈禱)

구약에는 한나가 마음이 괴로워 하나님께 통곡하며 기도하고 서원하였다(삼상 1 : 10-11). 또 야곱이 그랬고(호 12 : 3-4), 예수님께서도 겟세마네 동산에서 "심한 통곡과 눈물로 기도"하셨다(히 5 : 7). 세리는 하나님 앞에 자기 죄를 자복하며 참회의 기도를 드릴 때 가슴을 치며 기도했다(눅 18 : 13).

삼상 1 : 10-11	한나가 마음이 괴로와서 여호와께 기도하고 통곡하며 서원하여 가로되 만군의 여호와여 만일 주의 여종의 고통을 돌아보시고 나를 생각하시고 주의 여종을 잊지 아니하사 아들을 주시면 내가 그의 평생에 그를 여호와께 드리고 삭도를 그 머리에 대지 아니하겠나이다
호 12 : 3-4	야곱은 태에서 그 형의 발 뒤꿈치를 잡았고 또 장년에 하나님과 힘을 겨루되 천사와 힘을 겨루어 이기고 울며 그에게 간구하였으며 하나님은 벧엘에서 저를 만나셨고 거기서 우리에게 말씀하셨나니
히 5 : 7	그는 육체에 계실 때에 자기를 죽음에서 능히 구원하실 이에게 심한 통곡과 눈물로 간구와 소원을 올렸고 그의 경외하심을

<blockquote>

인하여 들으심을 얻었느니라

눅 18 : 13　　세리는 멀리 서서 감히 눈을 들어 하늘을 우러러보지도 못하고
다만 가슴을 치며 가로되 하나님이여 불쌍히 여기옵소서 나는
죄인이로소이다 하였느니라

</blockquote>

4. 안수 기도

예수님께서 어린이들을 안고 안수하시고 축복하셨으며, 병자들을 위하여 안수 기도하셨다. 그리고 사도들도 안수 기도하였다(막 10 : 16; 마 19 : 13, 15; 막 6 : 5; 막 7 : 32; 계 1 : 7; 눅 13 : 13; 행 6 : 6).

<blockquote>

막 10 : 16　　그 어린 아이들을 안고 저희 위에 안수하시고 축복하시니라

마 19 : 13　　때에 사람들이 예수의 안수하고 기도하심을 바라고 어린아이들을
데리고 오매 제자들이 꾸짖거늘

마 19 : 15　　저희 위에 안수하시고 거기서 떠나시니라

막 6 : 5　　거기서는 아무 권능도 행하실 수 없어 다만 소수의 병인에게
안수하여 고치실 뿐이었고 저희의 믿지 않음을 이상히 여기셨더라

막 7 : 32　　사람들이 귀먹고 어눌한 자를 데리고 예수께 나아와 안수하여
주시기를 간구하거늘

계 1 : 17　　내가 볼 때에 그 발 앞에 엎드러져 죽은 자 같이 되매 그가 오른손을
내게 얹고 가라사대 두려워말라 나는 처음이요 나중이니

눅 13 : 13　　안수하시매 여자가 곧 펴고 하나님께 영광을 돌리는지라

행 6 : 6　　사도들 앞에 세우니 사도들이 기도하고 그들에게 안수하니라

</blockquote>

1) 안수 기도의 목적

(1) 축복(눅 2 : 34; 계 1 : 7; 창 27 : 27, 48 : 18)

성경에 보면 축복과 안수는 서로 관련되어 있다(민 27 : 18, 23; 신 34 : 9; 마 19 : 15; 행 6 : 6, 8 : 17 참조). 야곱이 요셉의 두 아들에게 축복할 때에 왼손을 맏아들 므낫세의 머리에 얹고, 오른손을 둘째 아들 에브라임 머리에 얹었다(창 48 : 12-16 참조). 그것은 요셉의 뜻한 바와 다른 현상이었다(창 48 : 17-18). 요셉은 아버지(야곱)의 오른손을 에브라임의 머리에서 므낫세의 머리로 옮기려고

하였으나 야곱이 허락치 않았다.

눅 2 : 34	시므온이 저희에게 축복하고 그 모친 마리아에게 일러 가로되 보라 이 아이는 이스라엘 중 많은 사람의 패하고 흥함을 위하며 비방을 받는 표적되기 위하여 세움을 입었고
계 1 : 7	볼지어다 구름을 타고 오시리라 각인의 눈이 그를 보겠고 그를 찌른 자들도 볼터이요 땅에 있는 모든 족속이 그를 인하여 애곡하리니 그러하리라 아멘
창 27 : 27	그가 가까이 가서 그에게 입맞추니 아비가 그 옷의 향취를 맡고 그에게 축복하여 가로되
창 48 : 17-18	요셉이 그 아비가 우수를 에브라임의 머리에 얹은 것을 보고 기뻐 아니하여 아비의 손을 들어 에브라임의 머리에서 므낫세의 머리로 옮기고자 하여 그 아비에게 이르되 아버지여 그리 마옵소서 이는 장자니 우수를 그 머리에 얹으소서

(2) 병 고침 (막 6 : 5; 약 5 : 14-17; 막 5 : 23; 행 28 : 7-9)

예수님께서 병자에게 안수하여 병을 고쳐 주셨다. 또 사도들이 주의 이름으로 병자들에게 안수하여 병이 나은 사실을 성경이 말하고 있다. 바울은 로마로 호송되는 도중 난파로 인해 멜리데 섬에 표류되었을 때 그 곳의 토인 보블리오의 부친이 열병과 이질에 걸려 누워 있는 것을 기도하고 안수하여 고쳐 주었다(행 28 : 1-10 참조).

막 5 : 23	많이 간구하여 가로되 내 어린 딸이 죽게 되었사오니 오셔서 그 위에 손을 얹으사 그로 구원을 얻어 살게 하소서 하거늘
약 5 : 14-17	너희 중에 병든 자가 있느냐 저는 교회의 장로들을 청할 것이요 그들은 주의 이름으로 기름을 바르며 위하여 기도할지니라 믿음의 기도는 병든 자를 구원하리니 주께서 저를 일으키시리라 혹시 죄를 범하였을지라도 사하심을 얻으리라 이러므로 너희 죄를 서로 고하며 병 낫기를 위하여 서로 기도하라 의인의 간구는 역사하는 힘이 많으니라 엘리야는 우리와 성정이 같은 사람이로되 저가

	비오지 않기를 간절히 기도한즉 삼년 육개월 동안 땅에 비가 아니 오고
막 6 : 5	거기서는 아무 권능도 행하실 수 없어 다만 소수의 병인에게 안수 하여 고치실 뿐이었고
행 28 : 7-9	이 섬에 제일 높은 사람 보블리오라 하는 이가 그 근처에 토지가 있는지라 그가 우리를 영접하여 사흘이나 친절히 유숙하게 하더니 보블리오의 부친이 열병과 이질에 걸려 누웠거늘 바울이 들어가서 기도하고 그에게 안수하여 낫게하매 이러므로 섬 가운데 다른 병든 사람들이 와서 고침을 받고

(3) 성령받음(행 8 : 17-18, 19 : 6)

사도들이 사람들에게 안수하므로 안수받는 그에게 성령이 임한 사실이 있다. 즉 베드로와 요한이 사마리아인들에게 안수하매 성령이 임하였고(행 8 : 14-17), 또 바울이 에베소인들에게 안수함으로 성령이 임하였던 것이다(행 19 : 6).

| 행 8 : 14-17 | 예루살렘에 있는 사도들이 사마리아도 하나님의 말씀을 받았다 함을 듣고 베드로와 요한을 보내매 그들이 내려가서 저희를 위하여 성령받기를 기도하니… 이에 두 사도가 저희에게 안수하매 성령을 받는지라 |
| 행 19 : 6 | 바울이 그들에게 안수하매 성령이 그들에게 임하시므로 방언도 하고 예언도 하니 |

(4) 직분 임명(사명받음, 행 6 : 6, 13 : 3; 신 34 : 9; 행 9 : 12)

초대 교회는 교직을 임명할 때에 온 교회가 선택하고 사도들이 기도하고 안수 함으로 임직하였다(행 6 : 6). 이는 오늘날 장로나 집사의 임직 과정(任職過程)의 본보기가 되었다.

행 6 : 6	사도들 앞에 세우니 사도들이 기도하고 그들에게 안수하니라
행 13 : 3	이에 금식하며 기도하고 두 사람에게 안수하여 보내니라
신 34 : 9	모세가 눈의 아들 여호수아에게 안수하였으므로 그에게 지혜의

> 신이 충만하니 이스라엘 자손이 여호와께서 모세에게 명하신 대로
> 여호수아의 말을 순종하였더라

행 9 : 12   저가 아나니아라 하는 사람이 들어와서 자기에게 안수하여 다시
보게 하는 것을 보았느니라 하시거늘

(5) 믿음 부흥

믿음과 성령의 은사를 다시 일으키기 위하여 안수 기도를 하기도 했다(딤후 1 : 6; 딤전 4 : 14)

딤후 1 : 6   그러므로 내가 나의 안수함으로 네 속에 있는 하나님의 은사를
다시 불일듯하게 하기 위하여 너로 생각하게 하노니

딤전 4 : 14   네 속에 있는 은사 곧 장로의 회에서 안수받을 때에 예언으로
말미암아 받은 것을 조심 없이 말며

(6) 지혜를 위함(신 34 : 9)

이스라엘의 영도자 하나님의 종 모세가 임종을 앞두고 후계자 여호수아에게 안수하여 직분을 전승(傳承)할 때에 여호수아에게 하나님의 지혜가 충만히 임하였다(신 34 : 9). 이런 경우 "안수"는 "직분 수여"와 "직은"(職恩) 전승의 영적 의미와 함께 안수자와 안수받는 자의 사랑의 연합을 상징한다.

신 34 : 9   모세가 눈의 아들 여호수아에게 안수하였으므로 그에게 지혜의
신이 충만하니 이스라엘 자손이 여호와께서 모세에게 명하신 대로
여호수아의 말을 순종하였더라

2) 안수 기도의 주의

성경에 안수 기도가 많이 시행되었지만 한편 "아무에게나 경솔히 안수하지 말라"고 경고하였다(딤전 5 : 22). 아무에게나 안수받을 것도 아니며, 또한 아무에게나 경솔히 안수할 것도 아니다. 특히 장로나 목사 임직을 위한 안수는 경솔히 해서는 안 된다.

| 딤전 5 : 22 | 아무에게나 경솔히 안수하지 말고 다른 사람의 죄에 간섭지 말고 |
| | 네 자신을 지켜 정결케 하라 |

5. 방언 기도

성경에 방언 기도가 있다. 그러나 사도 바울은 남이 알아듣는 말로 다섯 마디 하는 것이 남들이 알아듣지 못하는 일만 마디 방언으로 하는 것보다 교회에 유익하다고 하였다(고전 14 : 14-19).

고전 14 : 14-19	내가 만일 방언으로 기도하면 나의 영이 기도하거니와 나의 마음은
	열매를 맺히지 못하리라 그러면 어떻게 할고 내가 영으로 기도하고
	또 마음으로 기도하며 내가 영으로 찬미하고 또 마음으로
	찬미하리라 그렇지 아니하면 네가 영으로 축복할 때에 무식한
	처지에 있는 자가 네가 무슨 말을 하는지 알지 못하고 네 감사에
	어찌 아멘 하리요 너는 감사를 잘하였으나 그러나 다른 사람은
	덕 세움을 받지 못하리라 내가 너희 모든 사람보다 방언을 더
	말하므로 하나님께 감사하노라 그러나 교회에서 네가 남을 가르치기
	위하여 깨달은 마음으로 다섯 마디 말을 하는 것이 일만 마디
	방언으로 말하는 것보다 나으니라

6. 연도(連禱)

이는 여러 사람이 같은 장소에 모여서 공통된 제목을 놓고 차례로 연달아 기도하는 것을 의미한다.

7. 금식 기도

금식 기도는 대개 죄를 회개할 때, 주님의 사명을 받을 때, 시험을 당할 때, 병 고침을 위하여, 또는 국가적 중대한 문제의 해결을 위하여 드리는 기도이다. 성경에 나타난 금식 기도는 대략 다음과 같다.

1) 예수 그리스도의 금식

모세는 십계를 받을 때(출 34 : 28)에, 엘리야는 갈멜산의 역사를 마친 후(왕상 19 : 8)에 40일 간 금식하였고, 예수님께서는 공생애에 들어가시기 전에 40일 금식 기도하셨다(마 4 : 1-11). 후아담되시는 "그리스도의 금식은 전아담의 탐욕(선악과를 따먹은)을 고쳤다"라고 하였다. (Quesnel)

출 34 : 28	모세가 여호와와 함께 사십일 사십야를 거기 있으면서 떡도 먹지 아니하였고 물도 먹지 아니하였으며 여호와께서는 언약의 말씀 곧 십계를 그 판들에 기록하셨더라
왕상 19 : 8	이에 일어나 먹고 마시고 그 식물의 힘을 의지하여 사십주 사십야를 행하여 하나님의 산 호렙에 이르니라
마 4 : 1-11	그때에 예수께서 성령에게 이끌리어 마귀에게 시험을 받으러 광야로 가사 사십 일을 밤낮으로 금식하신 후에 주리신지라 시험하는 자가 예수께 나아와서 가로되 네가 만일 하나님의 아들이어든 명하여 이 돌들이 떡덩이가 되게 하라 예수께서 대답하여 가라사대 기록되었으되 사람이 떡으로만 살 것이 아니요 하나님의 입으로 나오는 모든 말씀으로 살 것이라 하였느니라 하시니 이에 마귀가 예수를 거룩한 성으로 데려다가 성전 꼭대기에 세우고 가로되 네가 만일 하나님의 아들이어든 뛰어내리라 기록하였으되 저가 너를 위하여 그 사자들을 명하시리니 저희가 손으로 너를 받들어 발이 돌에 부딪히지 않게 하리로다 하였느니라 예수께서 이르시되 또 기록되었으되 주 너의 하나님을 시험치 말라 하였느니라 하신대 마귀가 또 그를 데리고 지극히 높은 산으로 가서 천하 만국과 그 영광을 보여 가로되 만일 내게 엎드려 경배하면 이 모든 것을 네게 주리라 이에 예수께서 말씀하시되 사단아 물러가라 기록되었으되 주 너의 하나님께 경배하고 다만 그를 섬기라 하였느니라 이에 마귀는 예수를 떠나고 천사들이 나아와서 수종드니라

2) 니느웨 성의 금식

니느웨 사람들은 요나의 전도를 듣고 회개 운동을 벌일 때에, 온 백성이 굵은 베옷을 입고 사람은 물론 가축들까지도 금식을 선포하고 하나님께 부르짖어 기도

했다(욘 3 : 5-9).

> 욘 3 : 5-9   니느웨 백성이 하나님을 믿고 금식을 선포하고 무론 대소하고
> 굵은 베를 입은지라 그 소문이 니느웨 왕에게 들리매 왕이 보좌에서
> 일어나 조복을 벗고 굵은 베를 입고 재에 앉으니라 왕이 그 대신으로
> 더불어 조서를 내려 니느웨에 선포하여 가로되 사람이나 짐승이나
> 소떼나 양떼나 아무 것도 입에 대지 말지니 곧 먹지도 말 것이요
> 물도 마시지 말 것이며 사람이든지 짐승이든지 다 굵은 베를 입을
> 것이요 힘써 여호와께 부르짖을 것이며 각기 악한 길과 손으로
> 행한 강포에서 떠날 것이라 하나님이 혹시 뜻을 돌이키시고 그
> 진노를 그치사 우리로 멸망치 않게 하시리라 그렇지 않을 줄을
> 누가 알겠느냐 한지라

3) 에스더와 유대인의 금식

왕후 에스더는 유다 민족의 위기를 당하여 자기의 시녀와 더불어 밤낮 3일 동안 금식을 결심하는 동시에 동족 유대인들의 금식을 요청하였다. 에스더는 민족적 위기를 해결하기 위하여 금식하며 살아 계신 하나님께 동포들의 합심 기도를 부탁했던 것이다(에 4 : 16).

> 에 4 : 16   당신은 가서 수산에 이는 유다인을 다 모으고 나를 위하여 금식하되
> 밤낮 삼일을 먹지도 말고 마시지도 마소서 나도 나의 시녀로 더불어
> 이렇게 금식한 후에 규례를 어기고 왕에게 나아가리니 죽으면
> 죽으리이다

4) 초대 교회의 장로 택한 후 금식

초대 교회에서는 회중이 장로들을 선택하고 사도들이 안수하여 세우되(행 6 : 1-6 참조) 장로를 선택한 교회는 금식하고 기도하면서 교회와 장로의 장래를 주님의 장중에 부탁하였다(행 14 : 23).

> 행 14 : 23   각 교회에서 장로들을 택하여 금식 기도하며 저희를 그 믿은 바

주께 부탁하고

5) 사명자 택할 때의 금식

안디옥교회가 바나바와 바울을 선교사로 선택하여 파송할 때에 금식하며 기도하고 안수하여 보냈다(행 13 : 1-3).

행 13 : 1-3   안디옥교회에 선지자들과 교사들이 있으니 곧 바나바와 니게르라
하는 시므온과 구레네 사람 루기오와 분봉왕 헤롯의 젖동생
마나엔과 및 사울이라 주를 섬겨 금식할 때에 성령이 가라사대
내가 불러 시키는 일을 위하여 바나바와 사울을 따로 세우라 하시니
이에 금식하며 기도하고 두 사람에게 안수하여 보내니라

6) 요엘 선지자의 금식 선포

이스라엘 백성들은 선지자의 독촉으로 자기들의 죄를 회개하고자 전국적으로 날을 정하여 금식하며 통회하고 부르짖어 기도하였다(욜 1 : 14, 2 : 15).

욜 1 : 14   너희는 금식일을 정하고 성회를 선포하여 장로들과 이 땅 모든
거민을 너희 하나님 여호와의 전으로 몰수히 모으고 여호와께
부르짖을지어다
욜 2 : 15   너희는 시온에서 나팔을 불어 거룩한 금식일을 정하고 성회를
선고하고

7) 예수님께서는 금식 기도를 하되 사람에게 보이려고 슬픈 기색을 나타내지 말고, 은밀히 하여 외식이 없도록 하라고 교훈하셨다(마 6 : 16). 당시 예루살렘 성전에는 요세라는 사람이 있어 실색(失色 ; 얼굴의 화색을 잃음)한 모양으로 성전 안을 방황하면서 사람들의 칭찬과 동정을 구하고 있었다고 한다. 심지어 이런 무리는 얼굴에 재를 발라서 실색한 듯이 보이려 하였다고 하니, 이런 자는 "금식의 외식자"(금식 배우)였지 참금식자는 아니었던 것이다.

마 6 : 16   금식할 때에 너희는 외식하는 자들과 같이 슬픈 기색을 내지 말라
저희는 금식하는 것을 사람에게 보이려고 얼굴을 흉하게 하느니라
내가 진실로 너희에게 이르노니 저희는 자기 상을 이미 받았느니라

8. 철야 기도(徹夜祈禱)

철야 기도는 특별히 밤새우며 하는 기도를 의미한다. 예수님(마 26 : 36), 야곱(창 32 : 24), 그리고 초대 교회(행 12 : 5-12, 16 : 25)가 철야 기도를 한 것으로 성경에 나타나 있다.

마 26 : 36   이에 예수께서 제자들과 함께 겟세마네라 하는 곳에 이르러
제자들에게 이르시되 내가 저기 가서 기도할 동안에 너희는 여기
앉아 있으라 하시고

창 32 : 24   야곱은 홀로 남았더니 어떤 사람이 날이 새도록 야곱과 씨름하다가

행 12 : 5-12   이에 베드로는 옥에 갇혔고 교회는 그를 위하여 간절히 하나님께
빌더라 헤롯이 잡아내려고 하는 그 전날 밤에 베드로가 두 군사
틈에서 두 쇠사슬에 매여 누워 자는데 파수꾼들이 문 밖에서 옥을
지키더니 홀연히 주의 사자가 곁에 서매 옥중에 광채가 조요하며
또 베드로의 옆구리를 쳐 깨워 가로되 급히 일어나라 하니 쇠사슬이
그 손에서 벗어지더라 천사가 가로되 띠를 띠고 신을 들메라 하거늘
베드로가 그대로 하니 천사가 또 가로되 겉옷을 입고 따라오라
한대 베드로가 나와서 따라갈 새 천사의 하는 것이 참인 줄 알지
못하고 환상을 보는가 하니라 이에 첫째와 둘째 파수를 지나 성으로
통한 쇠문에 이르니 문이 절로 열리는지라 나와 한 거리를 지나매
천사가 곧 떠나더라 이에 베드로가 정신이 나서 가로되 내가 이제야
참으로 주께서 그의 천사를 보내어 나를 헤롯의 손과 유대 백성의
모든 기대에서 벗어나게 하신줄 알겠노라 하여 깨닫고 마가라
하는 요한의 어머니 마리아의 집에 가니 여러 사람이 모여
기도하더라

행 16 : 25   밤중쯤 되어 바울과 실라가 기도하고 하나님을 찬미하매 죄수들이
듣더라

기도 범위와 응답 문제

Ⅰ. 기도의 범위

1. 가정에서의 범위

가정에서 기도의 범위는 대개 자기와 자녀들을 위하여 하인 또는 주인을 위해서까지 기도한 것으로 성경에 나타나 있다.

1) 자기를 위하여 기도함

예수님께서도 당신 문제를 놓고 기도하셨고(히 5 : 7), 사도 바울도 자기 문제를 위하여 기도하였다(고후 12 : 8).

히 5 : 7	그는 육체에 계실 때에 자기를 죽음에서 능히 구원하실 이에게 심한 통곡과 눈물로 간구와 소원을 올렸고 그의 경외하심을 인하여 들으심을 얻었느니라
고후 12 : 8	이것이 내게서 떠나기 위하여 내가 세 번 주께 간구하였더니

2) 자녀를 위하여 기도함

이삭은 자기 아들 야곱을 위하여 축복 기도를 하였고(창 27 : 18-29), 욥은 자녀들이 범죄하지 않도록 늘 기도하였다(욥 1 : 2-5 참조). 그리고 야곱도 자녀들을 위하여 축복 기도를 하였다(창 27 : 21-25; 욥 1 : 4-5; 창 49 : 15-20 참조).

창 27 : 21-25	이삭이 야곱에게 이르되 내 아들아 가까이 오라 네가 과연 내 아들에서인지 아닌지 내가 너를 만지려 하노라 야곱이 그 아비 이삭에게 가까이 가니 이삭이 만지며 가로되 음성은 야곱의

음성이나 손은 에서의 손이로다 하며 그 손이 형 에서의 손과 같이
털이 있으므로 능히 분별치 못하고 축복하였더라 이삭이 가로되
네가 참 내 아들 에서냐 그가 대답하되 그러하니이다 이삭이 가로되
내게로 가져오라 내 아들의 사냥한 고기를 먹고 내 마음껏 네게
축복하리라 야곱이 그에게로 가져가매 그가 먹고 또 포도주를
가져가매 그가 마시고

욥 1 : 4-5   그 아들들이 자기 생일이면 각각 자기의 집에서 잔치를 베풀고
그 누이 셋도 청하여 함께 먹고 마시므로 그 잔칫날이 지나면 욥이
그들을 불러다가 성결케 하되 아침에 일어나서 그들의 명수대로
번제를 드렸으니 이는 욥이 말하기를 혹시 내 아들들이 죄를 범하여
마음으로 하나님을 배반하였을까 함이라 욥의 행사가 항상
이러하였더라

3) 하인을 위하여 기도함

가버나움에서 신앙이 독실한 백부장이 자기 하인의 병 고침을 위하여 예수님께
간구하였다(마 8 : 5-6; 눅 7 : 2-4; 마 8 : 5-13 참조)

마 8 : 5-6   예수께서 가버나움에 들어가시니 한 백부장이 나아와 간구하여
가로되 주여 내 하인이 중풍병으로 집에 누워 몹시 괴로와하나이다
눅 7 : 2-4   어떤 백부장의 사랑하는 종이 병들어 죽게 되었더니… 이에 저희가
예수께 나아와 간절히 구하여 가로되 이 일을 하시는 것이 이
사람에게는 합당하니이다

4) 주인을 위하여 기도함

아브라함의 종 엘리에셀은 주인의 아들의 혼사를 위하여 간절히 기도하였다(창
24 : 10-14).

창 24 : 10-14   이에 종이 그 주인의 약대 중 열 필을 취하고 떠났는데 곧 그 주인의
모든 좋은 것을 가지고 떠나 메소보다미아로 가서 나홀의 성에
이르러 그 약대를 성밖 우물곁에 꿇렸으니 저녁때라 여인들이

물을 길러 나올 때이었더라 그가 가로되 우리 주인 아브라함의
하나님 여호와여 원컨대 오늘날 나로 순적히 만나게 하사 나의
주인 아브라함에게 은혜를 베푸시옵소서 성중 사람의 딸들이
물 길러 나오겠사오니 내가 우물곁에 섰다가 한 소녀에게 이르기를
청컨대 너는 물 항아리를 기울려 나로 마시게 하라 하리니 그의
대답이 마시라 내가 당신의 약대에게도 마시우리라 하면 그는
주께서 주의 종 이삭을 위하여 정하신 자라 이로 인하여 주께서
나의 주인에게 은혜 베푸심을 내가 알겠나이다

2. 교회에서의 범위

성경에 나타난 교회에서의 기도의 범위는 교회와 성도들, 그리고 교역자와 선교 문제에 이르기까지 기도하였다.

1) 교회와 성도를 위하여 기도함

바울은 모든 교회와 교우들을 위하여 매일 기도했던 사실이 성경에 나타나 있다(롬 1 : 9; 시 122 : 6; 엡1 : 16; 빌1 : 4; 몬 4; 고전 1 : 4; 골 1 : 3; 살전 1 : 2; 딤후 1 : 3 참조)

롬 1 : 9 　　　내가 그의 아들의 복음 안에서 내 심령으로 섬기는 하나님이 나의
　　　　　　증인이 되시거니와 항상 내 기도에 쉬지 않고 너희를 말하며
시 122 : 6 　　예루살렘을 위하여 평안을 구하라 예루살렘을 사랑하는 자는 형통
　　　　　　하리로다

2) 교역자를 위하여 기도함

바울은 자기를 포함한 교역자들을 위하여 교인들이 기도해 주기를 부탁했다(골 4 : 3-4; 롬 15 : 30; 살전 5 : 25; 엡 6 : 19-20; 고후 1 : 11).

골 4 : 3-4 　　또한 우리를 위하여 기도하되 하나님이 전도할 문을 우리에게
　　　　　　열어 주사 그리스도의 비밀을 말하게 하시기를 구하라 내가 이것을
　　　　　　인하여 매임을 당하였노라 그리하면 내가 마땅히 할 말로써 이

	비밀을 나타내리라
롬 15 : 30	형제들아 내가 우리 주 예수 그리스도로 말미암고 성령의 사랑으로 말미암아 너희를 권하노니 너희 기도에 나와 힘을 같이하여 나를 위하여 하나님께 빌어
살전 5 : 25	형제들아 우리를 위하여 기도하라
엡 6 : 19-20	또 나를 위하여 구할 것은 내게 말씀을 주사 나로 입을 벌려 복음의 비밀을 담대히 알리게 하옵소서 할 것이니 이 일을 위하여 내가 쇠사슬에 매인 사신이 된 것은 나로 이 일에 당연히 할 말을 담대히 하게 하려 하심이니라
고후 1 : 11	너희도 우리를 위하여 간구함으로 도우라 이는 우리가 많은 사람의 기도로 얻은 은사를 인하여 많은 사람도 우리를 위하여 감사하게 하려 함이라

3) 병든 신자를 위하여 기도함

교인 중에 병든 자는 교회의 장로들을 청하여 기도하라고 하였다. 교회의 장로들(교회의 어른들)은 병자를 찾아가 기도해 주어야 한다(약 5 : 14). 구약에는 히스기야가 병들었을 때에 이사야가 심방하였다(왕하 20장 참조).

약 5 : 14	너희 중에 병든 자가 있느냐 저는 교회의 장로들을 청할 것이요 그들은 주의 이름으로 기름을 바르며 위하여 기도할지니라

4) 전도의 문이 열리기를 기도함

바울은 교인들에게 자기와 자기의 동역자들을 위해 기도하되 특히 복음 전파의 길이 열리기를 기도해 달라고 부탁하였다(골 4 : 3-4; 고전 16 : 9; 고후 2 : 12 참조)

골 4 : 3-4	또한 우리를 위하여 기도하되 하나님이 전도할 문을 우리에게 열어 주사 그리스도의 비밀을 말하게 하시기를 구하라 내가 이것을 인하여 매임을 당하였노라 그리하면 내가 마땅히 할말로써 이 비밀을 나타내리라

5) 모든 교인을 위하여 기도함

바울은 동족의 영혼을 자신보다 더 사랑하였다(롬 9 : 3). 그러기 때문에 유대 민족을 위하여 근심 중에 기도하였으며(롬 16 : 27), 그는 또한 갈라디아와 고린도교회를 위하여 기도하였다(갈 1 : 3,6 : 18; 고전 1 : 3; 고후 1 : 2,13 : 13). 빌립보교회를 위해서는 더욱 큰 기쁨으로 기도하였다(빌 1 : 4).

롬 9 : 3	나의 형제 곧 골육의 친척을 위하여 내 자신이 저주를 받아 그리스도에게서 끊어질지라도 원하는 바로 라
롬 16 : 27	지혜로우신 하나님께 예수 그리스도로 말미암아 영광이 세세 무궁토록 있을지어다 아멘
갈 1 : 3	우리 하나님 아버지와 주 예수 그리스도로 좇아 은혜와 평강이 있기를 원하노라
갈 6 : 18	형제들아 우리 주 예수 그리스도의 은혜가 너희 심령에 있을지어다 아멘
고전 1 : 3	하나님 우리 아버지와 주 예수 그리스도로 좇아 은혜와 평강이 있기를 원하노라
고후 1 : 2	하나님 우리 아버지와 주 예수 그리스도로 좇아 은혜와 평강이 있기를 원하노라
고후 13 : 13	주 예수 그리스도의 은혜와 하나님의 사랑과 성령의 교통하심이 너희 무리와 함께 있을지어다
빌 1 : 4	간구할 때마다 너희 무리를 위하여 기쁨으로 항상 간구함은

3. 국가적 기도의 범위

성경에 나타난 국가적 기도의 범위는 통치자와 백성들, 국가의 안녕과 평화를 위하여서 기도하였다.

1) 통치자를 위하여 기도함

교회와 그리스도인은 모든 사람을 위하여 기도하되 임금과 높은 지위에 있는 사람들을 위해서 기도해야 된다(딤전 2 : 1-2; 왕상 13 : 6).

딤전 2 : 1-2 ··· 모든 사람을 위하여 간구와 기도와 도고와 감사를 하되 임금들과 높은 지위에 있는 모든 사람을 위하여 하라 이는 우리가 모든 경건과 단정한 중에 고요하고 평안한 생활을 하려 함이니라

왕상 13 : 6 왕이 하나님의 사람에게 말하여 가로되 청컨대 너는 나를 위하여 네 하나님 여호와께 은혜를 구하여 내 손으로 다시 성하게 기도하라 하나님의 사람이 여호와께 은혜를 구하니 왕의 손이 다시 성하여 전과 같이 되니라

2) 백성을 위하여 기도함

사무엘은 백성들을 위하여 하나님께 기도하기를 힘썼고(삼상 7 : 5-6), 이스라엘 백성들은 사무엘에게 이르되 여호와 하나님께 쉬지 말고 기도해 달라고 하였다(삼상 7 : 7-8 참조). 사무엘은 백성들을 위해 기도하기를 쉬는 죄를 결단코 범치 않겠다고 약속하였다(삼상 12 : 23).

삼상 7 : 5-6 사무엘이 가로되 온 이스라엘은 미스바로 모이라 내가 너희를 위하여 여호와께 기도하리라 하매 그들이 미스바에 모여 물을 길어 여호와 앞에 붓고 그날에 금식하고 거기서 가로되 우리가 여호와께 범죄하였나이다 하니라 사무엘이 미스바에서 이스라엘 자손을 다스리니라

삼상 12 : 23 나는 너희를 위하여 기도하기를 쉬는 죄를 여호와 앞에 결단코 범치 아니하고 선하고 의로운 도로 너희를 가르칠 것인즉

3) 국태 민안을 위하여 기도함

구약에 국태 민안(國泰民安)을 위하여 기도한 사실이 있으며(왕상 8 : 37-40, 44-45), 신약에서는 예수 그리스도께서 교훈하시기를 난리가 나서 겨울이나 안식일에 도망가는 일이 생기지 않도록 기도하라고 하셨다(마 24 : 20). 에스겔은 예언하기를 "이 땅을 위하여 성을 쌓으며 성 무너진 데를 막아서서 나로 멸하지 못하게 할 사람(대도자 ; 代禱者)을 내가 그 가운데서 찾다가 얻지 못한 고로 내가 내분으로 그 위에 쏟으며 내 진노의 불로 멸하여 그 행위대로 그 머리에 보응하였느니라"고 하였다(겔 22 : 30-31).

왕상 8 : 37-40	만일 이 땅에 기근이나 온역이 있거나 곡식이 시들거나 깜부기가 나거나 메뚜기나 황충이 나거나 적국이 와서 성읍을 에워싸거나 무슨 재앙이나 무슨 질병이 있든지 무론하고 한 사람이나 혹 주의 온 백성 이스라엘이 다 각각 자기의 마음에 재앙을 깨닫고 이 전을 향하여 손을 펴고 무슨 기도나 무슨 간구를 하거든 주는 계신 곳 하늘에서 들으시고 사유하시며 각 사람의 마음을 아시오니 그 모든 행위대로 행하사 갚으시옵소서 주만 홀로 인생의 마음을 다 아심이니이다 그리하시면 저희가 주께서 우리 열조에게 주신 땅에서 사는 동안에 항상 주를 경외하리이다
왕상 8 : 44-45	주의 백성이 그 적국으로 더불어 싸우고자 하여 주의 보내신 길로 나갈 때에 저희가 주의 빼신 성과 내가 주의 이름을 위하여 건축한 전 있는 편을 향하여 여호와께 기도하거든 주는 하늘에서 저희의 기도와 간구를 들으시고 그 일을 돌아보옵소서
마 24 : 20	너희의 도망하는 일이 겨울에나 안식일에 되지 않도록 기도하라

4. 타인에 대한 범위

1) 친구를 위하여 기도함

욥은 자기 친구들을 위하여 기도하였다(욥 42 : 10). 하나님께서는 욥이 그의 친구들을 위하여 참된 기도를 할 줄 아시고 엘리바스에게 말씀하시기를 "욥이 너희를 위하여 기도할 것인즉 내가 그를 기쁘게 받으리니"라고 하셨다(욥 42 : 8).

욥 42 : 10	욥이 그 벗들을 위하여 빌매 여호와께서 욥의 곤경을 돌이키시고 욥에게 그전 소유보다 갑절이나 주신지라

2) 방문한 그 집을 위하여 기도함

예수님께서는 제자들에게 뉘집에 들어가든지 그 집의 평안하기를 빌라고 하셨다(마 10 : 12).

마 10 : 12	또 그 집에 들어가면서 평안하기를 빌라

5. 원수에 대한 범위

1) 자기를 핍박하는 자를 위하여 기도함

예수님께서는 "너희 원수를 사랑하며 너희를 핍박하는 자를 위하여 기도하라"고 하셨다(마 5 : 44).

마 5 : 44	나는 너희에게 이르노니 너희 원수를 사랑하며 너희를 핍박하는 자를 위하여 기도하라

2) 자기를 죽이는 자를 위하여 기도함

스데반은 자기를 성 밖에 내치고 돌로 쳐죽이는 원수들을 위하여 "주여 이 죄를 저들에게 돌리지 마옵소서"라고 기도한 후 운명하였다(행 7 : 57-60). 이는 그리스도의 최후 기도와 유사(類似)하다(눅 23 : 34).

행 7 : 59-60	저희가 돌로 스데반을 치니 스데반이 부르짖어 가로되 주 예수여 내 영혼을 받으시옵소서 하고 무릎을 꿇고 크게 불러 가로되 주여 이 죄를 저들에게 돌리지 마옵소서 이말을 하고 자니라
눅 23 : 34	이에 예수께서 가라사대 아버지여 저희를 사하여 주옵소서 자기의 하는 것을 알지 못함이니이다 하시더라 저희가 그의 옷을 나눠 제비 뽑을 새

3) 원수를 위하여 기도함

예수님께서는 원수들의 죄를 사하여 달라고 기도하셨고(눅 23 : 34), 다윗은 원수들이 병들었을 때 저들을 위하여 금식 기도를 하였다(시 35 : 13).

눅 23 : 34	이에 예수께서 가라사대 아버지여 저희를 사하여 주옵소서 자기의 하는 것을 알지 못함이니이다 하시더라 저희가 그의 옷을 나눠 제비 뽑을 새
시 35 : 13	나는 저희가 병들었을 때에 굵은 베옷을 입으며 금식하여 내 영혼을 괴롭게 하였더니 내 기도가 내 품으로 돌아왔도다

II. 기도의 응답

1. 구약에 나타난 기도 응답의 약속

1) 아삽에게 약속하심

하나님께서는 아삽을 통하여 성도들이 밤낮 찾아 나와 기도하면 기뻐 열납하시고 응답해 주실 것을 약속하셨다(시 50 : 15).

> 시 50 : 15　　환난 날에 나를 부르라 내가 너를 건지리니 네가 나를 영화롭게 하리로다

2) 솔로몬에게 약속하심

하나님께서는 꿈에 솔로몬에게 나타나시어 "내가 네게 무엇을 줄꼬 너는 구하라"고 하셨으니 무엇이든지 필요한 것은 기도하면 주시겠다는 말씀이다(왕상 3 : 5).

> 왕상 3 : 5　　기브온에서 밤에 여호와께서 솔로몬의 꿈에 나타나시니라 하나님이 이르시되 내가 네게 무엇을 줄꼬 너는 구하라

3) 욥에게 약속하심

수아 사람 빌닷이 욥에게 이르기를 "네가 만일 하나님을 부지런히 구하며 전능하신 이에게 빌고 또 청결하고 정직하면 정령 너를 돌아보시고 네 의로운 집으로 형통하게 하실 것이라 네 시작은 미약하였으나 네 나중은 심히 창대하리라"고 하였다(욥 8 : 5-7).

2. 신약에 나타난 기도 응답의 약속

1) 마태복음의 약속

예수님께서 이르시되 기도로 "구하면 얻을 것이요 찾으면 찾을 것이요 문을 두드리면 열릴 것이니라"고 하셨다(마 7 : 7-8). 그리고 또 믿음으로 기도하면 "산더러 들려 바다에 던지우라 하여도 될 것"이라고 하셨다(마 21 : 21-22).

마 7 : 7-8	구하라 그러면 너희에게 주실 것이요 찾으라 그러면 찾을 것이요
	문을 두드리라 그러면 너희에게 열릴 것이니 구하는 이마다 얻을
	것이요 찾는 이가 찾을 것이요 두드리는 이에게 열릴 것이니라
마 21 : 21-22	예수께서 대답하여 가라사대 내가 진실로 너희에게 이르노니 만일
	너희가 믿음이 있고 의심치 아니하면 이 무화과나무에게 된 이런
	일만 할뿐 아니라 이 산더러 들려 바다에 던지우라 하여도 될 것이요
	너희가 기도할 때에 무엇이든지 믿고 구하는 것은 다 받으리라
	하시니라

2) 마가복음의 약속

예수께서 우리가 기도하고 그 기도한 것을 받은 줄 믿으면 그대로 되리라고 하셨다(막 11 : 24).

| 막 11 : 24 | 그러므로 내가 너희에게 말하노니 무엇이든지 기도하고 구하는 |
| | 것은 받은 줄로 믿으라 그리하면 너희에게 그대로 되리라 |

3) 요한복음의 약속

신자가 무엇이든지 주 예수의 이름으로 구하면 하나님께서 들으시고 다 시행하시리라고 약속하셨다(요 14 : 13-14).

요 14 : 13-14	너희가 내 이름으로 무엇을 구하든지 내가 시행하리니 이는
	아버지로 하여금 아들을 인하여 영광을 얻으시게 하려 함이라
	내 이름으로 무엇이든지 내게 구하면 시행하리라

4) 사도들의 권면

(1) 사도 바울은 "아무 것도 염려하지 말고 오직 모든 일에 기도와 간구로 너희 구할 것을 감사함으로 하나님께 아뢰라 그리하면 모든 지각에 뛰어난 하나님의 평강이 그리스도 예수 안에서 너희 마음과 생각을 지키시리라"고 하였다(빌 4 : 6-7).

(2) 바울은 또 "쉬지 말고 기도하라"고 권면하였다(살전 5 : 17).

(3) 베드로 사도는 "만물의 마지막이 가까왔으니 그러므로 너희는 정신을 차리고 근신하여 기도하라"고 하였다(벧전 4 : 7).

(4) 야고보 사도는 "너희 중에 고난당하는 자가 있느냐 저는 기도할 것이요··· 너희 중에 병든 자가 있느냐 저는 교회의 장로들을 청할 것이요 그들은 주의 이름으로 기름을 바르며 위하여 기도할지니라 믿음의 기도는 병든 자를 구원하리니 주께서 저를 일으키시리라"고 하였다(약 5 : 13-15).

3. 응답되지 않는 기도

하나님께서는 거룩하시고 자비하시고 선한 목적을 가지고 계시며 무한히 현명하시기 때문에 아무 기도나 다 들으시고 이루어 주시지는 않는다. 성경에서 말하는 응답되지 않는 기도는 아래와 같다.

1) 정욕을 위한 기도

주께서 무엇이든지 구하면 주시리라고 약속하신 것은 사실이다(마 7 : 7). 그러나 그 기도가 세상적 쾌락이나 죄악적 향락을 위해 "정욕으로 쓰려고 잘못 구할 때"는 응답하지 않으신다(약 4 : 3). 야고보가 말한 "잘못"은 "보다 더 악하게" 라는 뜻이다. 그러므로 정욕으로 쓰려고 구하는 것은 단지 잘못이 아니라 악한 것이다.

마 7 : 7	구하라 그러면 너희에게 주실 것이요 찾으라 그러면 찾을 것이요 문을 두드리라 그러면 너희에게 열릴 것이니
약 4 : 3	구하여도 받지 못함은 정욕으로 쓰려고 잘못 구함이니라

2) 죄악을 품은 기도

죄악을 마음에 품고 회개치 않으며 악한 생각을 가지고 하는 기도는 응답되지 않는다(요 9 : 31; 시 66 : 18; 사 59 : 1-12, 1 : 15).

요 9 : 31	하나님이 죄인을 듣지 아니하시고 경건하여 그의 뜻대로 행하는 자는 들으시는 줄을 우리가 아나이다
시 66 : 18	내가 내 마음에 죄악을 품으면 주께서 듣지 아니하시리라
사 59 : 1-12	여호와의 손이 짧아 구원치 못하심도 아니요 귀가 둔하여 듣지 못하심도 아니라 오직 너희 죄악이 너희와 너희 하나님 사이를 내었고 너희 죄가 그 얼굴을 가리워서 너희를 듣지 않으시게 함이니 이는 너희 손이 피에 너희 손가락이 죄악에 더러웠으며 너희 입술은 거짓을 말하며 너희 혀는 악독을 발함이라 공의대로 소송하는 자도 없고 진리대로 판결하는 자도 없으며 허망한 것을 의뢰하며 거짓을 말하며 잔해를 잉태하여 죄악을 생산하며 독사의 알을 품으며 거미줄을 짜나니 그 알을 먹는 자는 죽을 것이요 그 알이 밟힌즉 터져서 독사가 나올 것이니라 그 짠것으로는 옷을 이룰 수 없을 것이요 그 행위로는 죄악의 행위라 그 손에는 강포한 행습이 있으며 그 발은 행악하기에 빠르고 무죄한 피를 흘리기에 신속하며 그 사상은 죄악의 사상이라 황폐와 파멸 그 길에 끼쳐졌으며 그들은 평강의 길을 알지 못하며 그들의 행하는 곳에는 공의가 없으며 굽은 길을 스스로 만드나니 무릇 이 길을 밟는 자는 평강을 알지 못하느니라 그러므로 공평이 우리에게서 멀고 의가 우리에게 미치지 못한즉 우리가 빛을 바라나 어두움 뿐이요 밝은 것을 바라나 캄캄한 가운데 행하므로 우리가 소경 같이 담을 더듬으며 눈 없는 자같이 두루 더듬으며 낮에도 황혼 때같이 넘어지니 우리는 강장한 자중에서도 죽은 자 같은지라 우리가 곰같이 부르짖으며 비둘기 같이 슬피 울며 공평을 바라나 없고 구원을 바라나 우리에게서 멀도다 대저 우리의 허물이 주의 앞에 심히 많으며 우리의 죄가 우리를 쳐서 증거하오니 이는 우리의 허물이 우리와 함께 있음이라 우리의 죄악을 우리가 아나이다
사 1 : 15	너희가 손을 펼 때에 내가 눈을 가리우고 너희가 많이 기도할지라도 내가 듣지 아니하리니 이는 너희의 손에 피가 가득함이니라

3) 율법 거역자의 기도

하나님의 말씀에 불순종하는 자의 기도와 하나님의 명령을 거역하는 자의 기도는 응답되지 아니한다(잠 28 : 9; 신 1 : 45).

| 잠 28 : 9 | 사람이 귀를 돌이키고 율법을 듣지 아니하면 그의 기도도 가증하니라 |
| 신 1 : 45 | 너희가 돌아와서 여호와 앞에서 통곡하나 여호와께서 너희의 소리를 듣지 아니하시며 너희에게 귀를 기울이지 아니하셨으므로 |

4) 마음이 떠난 자의 기도

하나님으로부터 마음이 멀어진 자의 기도는 응답되지 아니한다(사 59 : 2).

| 사 59 : 2 | 오직 너희 죄악이 너희와 너희 하나님 사이를 내었고 너희 죄가 그 얼굴을 가리워서 너희를 듣지 않으시게 함이니 |

5) 어그러진 길가는 자의 기도

하나님 보시기에 "어그러진 길을 사랑하여 그 발을 금하지 않는 자"의 기도는 응답되지 아니한다(렘 14 : 10-12).

| 렘 14 : 10-12 | 여호와께서 이 백성에 대하여 말씀하시되 그들이 어그러진 길을 사랑하여 그 발을 금하지 아니하므로 나 여호와가 그들을 받지 아니하고 이제 그들의 죄를 기억하고 그 죄를 벌하리라 하시고 여호와께서 또 내게 이르시되 너는 이 백성을 위하여 복을 구하지 말라 그들이 금식할지라도 내가 그 부르짖음을 듣지 아니하겠고 번제와 소제를 드릴지라도 내가 그것을 받지 아니할 뿐 아니라 칼과 기근과 염병으로 그들을 멸하리라 |

6) 무성의한 제물을 드리는 기도

하나님 보시기에 인색하고, 무가치하고, 정성이 결여된 제물을 드리고 기도하면 응답하지 않으신다(말 1 : 7-9).

| 말 1 : 7-9 | 너희가 더러운 떡을 나의 단에 드리고도 말하기를 우리가 어떻게 |

주를 더럽게 하였나이까 하는도다 이는 너희가 주의 상은 경멸히
여길 것이라 말함을 인함이니라 만군의 여호와가 이르노라 너희가
눈 먼 희생으로 드리는 것이 어찌 악하지 아니하며 저는 것 병든 것
으로 드리는 것이 어찌 악하지 아니하냐 이제 그것을 너희 총독에게
드려보라 그가 너를 기뻐하겠느냐 너를 가납하겠느냐 만군의
여호와가 이르노라 너희는 나 하나님께 은혜를 구하기를 우리를
긍휼히 여기소서 하여 보라 너희가 이같이 행하였으니 내가
너희 중 하나인들 받겠느냐

7) 사람에게 보이려는 기도

사람에게 보이려고 하는 형식적이고 외식적인 기도는 응답을 받지 못한다(마
6 : 5-6, 21 : 21-22).

마 6 : 5-6 또 너희가 기도할 때에 외식하는 자와 같이 되지 말라 저희는
사람에게 보이려고 회당과 큰 거리 어귀에 서서 기도하기를 좋아
하느니라 내가 진실로 너희에게 이르노니 저희는 자기 상을 이미
받았느니라 너는 기도할 때에 네 골방에 들어가 문을 닫고 은밀한
중에 계신 네 아버지께 기도하라 은밀한 중에 보시는 네 아버지께서
갚으시리라

마 21 : 21-22 예수께서 대답하여 가라사대 내가 진실로 너희에게 이르노니 만일
너희가 믿음이 있고 의심치 아니하면 이 무화과나무에게 된 이런
일만 할 뿐 아니라 이 산더러 들려 바다에 던지우라 하여도
될 것이요 너희가 기도 할 때에 무엇이든지 믿고 구하는 것은 다
받으리라 하시니라

8) 자랑하는 기도

금식과 십일조와 자기 의(義)를 자랑하는 기도는 하나님께서 응답하지 않으신
다(눅 18 : 11-14).

눅 18 : 11-14 바리새인은 서서 따로 기도하여 가로되 하나님이여 나는 다른

사람들 곧 토색 불의 간음을 하는 자들과 같지 아니하고 이 세리와도
같지 아니함을 감사하나이다 나는 이레에 두번씩 금식하고 또
소득의 십일조를 드리나이다 하고 세리는 멀리 서서 감히 눈을
들어 하늘을 우러러보지도 못하고 다만 가슴을 치며 가로되
하나님이여 불쌍히 여기옵소서 나는 죄인이로소이다 하였느니라
내가 너희에게 이르노니 이 사람이 저보다 의롭다 하심을 받고
집에 내려갔느니라 무릇 자기를 높이는 자는 낮아지고 자기를
낮추는 자는 높아지리라 하시니라

9) 의심하는 기도

의심을 가지고 하는 기도나, 두 마음을 품은 기도는 응답되지 않는다(약 1 : 6-7). 성경에 "오직 믿음으로 구하고 조금도 의심하지 말라"(약 1 : 6)고 한 것은 기도의 절대적 조건이다(막 11 : 23; 마 21 : 23 참조).

약 1 : 6-7 　　　오직 믿음으로 구하고 조금도 의심하지 말라 의심하는 자는 마치
바람에 밀려 요동하는 바다 물결 같으니 이런 사람은 무엇이든지
주께 얻기를 생각하지 말라

10) 배우자를 경시하는 자의 기도

자기의 남편이나 아내를 귀히 여기지 않고 경멸하고 박대하는 마음을 가진 자의 기도는 응답하지 않으신다(벧전 3 : 7). 그 이유는 아내(혹은 남편)를 경멸하고 박대하는 마음에서 진정한 기도가 나올 수 없기 때문이다.

벧전 3 : 7 　　　남편된 자들아 이와 같이 지식을 따라 너희 아내와 동거하고 저는
더 연약한 그릇이요 또 생명의 은혜를 유업으로 함께 받을 자로
알아 귀히 여기라 이는 너희 기도가 막히지 아니하게 하려 함이라

11) 형제와 불화 중의 기도

예수님께서 교훈하시기를 제단에 제물을 바치기 전에 형제와의 불화를 먼저 해결하라고 하셨다. 형제나 이웃에 대하여 미움이나 원한을 품은 채 드리는 기도는

응답되지 아니한다(마 5 : 23-24; 막 11 : 25).

> 마 5 : 23-24 그러므로 예물을 제단에 드리다가 거기서 네 형제에게 원망들을 만한
> 일이 있는줄 생각나거든 예물을 제단 앞에 두고 먼저 가서 형제와
> 화목하고 그 후에 와서 예물을 드리라
> 막 11 : 25 서서 기도할 때에 아무에게나 혐의가 있거든 용서하라 그리하여야
> 하늘에 계신 너희 아버지도 너희 허물을 사하여 주시리라 하셨더라

12) 중언부언하는 기도

함부로 지껄이는 기도(전 5 : 2)나, 중언부언하는 기도는 응답되지 아니한다(마 6 : 7; 행 8 : 18-23). 진지하지 못한 기도, 즉 중심에 진정한 열망이 없이 무의미한 말만을 반복하는 형식적 기도를 하나님께서 들으실 리가 없다.

> 전 5 : 2 너는 하나님 앞에서 함부로 입을 열지 말며 급한 마음으로 말을
> 내지 말라 하나님은 하늘에 계시고 너는 땅에 있음이니라 그런즉
> 마땅히 말을 적게 할 것이라
> 마 6 : 7 또 기도할 때에 이방인과 같이 중언부언하지 말라 저희는 말을
> 많이 하여야 들으실 줄 생각하느니라
> 행 8 : 18-23 시몬이 사도들의 안수함으로 성령받는 것을 보고 돈을 드려 가로되
> 이 권능을 내게도 주어 누구든지 내가 안수하는 사람은 성령을
> 받게 하여 주소서 하니 베드로가 가로되 네가 하나님의 선물을
> 돈 주고 살 줄로 생각하였으니 네 은과 네가 함께 망할지어다 하나님
> 앞에서 네 마음이 바르지 못하니 이 도에는 네가 관계도 없고 분깃
> 될 것도 없느니라 그러므로 너의 이 악함을 회개하고 주께 기도하라
> 혹 마음에 품은 것을 사하여 주시리라 내가 보니 너는 악독이 가득
> 하며 불의에 매인 바 되었도다

4. 응답되는 기도

1) 회개자의 기도

하나님께 진정 회개하며 드리는 기도는 반드시 응답을 받는다(요일 1 : 9; 요

9 : 31; 삼하 12 : 15-18; 사 1 : 15; 약 5 : 16).

요일 1 : 9	만일 우리가 우리 죄를 자백하면 저는 미쁘시고 의로우사 우리 죄를 사하시며 모든 불의에서 우리를 깨끗케 하실 것이요
요 9 : 31	하나님이 죄인을 듣지 아니하시고 경건하여 그의 뜻대로 행하는 자는 들으시는 줄을 우리가 아나이다
삼하 12 : 15-18	나단이 자기 집으로 돌아가니라 우리아의 처가 다윗에게 낳은 아이를 여호와께서 치시매 심히 앓는지라 다윗이 그 아이를 위하여 하나님께 간구하되 금식하고 안에 들어가서 밤새도록 땅에 엎드렸으니 그 집의 늙은 자들이 곁에 이르러 다윗을 일으키려 하되 왕이 듣지 아니하고 저희로 더불어 먹지도 아니하더라 이레만에 그 아이가 죽으니라…
사 1 : 15	너희가 손을 펼 때에 내가 눈을 가리우고 너희가 많이 기도할지라도 내가 듣지 아니하리니 이는 너희의 손에 피가 가득함이니라
약 5 : 16	이러므로 너희 죄를 서로 고하며 병 낫기를 위하여 서로 기도하라 의인의 간구는 역사하는 힘이 많으니라

2) 겸손한 자의 기도

하나님께서 바리새인과 같이 교만한 자의 기도는 물리치시고, 세리와 같이 겸손한 자의 기도를 들으신다(눅 18 : 13-14; 약 4 : 6; 벧전 5 : 5; 대하 26 : 5).

눅 18 : 13-14	세리는 멀리서서 감히 눈을 들어 하늘을 우러러보지도 못하고 다만 가슴을 치며 가로되 하나님이여 불쌍히 여기옵소서 나는 죄인이로소이다 하였느니라 내가 너희에게 이르노니 이 사람이 저보다 의롭다 하심을 받고 집에 내려갔느니라 무릇 자기를 높이는 자는 낮아지고 자기를 낮추는 자는 높아지리라 하시니라
약 4 : 6	그러나 더욱 큰 은혜를 주시나니 그러므로 일렀으되 하나님이 교만한 자를 물리치시고 겸손한 자에게 은혜를 주신다 하였느니라
벧전 5 : 5	젊은 자들아 이와 같이 장로들에게 순복하고 다 서로 겸손으로 허리를 동이라 하나님이 교만한 자를 대적하시되 겸손한 자들에게는 은혜를 주시느니라

대하 26 : 5　　　　하나님의 묵시를 밝히 아는 스가랴의 사는 날에 하나님을 구하였고
　　　　　　　　　저가 여호와를 구할 동안에는 하나님이 형통케 하셨더라

3) 하나님 뜻대로 구하는 기도

선하신 하나님을 믿고 하나님의 뜻대로 구하는 기도는 반드시 응답되어진다(마 26 : 39; 요일 5 : 14).

마 26 : 39　　　　조금 나아가사 얼굴을 땅에 대시고 엎드려 기도하여 가라사대
　　　　　　　　　내 아버지여 만일 할만 하시거든 이 잔을 내게서 지나가게 하옵소서
　　　　　　　　　그러나 나의 원대로 마옵시고 아버지의 원대로 하옵소서 하시고
요일 5 : 14　　　그를 향하여 우리의 가진 바 담대한 것이 이것이니 그의 뜻대로
　　　　　　　　　무엇을 구하면 들으심이라

4) 의인의 기도

하나님께서는 의인의 기도를 들으신다(창 18 : 22-23, 19 : 12-17, 15 : 29). 그러므로 야고보는 "의인의 기도는 역사 하는 힘이 많으니라"고 하였다(약 5 : 17; 왕상 18 : 42-45; 시 34 : 15-17).

창 18 : 22-23　　그 사람들이 거기서 떠나 소돔으로 향하여 가고 아브라함은 여호와
　　　　　　　　　앞에 그대로 섰더니 가까이 나아가 가로되 주께서 의인을 악인과
　　　　　　　　　함께 멸하시려나이까
창 19 : 12-17　　그 사람들이 롯에게 이르되 이 외에 네게 속한 자가 또 있느냐
　　　　　　　　　네 사위나 자녀나 성중에 네게 속한 자들을 다 성 밖으로 이끌어
　　　　　　　　　내라 그들에 대하여 부르짖음이 여호와 앞에 크므로 여호와께서
　　　　　　　　　우리로 이곳을 멸하려 보내셨나니 우리가 멸하리라 롯이 나가서
　　　　　　　　　그 딸들과 정혼한 사위들에게 고하여 이르되 여호와께서 이 성을
　　　　　　　　　멸하실터이니 너희는 일어나 이곳에서 떠나라 하되 그 사위들이
　　　　　　　　　농담으로 여겼더라 동틀 때에 천사가 롯을 재촉하여 가로되 일어나
　　　　　　　　　여기 있는 네 아내와 두 딸을 이끌라 이 성의 죄악 중에 함께
　　　　　　　　　멸망할까 하노라 그러나 롯이 지체하매 그 사람들이 롯의 손과

	그 아내의 손과 두 딸의 손을 잡아 인도하여 성 밖에 두니
	여호와께서 그에게 인자를 더하심이었더라 그 사람들이 그들을
	밖으로 이끌어낸 후에 이르되 도망하여 생명을 보존하라 돌아보거나
	들에 머무르거나 하지 말고 산으로 도망하여 멸망함을 면하라
잠 15 : 29	여호와는 악인을 멀리하시고 의인의 기도를 들으시느니라
약 5 : 17	엘리야는 우리와 성정이 같은 사람이로되 저가 비 오지 않기를
	간절히 기도한즉 삼년 육개월 동안 땅에 비가 아니 오고
왕상 18 : 42-45	아합이 먹고 마시러 올라가니라 엘리야가 갈멜산 꼭대기로 올라가서
	땅에 꿇어 엎드려 그 얼굴을 무릎 사이에 넣고 그 사환에게 이르되
	올라가 바다편을 바라보라 저가 올라가 바라보고 고하되 아무
	것도 없나이다 가로되 일곱 번까지 다시 가라 일곱 번째 이르러서는
	저가 고하되 바다에서 사람의 손만한 작은 구름이 일어나나이다
	가로되 올라가 아합에게 고하기를 비에 막히지 아니하도록 마차를
	갖추고 내려가소서 하라 하니라 조금 후에 구름과 바람이 일어나서
	하늘이 캄캄하여지며 큰비가 내리는지라 아합이 마차를 타고
	이스르엘로 가니
시 34 : 15-17	여호와의 눈은 의인을 향하시고 그 귀는 저희 부르짖음에
	기울이시는도다 여호와의 얼굴은 행악하는 자를 대하사 저희의
	자취를 땅에서 끊으려 하시는 도다 의인이 외치매 여호와께서
	들으시고 저희의 모든 환난에서 건지셨도다

5) 주님 안에 있는 자의 기도

예수님께서는 주님 안에 있는 자, 즉 그리스도 안에 거하고 그리스도의 말씀이 그 마음속에 있는 자는 무엇을 구하든지 다 들으시고 시행하시리라고 약속하셨다 (요 15 : 7; 요일 3 : 24).

요 15 : 7	너희가 내 안에 거하고 내 말이 너희 안에 거하면 무엇이든지 원하는
	대로 구하라 그리하면 이루리라
요일 3 : 24	그의 계명들을 지키는 자는 주안에 거하고 주는 저 안에 거하시나니
	우리에게 주신 성령으로 말미암아 그가 우리 안에 거하시는 줄을
	우리가 아느니라

6) 믿음으로 구하는 기도

살아 계신 하나님, 전능하시고 자비가 무한하신 하나님께서 긍휼히 여기시리라는 확실한 믿음으로 드리는 기도는 반드시 응답되어진다(약 1 : 6; 마 21 : 22).

약 1 : 6   오직 믿음으로 구하고 조금도 의심하지 말라 의심하는 자는 마치 바람에 밀려 요동하는 바다 물결 같으니

마 21 : 22   너희가 기도할 때에 무엇이든지 믿고 구하는 것은 다 받으리라 하시니라

7) 예수 이름으로 구하는 기도

우리의 중보(仲保)되시고 구속주(救贖主)이신 예수 그리스도의 이름으로 구하는 기도는 모두 다 응답을 받는다(요 14 : 14, 16 : 23).

요 14 : 14   내 이름으로 무엇이든지 내게 구하면 내가 시행하리라

요 16 : 23   그 날에는 너희가 아무 것도 내게 묻지 아니하리라 내가 진실로 진실로 너희에게 이르노니 너희가 무엇이든지 아버지께 구하는 것을 내 이름으로 주시리라

8) 주님을 기쁘게 하는 자의 기도

경건한 생활을 하며 주님을 기쁘시게 하는 자의 기도가 하늘에 상달된다(행 10 : 2; 잠 15 : 8; 시 145 : 19, 32 : 6, 마5 : 7; 요일 3 : 22; 시 19 : 14).

행 10 : 2   그가 경건하여 온 집으로 더불어 하나님을 경외하며 백성을 많이 구제하고 하나님께 항상 기도하더니

잠 15 : 8   악인의 제사는 여호와께서 미워하셔도 정직한 자의 기도는 그가 기뻐하시느니라

시 145 : 19   저는 자기를 경외하는 자의 소원을 이루시며 또 저희 부르짖음을 들으사 구하시리로다

시 32 : 6   이로 인하여 무릇 경건한 자는 주를 만날 기회를 타서 주께 기도할지라 진실로 홍수가 범람할지라도 저에게 미치지 못하리이다

마 5 : 7   긍휼히 여기는 자는 복이 있나니 저희가 긍휼히 여김을 받을
               것임이요

요일 3 : 22   무엇이든지 구하는 바를 그에게 받나니 이는 우리가 그의 계명들을
               지키고 그 앞에서 기뻐하시는 것을 행함이라

시 19 : 14   나의 반석이요 나의 구속자이신 여호와여 내 입의 말과 마음의
               묵상이 주의 앞에 열납되기를 원하나이다

III. 기도 응답의 형태

무한히 의롭고 진실하신 하나님께서는 식언(食言)치 아니하신다(민 23 : 19).
그러므로 하나님께서는 언제나 약속하신 대로 우리의 기도에 응답을 하신다(시
50 : 15; 왕상 3 : 5; 렘 33 : 3; 마 7 : 7-8, 21 : 21-22; 막 11 : 24; 요 14 : 13-
14). 그러나 기도의 응답은 여러 가지 형태로 나타나게 된다. 그러기 때문에 신
자들 가운데는 기도의 응답을 이미 받고서도 알지 못하는 경우가 있는 것이다.

민 23 : 19   하나님은 인생이 아니시니 식언치 않으시고 인자가 아니시니 후회가
               없으시도다 어찌 그 말씀하신 바를 행치 않으시며 하신 말씀을
               실행치 않으시랴

시 50 : 15   환난 날에 나를 부르라 내가 너를 건지리니 네가 나를 영화롭게
               하리로다

왕상 3 : 5   기브온에서 밤에 여호와께서 솔로몬의 꿈에 나타나시니라 하나님이
               이르시되 내가 네게 무엇을 줄고 너는 구하라

렘 33 : 3   너는 내게 부르짖으라 내가 네게 응답하겠고 네가 알지 못하는
               크고 비밀한 일을 네게 보이리라

마 7 : 7-8   구하라 그러면 너희에게 주실 것이요 찾으라 그러면 찾을 것이요
               문을 두드리라 그러면 너희에게 열릴 것이니 구하는 이마다 얻을
               것이요 찾는 이가 찾을 것이요 두드리는 이에게 열릴 것이니라

마 21 : 21-22   예수께서 대답하여 가라사대 내가 진실로 너희에게 이르노니 만일
               너희가 믿음이 있고 의심치 아니하면 이 무화과 나무에게 된 이런
               일만 할뿐 아니라 이 산더러 들려 바다에 던지우라 하여도 될것이요
               너희가 기도할 때에 무엇이든지 믿고 구하는 것은 다 받으리라
               하시니라

막 11 : 24   그러므로 내가 너희에게 말하노니 무엇이든지 기도하고 구하는
                것은 받은 줄로 믿으라 그리하면 너희에게 그대로 되리라
요 14 : 13-14   너희가 내 이름으로 무엇을 구하든지 내가 시행하리니 이는
                아버지로 하여금 아들을 인하여 영광을 얻으시게 하려 함이라
                내 이름으로 무엇이든지 내게 구하면 내가 시행하리라

1. 긍정적인 응답

기도 응답의 제1형태는 긍정적인 응답, 즉 "Yes"형의 응답이다. 예를 들면 하나님께서는 히스기야의 기도를 들으시고 긍정적인 응답을 하셨다. 즉 "내가 네 기도를 들었고 네 눈물을 보았노라 내가 너를 낫게 하리니 네가 삼일만에 여호와의 전에 올라가겠고 내가 네 날을 십오 년을 더할 것이며" 라고 하셨다(왕하 20 : 5-6).

왕하 20 : 5-6   너는 돌아가서 내 백성의 주권자 히스기야에게 이르기를 왕의
                조상 다윗의 하나님 여호와의 말씀이 내가 네 기도를 들었고 네
                눈물을 보았노라 내가 너를 낫게 하리니 네가 삼일 만에 여호와의
                전에 올라가겠고 내가 네 날을 십오 년을 더할 것이며…

2. 부정적 응답

기도 응답의 제2형태는 부정적 응답, 즉 "No"형의 응답이다. 성경에 기도하고 하나님께 "No" 라는 응답을 받은 예는 많다. 즉 모세, 예수님, 바울의 기도가 대표적인 것이다(신 3 : 26-27, 31 : 2; 마 26 : 39; 고후 12 : 8). 그러나 외적으로는 부정적인 응답이 내용적으로는 긍정적인 응답이 되는 수가 많다. 예를 들면 하나님께서 보시기에 우리가 원하는 것이 해로운 것일 때는 "No"하고 부정하시나, 그것이 실은 더 좋은 것을 주시는 것이 된다(마 7 : 11).

모세나 바울이나 예수님의 기도도 외적으로는 부정된 것 같으나 실은 더 좋은 긍정의 결과를 가져온 것이다. 모세는 가나안 복지를 원했지만 하나님께서는 그것을 부정하시고 천국을 주셨고, 바울은 병고침을 받고 가벼운 몸으로 선교하기를 원했지만 하나님께서는 그것을 부정하시고 병고를 참으며 사명을 감당하게 하심으로써 그가 받을 상이 더 크게 하셨다. 그리고 예수님께서는 십자가의 쓴잔이

당신에게서 지나가기를 원했지만 하나님께서는 그것을 부정하시고 오히려 십자가를 질 수 있는 힘과 용기와 믿음을 주심으로 승리케 하신 것이다.

신 3 : 26-27	여호와께서 너희의 연고로 내게 진노하사 내 말을 듣지 아니하시고 내게 이르시기를 그만해도 족하니 이 일로 다시 내게 말하지 말라 너는 비스가산 꼭대기에 올라가서 눈을 들어 동서 남북을 바라고 네 눈으로 그 땅을 보라 네가 이 요단을 건너지 못할 것임이니라
신 31 : 2	곧 그들에게 이르되 내가 오늘날 일백 이십세라 내가 더는 출입하기 능치 못하고 여호와께서도 내게 이르시기를 너는 이 요단을 건너지 못하리라 하셨느니라
마 26 : 39	조금 나아가사 얼굴을 땅에 대시고 엎드려 기도하여 가라사대 내 아버지여 만일 할만 하시거든 이 잔을 내게서 지나가게 하옵소서 그러나 나의 원대로 마옵시고 아버지의 원대로 하옵소서 하시고
고후 12 : 8	이것이 내게서 떠나기 위하여 내가 세 번 주께 간구하였더니
마 7 : 11	너희가 악한 자라도 좋은 것으로 자식에게 줄줄 알거든 하물며 하늘에 계신 너희 아버지께서 구하는 자에게 좋은 것으로 주시지 않겠느냐

3. 대기적 응답

기도 응답의 제3형태는 대기적 응답, 즉 "Wait"형의 응답이다. 하나님께서는 우리의 기도에 대하여 즉시 응답하시지 않고 침묵하심으로써 우리로 하여금 응답을 기다리게 하시는 경우가 있다. 성경에 보면 하나님께서는 자기의 기도에 응답하지 않으시고 침묵만 계속하심에 대하여 원망하고 낙심하는 하박국에게 비록 더딜지라도 기다리면 응하리라고 권고하셨다(합 2 : 3). 이러한 "Wait"형의 응답은 기도하는 바가 이루어짐에 있어서 사람이 바라는 때와 하나님께서 주시고자 하시는 때가 일치하지 않을 때나(요 7 : 3-6; 시 37 : 7), 혹은 기도한 사람의 인내와 믿음을 시험해 보시고자 하실 때에 나타난다(마 15 : 21-28; 막 7 : 25-30).

합 2 : 3	이 묵시는 정한 때가 있나니 그 종말이 속히 이르겠고 결코 거짓되지 아니하리라 비록 더딜지라도 기다리라 지체되지 않고 정녕 응하리라

요 7 : 3-6   그 형제들이 예수께 이르되 당신의 행하는 일을 제자들도 보게
여기를 떠나 유대로 가소서 스스로 나타나기를 구하면서 묻혀서
일하는 사람이 없나니 이 일을 행하려 하거든 자신을 세상에
나타내소서 하니 이는 그 형제들이라도 예수를 믿지 아니함이러라
예수께서 가라사대 내 때는 아직 이르지 아니하였거니와 너희
때는 늘 준비되어 있느니라

시 37 : 7   여호와 앞에 잠잠하고 참아 기다리라 자기 길이 형통하며 악한
꾀를 이루는 자를 인하여 불평하여 말지어다

마 15 : 21-28   예수께서 거기서 나가사 두로와 시돈 지방으로 들어가시니 가나안
여자 하나가 그 지경에서 나와서 소리질러 가로되 주 다윗의
자손이여 나를 불쌍히 여기소서 내 딸이 흉악히 귀신들렸나이다
하되 예수는 한 말씀도 대답지 아니하시니 제자들이 와서 청하여
말하되 그 여자가 우리 뒤에서 소리를 지르오니 보내소서 예수께서
대답하여 가라사대 나는 이스라엘 집의 잃어버린 양 외에는
다른데로 보내심을 받지 아니하였노라 하신대 여자가 와서 예수께
절하며 가로되 주여 저를 도우소서 대답하여 가라사대 자녀의
떡을 취하여 개들에게 던짐이 마땅치 아니하리라 여자가 가로되
주여 옳소이다마는 개들도 제 주인의 상에서 떨어지는 부스러기를
먹나이다 하니 이에 예수께서 대답하여 가라사대 여자야 네 믿음이
크도다 네 소원대로 되리라 하시니 그 시로부터 그의 딸이 나으니라

막 7 : 25-30   이에 더러운 귀신 들린 어린 딸을 둔 한 여자가 예수의 소문을 듣고
곧 와서 그 발아래 엎드리니 그 여자는 헬라인이요 수로보니게
족속이라 자기 딸에게서 귀신 쫓아 주시기를 간구하거늘 예수께서
자녀로 먼저 배불리 먹게 할지니 자녀의 떡을 취하여 개들에게
던짐이 마땅치 아니하니라 여자가 대답하여 가로되 주여 옳소이다
마는 상아래 개들도 아이들의 먹던 부스러기를 먹나이다 예수께서
가라사대 이 말을 하였으니 돌아가라 귀신이 네 딸에게서
나갔느니라 하시매 여자가 집에 돌아가 본즉 아이가 침상에 누웠고
귀신이 나갔더라

Ⅳ. 기도의 실현 형태

우리가 하나님께 기도하여 응답되어지면 그 기구(祈求)한 소원이 여러 가지 형태로 실현되어지는데, 이것을 가리켜 기도의 실현 형태라 한다.

1. 기적적 실현

성경에 보면 기도한 바가 기적적으로 실현되어진 예가 많다. 갈멜산 상에서 엘리야가 기도할 때 불이 하늘에서 내려왔고(왕상 18 : 36-38), 여호와께서 아모리 족속을 이스라엘 자손에게 붙이시던 날 전쟁 중에 여호수아가 기도하니 태양이 멈추었으며(수 10 : 12-14), 베드로가 죽은 다비다(도르가)의 시체를 놓고 기도하니 살아났던 것이다(행 9 : 36-42).

> **왕상 18 : 36-38** 저녁 소제 드릴 때에 이르러 선지자 엘리야가 나아가서 말하되 아브라함과 이삭과 이스라엘의 하나님 여호와여 주께서 이스라엘 중에서 하나님이 되심과 내가 주의 종이 됨과 내가 주의 말씀대로 이 모든 일을 행하는 것을 오늘날 알게 하옵소서 여호와여 내게 응답하옵소서 내게 응답하옵소서 이 백성으로 주 여호와는 하나님이신 것과 주는 저희의 마음으로 돌이키게 하시는 것을 알게 하옵소서 하매 이에 여호와의 불이 내려서 번제물과 나무와 돌과 흙을 태우고 또 도랑의 물을 핥은지라
>
> **수 10 : 12-14** 여호와께서 아모리사람을 이스라엘 자손에게 붙이시던 날에 여호수아가 여호와께 고하되 이스라엘 목전에서 가로되 태양아 너는 기브온 위에 머무르라 달아 너도 아얄론 골짜기에 그리 할지어다 하매 태양이 머물고 달이 그치기를 백성이 그 대적에게 원수를 갚도록 하였느니라 야살의 책에 기록되기를 태양이 중천에 머물러서 거의 종일토록 속히 내려가지 아니하였다 하지 아니하였느냐 여호와께서 사람의 목소리를 들으신 이 같이 날은 전에도 없었고 후에도 없었나니 이는 여호와께서 이스라엘을 위하여 싸우셨음이니라
>
> **행 9 : 36-42** 욥바에 다비다라 하는 여제자가 있으니 그 이름을 번역하면 도르가라 선행과 구제하는 일이 심히 많더니 그때에 병들어 죽으매

시체를 씻어 다락에 뉘우니라 룻다가 욥바에 가까운지라 제자들이
베드로가 거기 있음을 듣고 두 사람을 보내어 지체 말고 오라고
간청하니 베드로가 일어나 저희와 함께 가서 이르매 저희가
데리고 다락에 올라가니 모든 과부가 베드로의 곁에 서서 울며
도르가가 저희와 함께 있을 때에 지은 속옷과 겉옷을 다 내어
보이거늘 베드로가 사람을 다 내어 보내고 무릎을 꿇고 기도하고
돌이켜 시체를 향하여 가로되 다비다야 일어나라 하니 그가 눈을
떠 베드로를 보고 일어나 앉는 지라 베드로가 손을 내밀어 일으키고
성도들과 과부들을 불러 들여 그의 산 것을 보이니 온 욥바 사람이
알고 많이 주를 믿더라

2. 섭리적 실현

기도의 섭리적 실현이라 함은 기도로 구한 사건이 기묘하게 진전되어지면서 모든 것이 합력하여 유익하게 선을 이루게 되는 것을 의미한다(롬 8 : 28). 인간적 생각이나 현실 상황으로는 가망이 없고 절망적이었는데, 모든 일이 묘하게 전개되면서 문제가 해결되고 소원하는 바가 기대 이상으로 좋게 이루어지는 것을 기도의 섭리적 실현이라고 한다. 구약의 요셉의 생애에서 그의 기도의 섭리적 실현을 볼 수 있다(창 37 : 5-7, 9-11, 45 : 7-8). 하나님께서는 섭리 중에 일하신다. 그러므로 신자의 기도도 하나님의 섭리 중에 이루어지는 것이다.

롬 8 : 28   우리가 알거니와 하나님을 사랑하는 자 곧 그 뜻대로 부르심을
입은 자들에게는 모든 것이 합력하여 선을 이루느니라

창 37 : 5-7   요셉이 꿈을 꾸고 자기 형들에게 고하매 그들이 그를 더욱
미워하였더라 요셉이 그들에게 이르되 청컨대 나의 꾼 꿈을
들으시오 우리가 밭에서 곡식을 묶더니 내 단은 일어서고 당신들의
단은 내 단을 둘러서서 절하더이다

창 37 : 9-11   요셉이 다시 꿈을 꾸고 그 형들에게 고하여 가로되 내가 또 꿈을
꾼즉 해와 달과 열한 별이 내게 절하더이다 하니라 그가 그 꿈으로
부형에게 고하매 아비가 그를 꾸짖고 그에게 이르되 너의 꾼 꿈이
무엇이냐 나와 네 모와 네 형제들이 참으로 가서 땅에 엎드려 네게

창 45 : 7-8 절하겠느냐 형들은 시기하되 그 아비는 그 말을 마음에 두었더라 하나님이 큰 구원으로 당신들의 생명을 보존하고 당신들의 후손을 세상에 두시려고 나를 당신들 앞서 보내셨나니 그런즉 나를 이리로 보낸 자는 당신들이 아니요 하나님이시라 하나님이 나로 바로의 아비를 삼으시며 그 온 집의 주를 삼으시며 애굽 온 땅의 치리자를 삼으셨나이다

3. 감화적 실현

기도의 감화적 실현(感化的 實現)이란, 기도하는 자의 마음에 하나님께서 성령으로 감동·감화하심으로 바른 지혜와 생각과 판단과 깨달음이 있게 함으로써 자연이 기도한 문제가 해결되어지도록 하는 것을 가리켜서 기도의 감화적 실현이라고 한다(빌 4 : 6-7). 다시 말하면 기도의 감화적 실현이란 우리가 무엇을 기구할 때 하나님께서 그것을 직접 주시지는 않으나, 그 문제를 능히 타개해 나아갈 수 있는 하늘의 지혜와, 바른 판단력과, 마음의 평화와, 기쁨과, 감사와, 끝까지 인내할 수 있도록 참을성이 있게 하는 성령의 내적 감화를 의미하는 것이다. 기도의 감화적 실현이 이루어질 때 기도자는 자기의 현실에 만족하고(고후 12 : 9-10), 자기가 이제까지 기도하고 바랐던 것이 하나님 앞에 철없고 부질없는 짓이었던 것을 깨닫게 되고, 또한 어떠한 육신적·세상적 고난과 역경도 참고 견디며 감사할 수 있게 되는 것이다(눅 22 : 42; 히 5 : 7; 막 14 : 36,39-42).

빌 4 : 6-7 아무 것도 염려하지 말고 오직 모든 일에 기도와 간구로 너희 구할 것을 감사함으로 하나님께 아뢰라 그리하면 모든 지각에 뛰어난 하나님의 평강이 그리스도 예수 안에서 너희 마음과 생각을 지키시리라

고후 12 : 9-10 내게 이르시기를 내 은혜가 네게 족하도다 이는 내 능력이 약한데서 온전하여짐이라 하신지라 이러므로 도리어 크게 기뻐함으로 나의 여러 약한 것들에 대하여 자랑하리니 이는 그리스도의 능력으로 내게 머물게 하려함이라 그러므로 내가 그리스도를 위하여 약한 것들과 능욕과 궁핍과 핍박과 곤란을 기뻐하노니 이는 내가 약할 그 때에 곧 강함이니라

눅 22 : 42 　가라사대 아버지여 만일 아버지의 뜻이어든 이 잔을 내게서
옮기시옵소서 그러나 내 원대로 마옵시고 아버지의 원대로 되기를
원하나이다 하시니

히 5 : 7 　그는 육체에 계실 때에 자기를 죽음에서 능히 구원하실 이에게
심한 통곡과 눈물로 간구와 소원을 올렸고 그의 경외하심을
인하여 들으심을 얻었느니라

막 14 : 36 　가라사대 아바 아버지여 아버지께는 모든 것이 가능하오니 이
잔을 내게서 옮기시옵소서 그러나 나의 원대로 마옵시고 아버지의
원대로 하옵소서 하시고

막 14 : 39-42 　다시 나아가 동일한 말씀으로 기도하시고 다시 오사 보신 즉 저희가
자니 이는 저희 눈이 심히 피곤함이라 저희가 예수께 무엇으로
대답할 줄을 알지 못하더라 세번째 오사 저희에게 이르시되 이제는
자고 쉬라 그만이다 때가 왔도다 보라 인자가 죄인의 손에
팔리우느니라 일어나라 함께 가자 보라 나를 파는 자가 가까이
왔느니라

주기도문

　주기도문은 주님께서 직접 가르치신 기도를 적은 것이다. 주님은 바리새인들이 사람을 의식하면서 하는 외식적인 기도, 이방인의 중언부언 반복하는 기도의 잘못을 지적하시면서 제자들에게 "그러므로 너희는 이렇게 기도하라"고 기도의 본을 가르쳐 주셨다. 이것이 바로 "주기도문"이다(마 6 : 9-13; 눅 11 : 1). 주기도문의 특색은 한마디로 "완전한 기도"이다. 간결하면서도 심오한 교훈과 알찬 내용과 완벽한 조직을 갖추고 있다.

　주기도문은 삼분(三分)되어 있다. 먼저 기도의 대상을 부르고, 본론적으로 6조의 기도말이 있은 후, 송영으로 끝맺고 있다. 주기도문을 이루고 있는 6조의 기도말은 하나님을 위한 것과 사람을 위한 것이 세 개씩 순서 정연하게 배열되어 있다.

마 6 : 9-13	그러므로 너희는 이렇게 기도하라 하늘에 계신 우리 아버지여 이름이 거룩히 여김을 받으시오며 나라이 임하옵시며 뜻이 하늘에서 이룬 것 같이 땅에서도 이루어지이다 오늘날 우리에게 일용할 양식을 주옵시고 우리가 우리에게 죄 지은 자를 사하여 준것같이 우리 죄를 사하여 주옵시고 우리를 시험에 들게 하지 마옵시고 다만 악에서 구하옵소서 (나라와 권세와 영광이 아버지께 영원히 있사옵나이다 아멘)
눅 11 : 1	예수께서 한 곳에서 기도하시고 마치시매 제자 중 하나가 여짜오되 주여 요한이 자기 제자들에게 기도를 가르친 것과 같이 우리에게도 가르쳐 주옵소서

Ⅰ. 주기도문을 가르치신 동기

주님이 제자들에게 "그러므로 너희는 이렇게 기도하라"고 하시면서 주기도문을 가르치신 동기는 마태복음 6장 5-8절의 내용을 상기시키는 동시에 바른 기도 생활을 위하여 다음 사항을 당부해야겠다는 생각이 계셨던 것이다.

> 마 6 : 5-8　　또 너희가 기도할 때에 외식하는 자와 같이 되지 말라 저희는 사람에게 보이려고 회당과 큰 거리 어귀에 서서 기도하기를 좋아하느니라 내가 진실로 너희에게 이르노니 저희는 자기 상을 이미 받았느니라 너는 기도할 때에 네 골방에 들어가 문을 닫고 은밀한 중에 계신 네 아버지께 기도하라 은밀한 중에 보이시는 네 아버지께서 갚으시리라 또 기도할 때에 이방인과 같이 중언부언하지 말라 저희는 말을 많이 하여야 들으실 줄 생각하느니라 그러므로 저희를 본받지 말라 구하기 전에 너희에게 있어야 할 것을 하나님 너희 아버지께서 아시느니라

1. 기도할 때에 외식하지 말라

마태복음 6장 5절에 "또 기도할 때에 외식하는 자와 같이 되지 말라 저희는 사람에게 보이려고 회당과 큰 거리 어귀에 서서 기도하기를 좋아하느니라 내가 진실로 너희에게 이르노니 저희는 자기 상을 이미 받았느니라"고 하셨다.

2. 은밀하게 기도하라

마태복음 6장 6절에 "너는 기도할 때에 네 골방에 들어가 문을 닫고 은밀한 중에 계신 네 아버지께 기도하라 은밀한 중에 보시는 네 아버지께서 갚으시리라"고 하셨다.

3. 이방인과 같이 중언부언하지 말라

마태복음 6장 7절에 "또 기도할 때에 이방인과 같이 중언부언하지 말라"고 하셨다. 여기서 중언부언은 의미도 모르는 단어로 구성된 기도말을 기계적으로 반복함(마치 이방인들이 주문을 외우듯이)을 의미한다(왕상 18 : 26; 행 19 : 34).

| 왕상 18 : 26 | 저희가 그 받은 송아지를 취하여 잡고 아침부터 낮까지 바알의 이름을 불러 가로되 바알이여 우리에게 응답하소서 하나 아무 소리도 없고 아무 응답하는 자도 없으므로 저희가 그 쌓은 단 주위에서 뛰놀더라 |
| 행 19 : 34 | 저희는 그가 유대인인줄 알고 다 한 소리로 외쳐 가로되 크다 에베소 사람의 아데미여 하기를 두시 동안이나 하더니 |

4. 이렇게 기도하라

마태복음 6장 9절에 "그러므로 너희는 이렇게 기도하라"고 하시면서 제자들에게 "주기도문"을 제시하셨다. 이는 이러한 방법(다음에 제시하는)으로 기도하라는 뜻이다.

주기도문은 모든 기도의 표본(model)으로서 그것은 단순히 기도문을 암송하라는 뜻이 아니고, 기도의 형식과 정신과 내용이 이래야 된다고 가르치신 것이다.

II. 주기도문이 가르치는 교훈

주기도문의 강해에 앞서 주기도문이 우리에게 가르쳐 주고 있는 교훈은 무엇인가 알아보는 것이 중요하다. 그러면 주기도문이 담고 있는 가장 중요한 교훈들을 알아보기로 한다.

1. 하나님과 우리의 관계가 아버지와 자녀의 관계임을 가르친다.

하나님께서는 우리의 아버지시고 우리는 그분의 사랑하시는 자녀들이라는 것이다(마 7 : 9-11). 그러므로 기도할 때 하나님을 "우리 아버지시여"라고 부르라고 했다.

| 마 7 : 9-11 | 너희 중에 누가 아들이 떡을 달라하면 돌을 주며 생선을 달라 하면 뱀을 줄 사람이 있겠느냐 너희가 악한 자라도 좋은 것으로 자식에게 줄줄 알거든 하물며 하늘에 계신 너희 아버지께서 구하는 자에게 좋은 것으로 주시지 않겠느냐 |

2. 하나님께서는 우리의 예배의 대상이심을 가르친다.

"이름이 거룩히 여김을 받으시오며" 또 "영광이 아버지께 영원히 있사옵나이다" 라고 하였다. 하나님께서는 우리의 경배와, 찬양과, 감사와, 기도와, 헌금과, 송영의 예배를 홀로 받으시기에 합당하신 분이시다.

3. 하나님께서는 왕이시고 우리는 그의 백성임을 가르친다.

"나라이 임하옵시며…" 라고 하였는데 이는 왕이신 하나님께 우리를 "다스려주옵소서" 라는 뜻이 있다.

4. 하나님께서는 은혜의 공급자이시고 우리는 날마다 하나님의 은혜를 받아야 살 수 있는 존재임을 가르친다.

"우리에게 일용할 양식을 주옵시고…" 라고 하였다.

5. 하나님께서는 구속주이시고 우리는 죄인임을 가르치신다.

"우리의 죄를 사하여 주옵시고…" 라고 하였다.

6. 우리는 언제나 하나님께 영광을 돌려야 한다는 것을 가르친다.

"영광이 아버지께 영원히 있사옵나이다" 라고 하였다(고전 10 : 31).

> 고전 10 : 31　　그런즉 너희가 먹든지 마시든지 무엇을 하든지 다 하나님의 영광을 위하여 하라

Ⅲ. 주기도문 강해

1. "하늘에 계신 우리 아버지여" (마 6 : 9상)

이 말씀은 우리 기도의 대상이신 "하늘에 계신 우리 아버지"는 곧 인격자이시며 절대자이심을 가르쳐 주고 있다. 주님께서는 "하늘에 계신 하나님이여" 라고 부르며 기도하라 하시지 않고, "하늘에 계신 우리 아버지여" 라고 부르며 기도하라고 가르치셨다.

1) "하늘에 계신"이란, 하나님께서는 우주의 중심인 하늘 보좌에 계시고 우리는 땅에 있다는 뜻이다(시 115 : 3,11 : 4; 전 5 : 2).

하나님께서는 창조주로서 지극히 높으시고 우리는 그분의 피조물이라 비천한 존재라는 뜻이다. 또 하늘에 계시다 함은 지극히 거룩하신, 모든 것을 초월하여 계시는 존재와, 지혜와 능력이 영원하시고 무한하시며 모든 것을 소유하시고 감찰하시는 전능하신 하나님이라는 뜻이다.

시 115 : 3	오직 우리 하나님은 하늘에 계셔서 원하시는 모든 것을 행하셨나이다
시 11 : 4	여호와께서 그 성전에 계시니 여호와의 보좌는 하늘에 있음이여 그 눈이 인생을 통촉하시고 그 안목이 저희를 감찰하시도다
전 5 : 2	너는 하나님 앞에서 함부로 입을 열지 말며 급한 마음으로 말을 내지 말라 하나님은 하늘에 계시고 너는 땅에 있음이니라 그런즉 마땅히 말을 적게 할 것이라

2) "우리"라는 개념은 나만이 아닌 우리 가족, 우리 교회, 우리 사회, 우리 민족 공동체는 물론 전세계 전인류의 아버지로서의 하나님이란 뜻이다.

3) "아버지"는 우리를 낳으시고(창조), 기르시고(모든 필요를 채워 주심), 보호하시고, 가르치시고, 바른 길(선과 의의 길)로 인도하시는 사랑과 정의의 아버지라는 뜻이다. 우리의 아버지되시는 하나님께서는 약속하시고, 이행하시고, 공급하시고, 보호하시고, 인도하시는 성실과 자비의 아버지이시다(사 64 : 8; 말 2 : 10; 롬 8 : 15; 요 1 : 12).

사 64 : 8	그러나 여호와여 주는 우리 아버지이시이다 우리는 진흙이요 주는 토기장이시니 우리는 다 주의 손으로 지으신 것이라
말 2 : 10	우리는 한 아버지를 가지지 아니하였느냐 한 하나님의 지으신 바가 아니냐 어찌하여 우리 각사람이 자기 형제에게 궤사를 행하여 우리 열조의 언약을 욕되게 하느냐
롬 8 : 15	너희는 다시 무서워하는 종의 영을 받지 아니하였고 양자의 영을

<blockquote>받았으므로 아바 아버지라 부르짖느니라</blockquote>

요 1 : 12　　영접하는 자 곧 그 이름을 믿는 자들에게는 하나님의 자녀가 되는
권세를 주셨으니

2. "이름이 거룩히 여김을 받으시오며" (마 6 : 9하)

이는 우리가 하나님의 자녀로서 아버지이신 하나님을 위한 첫 번째 기도이다. 하나님의 자녀된 자는 그 무엇보다 하나님 아버지의 이름이 거룩히 여김을 받기를 제일 먼저 구해야 한다.

　1) "이름"이란 그분의 본성, 그분의 성격, 그분의 권위, 그분의 능력, 곧 그 자신을 의미한다. 그러므로 하나님의 이름은 하나님 당신을 가리킨다.

　2) "거룩히 여김을 받으시오며" 라는 것은 하나님 스스로 거룩히 하시라는 것이 아니라 거룩히 여김을 받으시라는 뜻이다. 즉 우리(인간)편에서 거룩하게(거룩하심을 나타나게) 하여 달라는 뜻이다(사 29 : 23). 바꾸어 말하면 이 기도말은 "주께 영광을 돌리게" 또는 "하나님 아버지가 홀로 예배의 대상이 되게" 구하는 것이다.

사 29 : 23　　그 자손은 나의 손으로 그 가운데서 행한 것을 볼 때에 내 이름을
거룩하다 하며 야곱의 거룩한 자를 거룩하다 하며 이스라엘의
하나님을 경외할 것이며

　3) "거룩히 함"이란 깨끗하게, 성별하게, 영광스럽게 한다는 뜻이다. 하나님의 자녀된 우리의 소원은 아버지(하나님)의 이름이 거룩하게 되어 세상 모든 사람에게 영광을 받으시는 것이다. 이 세상에서 무신론자들이나 혹은 이교도들에 의하여 아버지의 이름이 모독을 당하는 일이 있어서든 안 된다는 것이 하나님의 자녀들의 공통된 염원이다.

　이 기도를 드리는 자는 자신의 허물로 인하여 아버지의 이름이 모독을 당하는 일이 없도록 성결한 생활을 해야 하며, 보다 적극적인 빛된 생활을 통하여 세상 사람들이 아버지께 영광을 돌리게 해야 한다(마 5 : 16). 그리고 하나님 아버지의

이름이 거룩히 여김을 받으시게 하려면 범사에 하나님을 인정하고(잠 3 : 6), 오직 하나님만 의지하며, 모든 행사를 하나님께 맡기고(잠 16 : 3), 오직 하나님만 경외함으로 섬겨야 한다(막 12 : 30; 시 96 : 1-9).

마 5 : 16	이같이 너희 빛을 사람 앞에 비취게 하여 저희로 너희 착한 행실을 보고 하늘에 계신 너희 아버지께 영광을 돌리게 하라
막 12 : 30	네 마음을 다하고 목숨을 다하고 뜻을 다하고 힘을 다하여 주 너의 하나님을 사랑하라 하신 것이요
시 96 : 1-9	새 노래로 여호와께 노래하라 온 땅이여 여호와께 노래할지어다 그 영광을 열방 중에 그 기이한 행적을 만민 중에 선포할지어다 여호와는 광대하시니 극진히 찬양할 것이요 모든 신보다 경외할 것임이여 만방의 모든 신은 헛 것이요 여호와께서는 하늘을 지으셨음이로다 존귀와 위엄이 그 앞에 있으며 능력과 아름다움이 그 성소에 있도다 만방의 족속들아 영광과 권능을 여호와께 돌릴지어다 여호와께 돌릴지어다 여호와의 이름에 합당한 영광을 그에게 돌릴지어다 예물을 가지고 그 궁정에 들어갈지어다 아름답고 거룩한 것으로 여호와께 경배할지어다 온 땅이여 그 앞에서 떨지어다
잠 3 : 6	너는 범사에 그를 인정하라 그리하면 네 길을 지도하시리라
잠 16 : 3	너의 행사를 여호와께 맡기라 그리하면 너의 경영하는 것이 이루리라

3. "나라이 임하옵시며" (마 6 : 10상)

이는 죄악의 세상에 살며 괴로움을 당하는 하나님의 자녀들이 천국의 시민으로서 하나님의 나라가 이 땅에도 속히 임하기를 기원하는 것이다. 이는 하나님의 나라를 사모하는 그분의 자녀들이 하나님을 위한 두 번째 기도이다.

1) "하나님의 나라"는 전능하시고 지선(至善)하신 하나님께서 왕이 되시어 지배하시는 영역(領域)을 의미한다. 하나님께서 완전 통치하시는 곳이 하나님의 나라이다.

2) "임하옵시며"는 내가 천국에 가게 해 달라는 뜻이 아니라 전쟁과 고통과 불행이 끊임없는 이 땅, 악이 지배하는 여기에 하나님께서 통치하시는 천국이 임하게 해 달라는 것이다.

4. "뜻이 하늘에서 이룬 것같이 땅에서도 이루어지이다" (마 6 : 10하)

1) 하늘은 하나님과 천사들의 세계, 땅은 인간들의 세계이다. "뜻이 하늘에서 이룬 것같이 땅에서도" 라는 기도는 하늘에서 천사들이 하나님의 뜻을 절대 순종하는 것처럼, 이 땅에서도 인간들이 하나님의 뜻을 온전히 순종하기를 구하는 것이다.

2) 세상에는 인간들이 모두 다 제 뜻대로(저 좋은 대로) 사는 인본주의, 개인주의, 이기주의가 팽배하여 하나님의 뜻에 역행하는 일이 많다. 그러므로 하나님의 뜻대로 살고자 하는 성도들은 이 땅에 하루 속히 하나님의 뜻이 이루어지기를 기도해야 하는 것이다.

주기도문에서 하나님의 뜻이 하늘에서 이룬 것같이 땅에서도 이루어지기를 구하는 것은 하나님을 위한 세 번째 기도이다. 하나님의 뜻이 이루어지기를 소원하는 성도는 먼저 그분의 나라와 그분의 의를 구하며(마 6 : 33) 시대의 흐름을 따라 변질되지 말고, 오직 하나님의 선하신 뜻을 따라 살아야 한다(롬 12 : 2).

> 마 6 : 33 　　너희는 먼저 그의 나라와 그의 의를 구하라 그리하면 이 모든 것을 너희에게 더하시리라
>
> 롬 12 : 2 　　너희는 이 세대를 본받지 말고 오직 마음을 새롭게 함으로 변화를 받아 하나님의 선하시고 기뻐하시고 온전하신 뜻이 무엇인지 분별하도록 하라

5. "오늘날 우리에게 일용할 양식을 주옵시고" (마 6 : 11)

이는 우리의 육신이 생활에 필요한 모든 것을 구하는 기도이다. 하나님을 위한 기도 3조문이 끝나고 이제부터는 사람을 위한 첫 번째 기도 조문이 시작된다.

1) "우리의 일용할 양식"은 육신 생활에 필요한 모든 것을 가리키는 말이다. 루터는 일용할 양식에 대해 "먹을 양식 뿐만 아니라 우리에게 필요한 모든 물질적 필수품까지 다" 라고 했다. 그리고 그것은 남의 것이 아닌 우리의 것, 즉 우리가 수고해서 얻은 것을 의미한다는 것이다(시 128 : 1-2). 그리고 한꺼번에 많은 것을 구하라 하지 않고 일용할 양식을 구하라 함은 재물을 의지하거나 물질에 대한 욕심을 부리지 말아야 한다는 뜻이 있다(잠 30 : 8-9; 딤전 6 : 6-7; 히 13 : 5).

시 128 : 1-2 여호와를 경외하며 그 도에 행하는 자마다 복이 있도다 네가 네 손이 수고한대로 먹을 것이라 네가 복되고 형통하리로다

잠 30 : 8-9 곧 허탄과 거짓말을 내게서 멀리 하옵시며 나로 가난하게도 마옵시고 부하게도 마옵시고 오직 필요한 양식으로 내게 먹이시옵소서 혹 내가 배불러서 하나님을 모른다 여호와가 누구냐 할까 하오며 혹 내가 가난하여 도적질하고 내 하나님의 이름을 욕되게 할까 두려워함이니이다

딤전 6 : 6-7 그러나 지족하는 마음이 있으면 경건이 큰 이익이 되느니라 우리가 세상에 아무 것도 가지고 온 것이 없으매 또한 아무 것도 가지고 가지 못하리니

히 13 : 5 돈을 사랑치 말고 있는 바를 족한 줄로 알라 그가 친히 말씀하시기를 내가 과연 너희를 버리지 아니하고 과연 너희를 떠나지 아니하리라 하셨느니라

2) "주옵시고"는 주다, 생산하다, 위탁하다, 허락하다 등의 뜻이 있다. 인간이 물질을 생산하고 소유하는 것은 하나님의 허락 하에 이루어져야 한다. 만물은 모두 다 하나님의 것이고, 인간은 다만 하나님의 위탁을 받은 관리인이기 때문이다. 사람은 언제나 하나님께서 주셔야 받을 수 있다(마 7 : 7-8).

마 7 : 7-8 구하라 그러면 너희에게 주실 것이요 찾으라 그러면 찾을 것이요 문을 두드리라 그러면 너희에게 열릴 것이니 구하는 이마다 얻을 것이요 찾는 이가 찾을 것이요 두드리는 이에게 열릴 것이니라

3) "일용할 양식"은 생존을 위한 최소한의 것이다. 육신의 생활을 위해 오늘의 수용(需用)을 구하고 만족하는 기도를 하나님은 기뻐 받으신다. 그리고 구하는 것보다 더 풍성하게, 더 좋은 것으로 채워 주실 뿐만 아니라 구하지 않은 것까지도 주시는 것이다(왕상 3 : 5,10-13). 하나님께서는 야굴의 기도처럼 욕심없는 기도를 기뻐하신다(잠 30 : 7-9). 사람은 언제나 하나님께서 주셔야만 받을 수 있다(마 7 : 7-8).

왕상 3 : 5	기브온에서 밤에 여호와께서 솔로몬의 꿈에 나타나시니라 하나님이 이르시되 내가 네게 무엇을 줄꼬 너는 구하라
왕상 3 : 10-13	솔로몬이 이것을 구하매 그 말씀이 주의 마음에 맞은지라 이에 하나님이 저에게 이르시되 네가 이것을 구하도다 자기를 위하여 수도 구하지 아니하며 부도 구하지 아니하며 자기의 원수의 생명 멸하기도 구하지 아니하고 오직 송사를 듣고 분별하는 지혜를 구하였은즉 내가 네 말대로 하여 네게 지혜롭고 총명한 마음을 주노니 너의 전에도 너와 같은 자가 없었거니와 너의 후에도 너와 같은 자가 일어남이 없으리라 내가 또 너의 구하지 아니한 부와 영광도 네게 주노니 네 평생에 열왕 중에 너와 같은 자가 없을 것이라
잠 30 : 7-9	내가 두 가지 일을 주께 구하였사오니 나의 죽기 전에 주시옵소서 곧 허탄과 거짓말을 내게서 멀리 하옵시며 나로 가난하게도 마옵시고 부하게도 마옵시고 오직 필요한 양식으로 내게 먹이시옵소서 혹 내가 배불러서 하나님을 모른다 여호와가 누구냐 할까 하오며 혹 내가 가난하여 도적질하고 내 하나님의 이름을 욕되게 할까 두려워함이니이다
마 7 : 7-8	구하라 그러면 너희에게 주실 것이요 찾으라 그러면 찾을 것이요 문을 두드리라 그러면 너희에게 열릴 것이니 구하는 이마다 얻을 것이요 찾는 이가 찾을 것이요 두드리는 이에게 열릴 것이니라

6. "우리 죄를 사하여 주옵시고" (마 6 : 12하)

이는 사람을 위한 두 번째 기도문이며, 죄인인 사람을 위한 간구 중에서 가장 중요한 기도이다. 여기서 사하여 달라는 죄는 근본적인 죄가 아니라 일상 생활에서 생기는 죄를 의미한다. 이미 목욕한 자도 손과 발은 금방 또 닦아야 함과 같다 (요 13 : 10).

요 13 : 10	예수께서 가라사대 이미 목욕한 자는 발밖에 씻을 필요가 없느니라 온 몸이 깨끗하니라 너희가 깨끗하나 다는 아니니라 하시니

1) "우리에게 죄 지은 자"는 우리에게 죄 지은 모든 자(실수나 빚진 자)들을 가리킨다.

2) "우리가 우리에게 죄지은 자를 사하여 준 것같이"라는 것은 자신이 하나님의 사하심을 받기 전에 자기 자신이 먼저 남을 용서하고 사람끼리 용서하라는 뜻이다. 이 조건 때문에 주기도문을 율법적이라고 반대하는 설이 있다. 그러나 회개하고 죄 사함받은 자의 마음은 기쁘며 너그럽고 겸손하므로 자아의 죄 의식에 집중되어 상대적으로 타인의 죄를 가볍게 생각하므로, 흔연(欣然)히 용서하는 것이다(행 7 : 59-60).

행 7 : 59-60	저희가 돌로 스데반을 치니 스데반이 부르짖어 가로되 주 예수여 내 영혼을 받으시옵소서 하고 무릎을 꿇고 크게 불러 가로되 주여 이 죄를 저들에게 돌리지 마옵소서 이 말을 하고 자니라

3) "사하여 준 것"은 빚을 탕감해 준다, 실수를 용서해 준다는 뜻으로 용서를 비는 자의 너그럽고 겸손한 마음가짐을 교훈하신 것이다(마 5 : 23-24, 18 : 28, 30-35).

마 5 : 23-24	그러므로 예물을 제단에 드리다가 거기서 네 형제에게 원망들을 만한 일이 있는 줄 생각나거든 예물을 제단 앞에 두고 먼저 가서 형제와 화목하고 그 후에 와서 예물을 드리라
마 18 : 28	그 종이 나가서 제게 백 데나리온 빚진 동관 하나를 만나 붙들어 목을 잡고 가로되 빚을 갚으라 하매

마 18 : 30-35   허락하지 아니하고 이에 가서 저가 빚을 갚도록 옥에 가두거늘
                그 동관들이 그것을 보고 심히 민망하여 주인에게 가서 그 일을
                다 고하니 이에 주인이 저를 불러다가 말하되 악한 종아 네가 빌기에
                내가 네 빚을 전부 탕감하여 주었거늘 내가 너를 불쌍히 여김과
                같이 너도 네 동관을 불쌍히 여김이 마땅치 아니하냐 하고 주인이
                노하여 그 빚을 다 갚도록 저를 옥졸들에게 붙이니라 너희가 각각
                중심으로 형제를 용서하지 아니하면 내 천부께서도 너희에게 이와
                같이 하시리라

7. "우리를 시험에 들게 하지 마옵시고" (마 6 : 13상)

이는 사람을 위한 세 번째 기도로서 인격을 지키기 위한 기도이다.

1) "시험"이란 말은 실험, 도전, 역경, 유혹 등 여러 가지 뜻을 지니고 있다. 여기서는 "죄를 짓도록 적극적으로 유혹하는 것"을 의미한다. 그러므로 "시험에 들게 하지 마옵시고"는 시험에 말려들지 않게 하여 달라는 기도이다. 사람의 인격은 유혹에 빠지면 타락하고 파괴된다. 주님께서는 이 기도문을 통하여 우리가 시험을 극복하는 길을 가르쳐주신 것이다. 시험은 누구에게나 있으나 우리가 시험을 당할 때 기도하면 주님께서 피할 길을 열어주신다(고전 10 : 13; 마 26 : 41).

고전 10 : 13   사람이 감당할 시험밖에는 너희에게 당한 것이 없나니 오직
               하나님은 미쁘사 너희가 감당치 못할 시험당함을 허락지 아니하시고
               시험당할 즈음에 또한 피할 길을 내사 너희로 능히 감당하게
               하시느니라
마 26 : 41   시험에 들지 않게 깨어 있어 기도하라 마음에는 원이로되 육신이
               약하도다 하시고

2) "다만 악에서 구하옵소서"는 시험에 패하지 않을 뿐더러 도리어 그 악에게 승리하게 하여 달라는 뜻이다. "다만"은 "도리어"의 뜻이고, "악"은 "불행", "타락한 본성", "악마", 즉 "마귀"를 가리킨다.

3) "구함"은 구출과 해방 건짐을 뜻한다(살전 1 : 10). 시험에서 이기고 악에서 구원받는 길은 ①피하고 멀리하는 것(이성 문제), ② 대항하고 싸우는 것(이단 문제), ③참고 견디는 것(정치적 박해) 등이 있다. 성도가 당하는 시험은 시련과 유혹으로 구분할 수 있다. 시련은 주로 하나님께서 우리의 신앙을 테스트(test)하시는 경우이고(창 22 : 1-2), 유혹은 주로 마귀가 우리의 신앙을 타락시키려는 것이다(창 3 : 4-5). 시련의 시험은 하나님을 믿고 끝까지 참으면 물러가고, 유혹의 시험은 단호히 거부하고 피하는 것이 상책이다(약 1 : 2-4, 12; 창 39 : 7-18 참조).

살전 1 : 10	또 죽은 자들 가운데서 다시 살리신 그의 아들이 하늘로부터 강림하심을 기다린다고 말하니 이는 장래 노하심에서 우리를 건지시는 예수시니라
창 22 : 1-2	그 일 후에 하나님이 아브라함을 시험하시려고 그를 부르시되 아브라함아 하시니 그가 가로되 내가 여기 있나이다 여호와께서 가라사대 네 아들 네 사랑하는 독자 이삭을 데리고 모리아 땅으로 가서 내게 네게 지시하는 한 산 거기서 그를 번제로 드리라
창 3 : 4-5	뱀이 여자에게 이르되 너희가 결코 죽지 아니하리라 너희가 그것을 먹는 날에는 너희 눈이 밝아 하나님과 같이 되어 선악을 알 줄을 하나님이 아심이니라
약 1 : 2-4	내 형제들아 너희가 여러 가지 시험을 만나거든 온전히 기쁘게 여기라 이는 너희 믿음의 시련이 인내를 만들어 내는 줄 너희가 앎이라 인내를 온전히 이루라 이는 너희로 온전하고 구비하여 조금도 부족함이 없게 하려 함이라
약 1 : 12	시험을 참는 자는 복이 있도다 이것에 옳다 인정하심을 받은 후에 주께서 자기를 사랑하는 자들에게 약속하신 생명의 면류관을 얻을 것임이니라

8. "나라와 권세와 영광이 아버지께 영원히 있사옵나이다 아멘" (마 6 : 13하)

이는 주기도문의 제3부로서 "신앙 고백(信仰告白)"이요, "송영(誦詠)"이다. 주기도문의 구성 내용을 보면, 먼저 기도의 대상을 부르고 6조의 기도(하나님을 위한 3조와 사람을 위한 3조)를 드린 후에 송영이 따름으로 완벽한 조직을 갖춘 기도를 이룬다.

1) "나라"는 왕국, 왕권, 통치를, "권세"는 어떤 세력도 압도하고 격파할 수 있는 권력과 폭발적인 힘(눅 10 : 19; 마 28 : 18; 요 1 : 12)을, "영광"은 영예, 위엄, 찬양, 경배를, "영원히"는 영원 무궁(끝없이 계속되는 시간)을 의미한다.

클라크(Clarke)는 본 구절이 나라를 설립시킬 권세도, 그 나라의 흥왕으로 실현될 영광도 그리스도 안에서 하나님의 권한에 속한 것임을 말한다고 했다.

눅 10 : 19	내가 너희에게 뱀과 전갈을 밟으며 원수의 모든 능력을 제어할 권세를 주었으니 너희를 해할 자가 결단코 없으리라
마 28 : 18	예수께서 나아와 일러 가라사대 하늘과 땅의 모든 권세를 내게 주셨으니
요 1 : 12	영접하는 자 곧 그 이름을 믿는 자들에게는 하나님의 자녀가 되는 권세를 주셨으니

2) 이 구절은 하나님께서 천지의 대주재(大主宰 ; 주인이며 통치자)이시며(창 4 : 19) 나라의 흥망 성쇠를 주장하시는 역사의 지배자이심을 믿으며, 개인과 가정, 국가와 사회, 세계와 인류의 모든 문제를 주장하시는 권세가 오직 하나님께만 있음을 믿으며, 하나님께서는 영원히 영광을 받으실 줄 믿는다는 신앙 고백이다(유 1 : 24-25).

창 14 : 19	그가 아브람에게 축복하여 가로되 천지의 주재시오 지극히 높으신 하나님이여 아브람에게 복을 주옵소서
유 1 : 24-25	능히 너희를 보호하사 거침이 없게 하시고 너희로 그 영광 앞에 흠이 없이 즐거움으로 서게 하실 자 곧 우리 구주 홀로 하나이신 하나님께 우리 주 예수 그리스도로 말미암아 영광과 위엄과 권력과 권세가 만고 전부터 이제와 세세에 있을지어다 아멘

3) 이 구절은 기도의 마지막에 따르는 송영(誦詠)으로 "나라의 흥망을 주장하시고 만유를 통치하시는 권세와 위엄과 영광이 영원히 당신의 것입니다" 라는 뜻이다.

4) "아멘(Amen)"은 "그렇게 되옵소서, 참으로, 진실로" 라는 뜻이다(신 27 : 15-26 참조; 시 106 : 48; 마 6 : 2,5; 고전 14 : 16).

그리스도 교회에서 사용하는 "아멘"의 일반적인 의미는 "진실로 그렇습니다", "그렇게 믿습니다", "그렇게 되어지기를 바랍니다", "그렇게 하겠습니다", "나의 충성, 나의 헌신, 나의 삶을 드립니다"이다.

우리의 기도와 믿음과 행위는 언제나 일치하여야 한다. 기도와 믿음과 행위가 일치하지 않을 때에는 기도가 이루어질 수 없다. 그러므로 기도는 바로 생활로 이어지고 생활 속에서 실현되어져야 하는 것이다. 우리가 믿음으로 구하고 믿음으로 살아갈 때 그 기도를 하나님께서 응답하시는 것이다.

주님께서 "너희는 이렇게 기도하라"고 하신 것은 주기도문의 단순한 문자적 반복을 의미하는 것은 결코 아니다. 이 기도문의 정신, 표준, 순서 등을 가리키는 것이다. 그리스도인은 실제로 주기도문을 그대로 외우든, 다른 말로 기도를 하든, "이렇게" 기도하여야 할 것이다.

시 106 : 48	여호와 이스라엘의 하나님을 영원부터 영원까지 찬양할지어다 모든 백성들아 아멘 할지어다 할렐루야
마 6 : 2	그러므로 구제할 때에 외식하는 자가 사람에게 영광을 얻으려고 회당과 거리에서 하는 것같이 너희 앞에 나팔을 불지 말라 진실로 너희에게 이르노니 저희는 자기 상을 이미 받았느니라
마 6 : 5	또 너희가 기도할 때에 외식하는 자와 같이 되지 말라 저희는 사람에게 보이려고 회당과 큰 거리 어귀에 서서 기도하기를 좋아하느니라 내가 진실로 너희에게 이르노니 저희는 자기 상을 이미 받았느니라
고전 14 : 16	그렇지 아니하면 네가 영으로 축복할 때에 무식한 처지에 있는 자가 네가 무슨 말을 하는지 알지 못하고 네 감사에 어찌 아멘 하리요

그리스도인과 기도 생활

Ⅰ. 기도 생활의 목표

성도가 하나님을 섬기는 제1조는 참된 예배(요 4 : 23; 창 4 : 3-5)이고, 하나님을 가까이 하고 교제하는 신앙 생활의 첫째는 기도이다(시 145 : 18). 예배와 말씀과 기도는 성도가 정상적 신앙 생활을 위한 필수적 요건이다.

기독교 신자는 영적 생명을 유지하고 신앙의 건전한 성장을 위하여 공적 예배에 꼭 참여해야 하며, 날마다 영의 양식인 말씀을 먹고 영적 호흡인 기도를 쉬지 말아야 한다(마 4 : 4; 살전 5 : 17). 지상의 그리스도인이 기도 생활을 통하여 이루어야 하는 목표는 다음 세 가지로 요약할 수 있다.

요 4 : 23	아버지께 참으로 예배하는 자들은 신령과 진정으로 예배할 때가 오나니 곧 이때라 아버지께서는 이렇게 자기에게 예배하는 자들을 찾으시느니라
창 4 : 3-5	세월이 지난 후에 가인은 땅의 소산으로 제물을 삼아 여호와께 드렸고 아벨은 자기도 양의 첫 새끼와 그 기름으로 드렸더니 여호와께서 아벨과 그 제물은 열납하셨으나 가인과 그 제물은 열납하지 아니하신지라 가인이 심히 분하여 안색이 변하니
시 145 : 18	여호와께서는 자기에게 간구하는 모든 자 곧 진실하게 간구하는 모든 자에게 가까이 하시는도다
마 4 : 4	예수께서 대답하여 가라사대 기록되었으되 사람이 떡으로만 살 것이 아니요 하나님의 입으로 나오는 모든 말씀으로 살 것이라
살전 5 : 17	쉬지 말고 기도하라

1. 기도의 사람이 됨;기도를 생활화함으로

기도는 영혼의 호흡이므로 신자가 생동감 넘치는 신앙 생활을 유지하려면 쉬지 말고 기도하여야 한다(살 5 : 17; 눅 18 : 1). 신자는 일상 생활에서 모든 일을 기도로 시작하고 기도로 진행하고 기도로 마침으로써 기도를 생활화해야 한다. 대개의 인간은 가장 불행할 때 기도하게 되고, 보통 신자는 행복할 때 기도하고, 진실한 신자는 불행할 때나 행복할 때나 생활 전체에서 기도한다고 하였다.

살 5 : 17   쉬지 말고 기도하라

눅 18 : 1   항상 기도하고 낙망치 말아야 될 것을 저희에게 비유로 하여

2. 기도의 용장(勇將)이 됨 ; 기도를 무기화함으로

전능하신 하나님을 믿고 의지하는 성도는 삶의 길에서 어떤 시련과 고통과 난관을 만나도 만능의 기도를 무기로 삼아 능히 돌파할 수 있다(왕하 6 : 15-18; 출 17 : 8-13 참조). 예수님께서 "구하라 주실 것이요 찾으라 찾을 것이요, 문을 두드리라 열릴 것이니라"고 하셨고(마 7 : 7), 전능하신 하나님 여호와께서 "환난 날에 나를 부르라 내가 너를 건지리니 네가 나를 영화롭게 하리로다" 라고 하셨다(시 50 : 15). 성경에 믿음의 기도는 산을 옮길 수 있다 하였고, 무엇이든지 믿고 구하는 것은 다 받으리라고 하였다(마 21 : 21-22 참조).

왕하 6 : 15-18   하나님의 사람의 수종드는 자가 일찍이 일어나서 나가보니 군사와
말과 병거가 성을 에워쌌는지라 그 사환이 엘리사에게 고하되
아아 내 주여 우리가 어찌하리이까 대답하여 두려워하지 말라
우리 함께 한 자가 저와 함께 한 자보다 많으니라 하고 기도하여
가로되 여호와여 원컨대 저의 눈을 열어서 보게 하옵소서 하니
여호와께서 그 사환의 눈을 여시매 저가 보니 불말과 불병거로
산에 가득하여 엘리사를 둘렀더라 아람 사람이 엘리사에게 내려오매
엘리사가 여호와께 기도하여 가로되 원컨대 저 무리의 눈을
어둡게 하옵소서 하매 엘리사의 말대로 그 눈을 어둡게 하신지라

3. 기도의 성자(聖者)가 됨 ; 기도를 인격화함으로

신자는 끊임없는 기도와 깊은 명상을 통하여 경건한 마음과 신령한 감정을 항상 유지하며, 주님과 영적 깊은 교제를 지속함으로써 영성을 충만히 받아 예수님을 닮은 성자(聖者)의 인격으로 성화될 수 있다(딤전 4 : 5). 성도가 기도하는 동안에는 하나님의 임재 앞에서 겸손하고 솔직하며, 진실하고 깨끗한 양심과 경건된 신앙 및 거룩한 감정을 품게 된다.

그러므로 기도 생활을 꾸준히 하는 사람은 이런 성결한 감정이 점점 채워지고 다져져서 마침내 자기도 모르는 사이에 그 인격과 품성이 성자의 경지에 이르게 되는 것이다. 주님의 제자된 그리스도인은 항상 기도를 쉬지 않음으로써 주님과의 깊은 영적 교제 속에서 주님의 품성을 닮아가야 한다(출 34 : 29-35 참조).

딤전 4 : 5　　　하나님의 말씀과 기도로 거룩하여짐이니라

II. 그리스도인과 기도 공부
1. 기도는 성도의 필수 과목임

주님의 제자들은 무엇보다도 "기도를 가르쳐 달라"고 주님께 간청을 드렸고, 주님께서는 그들에게 기도를 가르쳐 주셨다(눅 11 : 1-4). 주님께서 제자들에게 가르치신 그 기도문을 "주기도문"이라고 한다(눅 11 : 2-4; 마 6 : 9-13).

주님께서는 사랑하는 제자들에게 설교하는 법이나 목회하는 법은 가르쳐 주시지 않았어도 기도하는 법은 여러 번 가르쳐 주셨다(눅 11 : 2-4,5-13 참조; 마 7 : 7-11,6 : 5-8,16-18; 눅 18 : 1-8,10-14 참조). 기도는 그리스도인들이 꼭 배우고 익혀야 할 필수 과목이다.

기도는 성공적 신앙 생활의 필수 조건이다. 그 이유는 신자가 기도를 못하면 사실상 신앙 생활을 제대로 할 수 없기 때문이다. 그러므로 신자가 바른 신앙 생활을 하고 그리스도인의 사명을 감당하기 위해서는 무엇보다도 먼저 기도를 배워야 한다.

눅 11 : 1-4　　　예수께서 한 곳에서 기도하시고 마치시매 제자 중 하나가 여짜오되

주여 요한이 자기 제자들에게 기도를 가르친 것과 같이 우리에게도 가르쳐 주옵소서 예수께서 이르시되 너희는 기도할 때에 이렇게 하라 아버지여 이름이 거룩히 여김을 받으시오며 나라이 임하옵시며 우리엑 날마다 일용할 양식을 주옵시고 우리가 우리에게 죄 지은 모든 사람을 용서하오니 우리 죄도 사하여 주옵시고 우리를 시험에 들게 하지 마옵소서 하라

마 6 : 9-13   그러므로 너희는 이렇게 기도하라 하늘에 계신 우리 아버지여 이름이 거룩히 여김을 받으시오며 나라이 임하옵시며 뜻이 하늘에게 이룬 것같이 땅에서도 이루어지이다 오늘날 우리에게 일용할 양식을 주옵시고 우리가 우리에게 죄 지은 자를 사하여 준 것같이 우리 죄를 사하여 주옵시고 우리를 시험에 들게 하지 마옵시고 다만 악에서 구하옵소서 (나라와 권세와 영광이 아버지께 영원히 있사옵나이다 아멘)

마 7 : 7-11   구하라 그러면 너희에게 주실 것이요 찾으라 그러면 찾을 것이요 문을 두드리라 그러면 너희에게 열릴 것이니라 너희 중에 누가 아들이 떡을 달라 하면 도를 주며 생선을 달라 하면 뱀을 줄 사람이 있겠느냐 너희가 악한 자라도 좋은 것으로 자식에게 줄줄 알거든 하물며 하늘에 계신 너희 아버지께서 구하는 자에게 좋은 것으로 주시지 않겠느냐

마 6 : 5-8   또 너희가 기도할 때에 외식하는 자와 같이 되지 말라 저희는 사람에게 보이려고 회당과 큰 거리 어귀에 서서 기도하기를 좋아 하느니라 내가 진실로 너희에게 이르노니 저희는 자기 상을 이미 받았느니라 너는 기도할 때에 네 골방에 들어가 문을 닫고 은밀한 중에 계신 네 아버지께 기도하라 은밀한 중에 보시는 네 아버지께서 갚으시리라 또 기도할 때에 이방인과 같이 중언부언하지 말라 저희는 말을 많이 하여야 들으실줄 생각하느니라 그러므로 저희를 본받지 말라 구하기 전에 너희에게 있어야 할 것을 하나님 너희 아버지께서 아시느니라

마 6 : 16-18   금식할 때에 너희는 외식하는 자들과 같이 슬픈 기색을 내지 말라 저희는 금식하는 것을 사람에게 보이려고 얼굴을 흉하게 하느니라 내가 진실로 너희에게 이르노니 저희는 자기 상을 이미 받았느니라 너는 금식할 때에 머리에 기름을 바르고 얼굴을 씻으라 이는 금식

하는 자로 사람에게 보이지 않고 오직 은밀한 중에 계신 네 아버지께
보이게 하려 함이라 은밀한 중에 보시는 네 아버지께서 갚으시리라

2. 기도는 성화의 방편임

성도의 성화(聖化)는 말씀과 기도로 이루어진다고 하였다(딤전 4 : 5). 기도는
참된 그리스도인을 만든다. 성도가 일상 생활에서 쉬지 않고 늘 기도에 힘쓰면
참된 그리스도인으로 변화되는 체험을 하게 된다.

진실한 기도, 믿음으로 드리는 순수하고 겸허한 기도는 그 사람의 인격을 변화
시키는 위력이 있다. 그러므로 참된 기도의 반복은 인격을 성화하고 하나님의 성
품에 참여하는 방편이다(눅 18 : 10-14 참조, 벧후 1 : 4).

현대 교회에 가장 필요한 사람은 기도의 사람, 기도에 익숙한 사람이다. 요즘
교인들 중에 많은 사람들이 그리스도인답지 못하고 그들의 교회가 영적으로 무기
력한 것은 기도의 훈련이 빈약하여 기도 생활에 익숙하지 못하기 때문이다.

유혹 많은 세상에서 성도가 죄악의 유혹에 빠지지 않고, 빛과 소금의 사명을
감당하며, 힘있고 바르게 성결과 승리의 생활을 가능케 하는 힘의 원천은 기도뿐
이다.

기도하지 않고는 능력을 받을 수 없고, 능력을 받지 않고는 성도의 사명을 다
하기가 불가능하다(마 17 : 21 난하주 참조, 벧후 1 : 4).

하나님의 교회는 "만민이 기도하는 집"이다(막 11 : 17; 사 56 : 7). 교회가 교회
되려면, 기도를 가르치고 배우고 훈련하여 항상 기도가 넘치는 기도의 집이 되어
야 한다.

딤전 4 : 5   하나님의 말씀과 기도로 거룩하여짐이니라

벧후 1 : 4   이로써 그 보배롭고 지극히 큰 약속을 우리에게 주사 이 약속으로
말미암아 너희로 정욕을 인하여 세상에서 썩어질 것을 필하여
신의 성품에 참예하는 자가 되게 하려 하셨으니

막 11 : 17   이에 가르쳐 이르시되 기록된 바 내 집은 만민이 기도하는 집이라
칭함을 받으리라고 하지 아니하였느냐 너희는 강도의 굴혈을
만들었도다 하시매

사 56 : 7　　　　내가 그를 나의 성산으로 인도하여 기도하는 내 집에서 그들을
기쁘게 할 것이며 그들의 번제와 희생은 나의 단에서 기꺼이 받게
되리니 이는 내 집은 만민이 기도하는 집이라 일컬음이 될 것임이라

3. 성도는 기도로 깨어 있어야 함

성경은 "만물의 마지막이 가까웠으니 그러므로 너희는 정신을 차리고 근신하여 깨어 기도하라"고 말씀하고 있다(벧전 4 : 7).

말세에 성도는 덫과 같이 홀연히 임하는 멸망을 피하기 위하여 "항상 기도하며 깨어 있어야 한다" 라는 뜻이다(눅 21 : 35-36; 마 25 : 1-10 참조).

성도의 개인 문제나 가정 문제, 교회 문제나 사회 문제 및 국제 문제의 해결은 기도밖에 다른 방법이 없다. 그럼에도 불구하고 현대의 성도들은 잠자기를 좋아하고 기도를 게을리하고 있으니 안타까운 일이다.

현대 교회는 하나님과의 영교가 단절된 상태에서 모든 일을 인간적인 사고와 판단으로 결정하며, 인간의 지혜와 힘만 가지고 일을 추진하려는데 문제가 있다고 하였다. 교회는 기도의 집이다. 그러므로 기도의 영을 일깨우고 바른 기도를 익히게 해줌으로써 기도에 익숙한 교인들을 많이 길러내야 하는 것은 교회의 중요한 사역 중의 하나이다.

눅 21 : 35-36　　　이 날은 온 지구상에 거하는 모든 사람에게 임하리라 이러므로
너희는 장차 올 이 모든 일을 능히 피하고 인자 앞에 서도록 항상
기도하며 깨어 있으라 하시니라

4. 기도는 신앙 생활의 기본임

기도는 신앙 생활의 한 부분이 아니라 그 전부요 기본이다. 그것은 하나님과의 영적 교제(사귐)의 삶이 바로 신앙 생활이기 때문이다. 기도는 영적 호흡이다. 사람이 호흡이 끊기는 날 생명도 끝나게 되는 것처럼, 신자가 기도의 호흡이 없으면 그 심령은 이미 죽은 것이나 마찬가지다. 성경은 신자가 기도하지 않음을 보고 영혼이 졸고 잠자는 것이라 하였다(눅 21 : 36; 마 25 : 5-6, 26 : 40-44).

성경에 나타난 주님의 생애를 보면 그것은 "기도로 시작하여 기도로 진행하고 기

도로 마친 생애"였다. 주님께서는 세상에 오셔서 기도로써 공생애를 시작하신 후 날마다 기도로써 생활을 하시다가 마침내 십자가상에서 기도하심으로써 그 생애를 마치셨다(눅 23 : 46).

주님께서는 세상에 계실 때 한적한 곳에서 새벽 기도를 하셨고(막 1 : 35), 어떤 때는 밤을 새워 기도하셨으며(마 14 : 22-25), 성부의 영화를 위하여(요 17 : 1), 신자들을 위하여(요 17 : 9), 원수들을 위하여(눅 23 : 24 참조) 기도하셨다. 고통이 있을 때, 마음이 민망할 때(요 12 : 27 참조), 심히 고민하실 때에도(마 26 : 38-39), 운명하실 때도(눅 23 : 46) 기도하셨다.

주님께서는 세상에 오셔서 기도의 발자취를 남기고 가셨다. 우리도 기도 생활을 통하여 주님의 발자취를 따라감으로써 그리스도의 참된 제자가 되어야겠다.

기도 생활을 바로 하는 사람이 정상적 신자이다. 바른 기도 생활은 정상적인 그리스도인의 생활의 기본이다. 아버지와 자녀 사이에는 진지하고 정겨운 대화가 있듯이 하나님 아버지와 그분의 자녀된 성도들 사이에도 정다운 대화가 기도를 통하여 이루어지는 것이다. 그리고 남편과 아내 사이에는 깊은 사랑의 속삼임이 있듯이 신랑되신 그리스도와 신부된 성도 사이에는 은밀한 사랑의 속삭임이 기도를 통하여 이루어지는 것이다. 믿음으로 죄 사함 받고 구원 얻은 성도의 기도는 회개하고 돌아온 탕자와 그를 사랑하는 아버지(하나님)와의 정겨운 대화의 모형이라 할 수 있으며, 또한 돌아온 탕녀 고멜(신부된 성도)과 그를 용서하고 영접하여 사랑을 베푸는 남편 호세아(신랑되신 예수)와의 애정을 나누는 깊은 속삭임은 그리스도의 신부된 성도와 그의 신랑되신 그리스도와의 깊은 영교(靈交)의 모형이라고 할 수 있다.

눅 21 : 36   이러므로 너희는 장차 올 이 모든 일을 능히 피하고 인자 앞에
서도록 항상 기도하며 깨어 있으라 하시니라

마 25 : 5-6   신랑이 더디 오므로 다 졸며 잘 새 밤중에 소리가 나되 보라
신랑이로다 맞으러 나오라 하매

마 26 : 40-44   제자들에게 오사 그 자는 것을 보시고 베드로에게 말씀하시되
너희가 나와 함께 한 시 동안도 이렇게 깨어 있을 수 없더냐 시험에
들지 않게 깨어 있어 기도하라 마음에는 원이로되 육신이 약하도다

하시고 다시 두 번째 나아가 기도하여 가라사대 내 아버지여 만일 내가 마시지 않고는 이 잔이 내게서 지나갈 수 없거든 아버지의 원대로 되기를 원하시나이다 하시고 다시 오사 보신즉 저희가 자니 이는 저희 눈이 피곤함일러라 또 저희를 두시고 나아와 세 번째 동일한 말씀으로 기도하신 후

눅 23 : 46   예수께서 큰소리로 불러 가라사대 아버지여 내 영혼을 아버지 손에 부탁하나이다 하고 이 말씀을 하신 후 운명하시다

막 1 : 35   새벽 오히려 미명에 예수께서 일어나 나가 한적한 곳으로 가서 거기서 기도하시더니

마 14 : 22-25   예수께서 즉시 제자들을 재촉하사 자기가 무리를 보내는 동안에 배를 타고 앞서 건너편으로 가게 하시고 무리를 보내신 후에 기도하러 따로 산에 올라가시다 저물매 거기 혼자 계시더니 배가 이미 육지에서 수리나 떠나서 바람이 거슬리므로 물결을 인하여 고난을 당하더라 밤 사경에 예수께서 바다 위로 걸어서 제자들에게 오시니

요 17 : 1   예수께서 이 말씀을 하시고 눈을 들어 하늘을 우러러 가라사대 아버지여 때가 이르렀사오니 아들을 영화롭게 하게 하옵소서

요 17 : 9   내가 너희를 위하여 비옵나니 내가 비옵는 것은 세상을 위함이 아니요 내게 주신 자들을 위함이니이다 저희는 아버지의 것이로소이다

마 26 : 38-39   이에 말씀하시되 내 마음이 심히 고민하여 죽게 되었으니 너희는 여기 머물러 나와 함께 깨어 있으라 하시고 조금 나아가사 얼굴을 땅에 대시고 엎드려 기도하여 가라사대 내 아버지여 만일 할만하시거든 이 잔을 내게서 지나가게 하옵소서 그러나 나의 원대로 마옵시고 아버지의 원대로 하옵소서 하시고

III. 기도를 쉴 수 없는 그리스도인

기독교인은 자기가 믿음을 고백한 때부터 세상 생활을 마칠 때까지 지속하지 않을 수 없는 것이 바로 기도이다. 그 이유는 기도는 영혼의 호흡이기 때문이다. 그럼에도 불구하고 기도를 소홀히 하거나 혹은 왜 기도를 해야 하는지조차도 모르고 지내는 성도들이 많다. 어떤 이들은 기도 생활을 한다고는 하나 인습적이고

형식적인 경우가 많다. 그러면 우리가 쉬지 않고 기도해야 할 이유는 무엇인가?

1. 경건한 성도가 되기 위해

신앙의 선진들 중에 경건한 성도들은 무엇보다 기도를 많이 한 기도의 사람들이었다(행 3 : 1, 10 : 1-2). 성도는 "하나님의 말씀과 기도로 거룩하여짐이라"고(딤전 4 : 5) 한 말씀대로 성도의 경건 생활에는 무엇보다 기도가 중요하다.

행 3 : 1	제 구시 기도 시간에 베드로와 요한이 성전에 올라갈 새
행 10 : 1-2	가이사랴에 고넬료라 하는 사람이 있으니 이달리야대라 하는 군대의 백부장이라 그가 경건하여 온 집으로 더불어 하나님을 경외하며 백성을 많이 구제하고 하나님께 항상 기도하더니

2. 기도는 주님의 명령임

주님께서는 마태복음 7장 7절에서 "구하라… 찾으라… 두드리라"고 명령하셨다. 이 말씀은 "기도로 하나님께 소원(모든 것)을 아뢰라"는 명령과 함께 "그러면 반드시 응답해 주실 것이라"는 약속을 포함하고 있다. 사도들도 쉬지 말고 기도하라고 명령하였다(살전 5 : 17; 벧전 4 : 7).

살전 5 : 17	쉬지 말고 기도하라
벧전 4 : 7	만물의 마지막이 가까웠으니 그러므로 너희는 정신을 차리고 근신하여 기도하라

3. 기도는 성도의 영혼의 호흡임

사람이 육신의 생명을 유지하기 위해 끊임없이 숨을 쉬어야 하는 것같이 기도는 성도가 신앙 생활을 지속하기 위해 계속되어야만 하는 영혼의 호흡이다(살전 5 : 17).

살전 5 : 17	쉬지 말고 기도하라

4. 기도는 은혜를 받는 방편임

그리스도인이 은혜를 받는 길이 세 길이 있다. 첫째, 찬송을 부르는 것(행 2 : 47), 둘째, 기도하는 것(눅 11 : 1-2), 셋째, 성경 말씀을 듣고 배우는 것(행 17 : 11)이다. 찬송과 기도와 말씀은 신자가 하나님의 은혜를 받고 믿음이 성장하는 가장 좋은 방편이다.

그리스도인이 권능을 받고 힘을 얻는 길도 세 길이 있다. 첫째, 하나님을 사랑하는 것(시 18 : 1), 둘째, 기도하는 것(마 17 : 20; 눅 9 : 29), 셋째, 찬송하는 것(행 16 : 25-26)이다. 기도와 찬송과 사랑은 성도가 믿음의 용기와 하나님의 능력을 받는 방편이다.

행 2 : 47	하나님을 찬미하며 또 온 백성에게 **칭송을 받으니** 주께서 구원 받는 사람을 날마다 더하게 하시니라
눅 11 : 1-2	예수께서 한 곳에서 기도하시고 마치시매 제자 중 하나가 여짜오되 주여 요한이 자기 제자들에게 기도를 가르친 것과 같이 우리에게도 가르쳐 주옵소서 예수께서 이르시되 너희는 기도할 때에 이렇게 하라 아버지여 이름이 거룩히 여김을 받으시오며 나라이 임하옵시며
행 17 : 11	베뢰아 사람은 데살로니가에 있는 사람보다 더 신사적이어서 간절한 마음으로 말씀을 받고 이것이 그러한가 하여 날마다 성경을 상고하므로
시 18 : 1	나의 힘이 되신 여호와여 내가 주를 사랑하나이다
마 17 : 20	가라사대 너희 믿음이 적은 연고니라 진실로 너희에게 이르노니 너희가 만일 믿음이 한 겨자씨만큼만 있으면 이 산을 명하여 여기서 저기로 옮기라 하여도 옮길 것이요 또 너희가 못할 것이 없느니라
눅 9 : 29	기도하실 때에 용모가 변화되고 그 옷이 희어져 광채가 나더라
행 16 : 25-26	밤중쯤 되어 바울과 실라가 기도하고 하나님을 찬미하매 죄수들이 듣더라 이에 홀연히 큰 지진이 나서 옥터가 움직이고 문이 곧 다 열리며 모든 사람의 매인 것이 다 벗어진지라

5. 기도는 천국 보고를 여는 열쇠임

성도의 간절한 기도는 천국 보고를 여는 열쇠이다(약 5 : 17-18). 백화점에 있는 물건을 가져오려면 돈을 내야 하지만, 천국 보고에 있는 하나님의 각종 은혜와 복은 오직 기도로써 가져올 수 있다.

> 약 5 : 17-18   엘리야는 우리와 상정이 같은 사람이로되 저가 비 오지 않기를
> 간절히 기도한즉 삼년 육개월 동안 땅에 비가 아니 오고 다시
> 기도한즉 하늘이 비를 주고 땅이 열매를 내었느니라

6. 기도를 쉬는 것은 죄가 됨

사무엘은 자기 백성을 위하여 기도하기를 쉬는 죄를 여호와 앞에 결단코 범치 아니하겠다고 맹세하였다(삼상 12 : 23). 성도는 자신을 위한 기도는 물론 남을 위한 중보의 기도도 해야 할 책임이 있다. 그렇기 때문에 기도를 쉬는 것이 죄가 되는 것이다. 제사장은 다음 두 가지 제사를 드리게 된다. 그것은 자기를 위한 제사(자기의 잘못을 속죄하는 제사)와 백성을 위한 제사(백성의 죄를 도맡아서 하나님 앞에 속죄하는 제사)이다. 이 두 가지 제사를 드리는 것이 제사장의 의무이다. 그러므로 제사장은 매일 제단에 등불을 켜고 분향하며 조석으로 제사를 드리게 되는 것이다.

성도는 영적 제사장이다(벧전 2 : 9). 그리스도를 통하여 제사장의 특권과 임무가 부여된 것이다. 그러므로 성도는 자기 자신과 다른 이를 위하여 항상 간구하고 도고(禱告)하며 기도의 제단을 쌓아야하는 것이다.

> 삼상 12 : 23   나는 너희를 위하여 기도하기를 쉬는 죄를 여호와 앞에 결단코
> 범치 아니하고 선하고 의로운 도로 너희를 가르칠 것인즉
> 벧전 2 : 9   오직 너희는 택하신 족속이요 왕 같은 제사장이요 거룩한 나라요
> 그의 소유된 백성이니 이는 너희를 어두운 데서 불러내어 그의
> 기이한 빛에 들어가게 하신 자의 아름다운 덕을 선전하게 하려
> 하심이라

7. 주님께서 기도의 본을 보이심

예수님께서는 친히 세상에 계실 때에 늘 기도하심으로 큰 본을 보여 주셨다(눅

22 : 19). 예수님께서는 간구와 도고는 물론, 때로는 금식 기도, 새벽 기도, 철야 기도 등 특별 기도도 하셨다(마 4 : 12; 막 1 : 35; 히 5 : 7; 마 26 : 44-45).

눅 22 : 19	또 떡을 가져 사례하시고 떼어 저희에게 주시며 가라사대 이것은 너희를 위하여 주는 내 몸이라 너희가 일을 행하여 나를 기념하라 하시고
마 4 : 12	예수께서 요한의 잡힘을 들으시고 갈릴리로 물러가셨다가
막 1 : 35	새벽 오히려 미명에 예수께서 일어나 나가 한적한 곳으로 가서 거기서 기도하시더니
히 5 : 7	그는 육체에 계실 때에 자기를 죽음에서 능히 구원하실 이에게 심한 통곡과 눈물로 간구와 소원을 올렸고 그의 경외하심을 인하여 들으심을 얻었느니라
마 26 : 44-45	또 저희를 두시고 나아가 세 번째 동일한 말씀으로 기도하신 후 이에 제자들에게 오사 이르시되 이제는 자고 쉬라 보라 때가 가까웠으니 인자가 죄인의 손에 팔리우느니라

8. 성령님께서 기도하고 계심

로마서 8장 26절에 우리 속에 들어와 사시는 성령님께서 우리를 대신하여 기도하고 계시다고 하였다. 이는 성령님께서 우리대신 기도를 하시니 우리는 기도를 안 해도 된다는 뜻이 아니다. 이 말씀의 뜻은 우리가 기도해도 잘못 구하기 쉽고, 또 기도가 모자라기 때문에 성령님께서 우리를 도와 기도해 주시고 계시다는 것이다. 우리를 위해 친히 간구하시는 성령님의 기도에 협력하기 위해서라도 우리는 더욱 열심히 기도해야겠다.

롬 8 : 26	이와 같이 성령도 우리 연약함을 도우시나니 우리가 마땅히 빌 바를 알지 못하나 오직 성령이 말할 수 없는 탄식으로 우리를 위하여 친히 간구하시느니라

9. 예수님께서 기도하고 계심

예수님께서는 우리를 위하여 지금도 하나님 보좌 우편에서 쉬지 않고 기도하고 계시다(마 16 : 19; 히 7 : 25).

| 마 16 : 19 | 내가 천국 열쇠를 네게 주리니 네가 땅에서 무엇이든지 매면 하늘에서도 매일 것이요 네가 땅에서 무엇이든지 풀면 하늘에서도 풀리리라 하시고 |
| 히 7 : 25 | 그러므로 자기를 힘입어 하나님께 나아가는 자들을 온전히 구원하실 수 있으니 이는 그가 항상 살아서 저희를 위하여 간구하심이니라 |

10. 경건의 연습이 필요함

성도는 영성 회복과 영력 충전을 위하여 경건의 연습이 필요한데 금식과 기도와 선한 봉사는 경건의 연습에 있어서 기본적인 행동 강령이다. 성도는 무엇보다도 기도를 계속 반복함으로써 신령한 은혜를 체험하고 풍부한 영성과 영력을 얻게 된다(딤전 4 : 7-8).

| 딤전 4 : 7-8 | 망령되고 허탄한 신화를 버리고 오직 경건에 이르기를 연습하라 육체의 연습은 약간의 유익이 있으나 경건은 범사에 유익하니 금생과 내생에 약속이 있느니라 |

Ⅳ. 기도 생활의 실제
1. 기도하는 요령
1) 기도자가 주의할 점

하나님께서는 성도가 기도를 하면 응답하시겠다고 약속하셨다. 그러므로 신실하신 하나님(신 23 : 19)은 그 약속을 반드시 지키신다. 그러나 이 약속은 참된 기도에 대하여 응답하신다는 것임을 명심해야 한다. 왜냐하면 응답을 받지 못하는 기도도 있기 때문이다. 그러면 기도하는 자가 그 기도가 하나님께 상달되고 응답을 받기 위하여 주의할 점은 무엇인가?

| 신 23 : 19 | 네가 형제에게 꾸이거든 이식을 취하지 말지니 곧 돈의 이식 식물의 이식 무릇 이식을 낼만한 것의 이식을 취하지 말 것이라 |

(1) 죄를 먼저 회개해야 함

기도는 거룩하신 하나님과의 대화이다. 그러므로 기도하는 자는 먼저 자기를 깨끗이 하기 위하여 죄를 회개하여야 한다(약 5 : 16; 사 59 : 1-3; 시 51 : 7). 죄를 품고 기도하면 그 기도를 하나님께서 듣지 않으시며, 따라서 응답도 없다(시 66 : 18; 사 1 : 15, 59 : 1-2; 렘 5 : 25).

약 5 : 16	이러므로 너희 죄를 서로 고하며 병 낫기를 위하여 서로 기도하라 의인의 간구는 역사하는 힘이 많으니라
사 59 : 1-3	여호와는 손이 짧아 구원치 못하심도 아니요 귀가 둔하여 듣지 못하심도 아니라 오직 너희 죄악이 너희와 너희 하나님 사이를 내었고 너희 죄가 그 얼굴을 가리워서 너희를 듣지 않으시게 함이니 이는 너희 손이 피에, 너희 손가락이 죄악에 더러웠으며 너희 입술은 거짓을 말하며 너희 혀는 악독을 발함이라
시 51 : 7	우슬초로 나를 정결케 하소서 내가 정하리이다 나를 씻기소서 내가 눈보다 희리이다
시 66 : 18	내가 내 마음에 죄악을 품으면 주께서 듣지 아니하시리라
사 1 : 15	너희가 손을 펼 때에 내가 눈을 가리우고 너희가 많이 기도할지라도 내가 듣지 아니하리니 이는 너희 손에 피가 가득함이니라
렘 5 : 25	너희 허물이 이러한 일들을 물리쳤고 너희 죄가 너희에게 오는 좋은 것을 막았느니라

(2) 하나님의 뜻대로 구해야 함

기도는 언제나 하나님께서 합의하실 수 있는 내용을 가지고 해야 한다. 그러기에 예수님께서도 겟세마네 동산에서 기도하실 때 "그러나 내 뜻대로 마옵시고 아버지의 뜻대로 하옵소서"(마 26 : 39, 42) 라고 하셨던 것이다.

요한1서 5장 14-15절에 "그를 향하여 우리의 가진 바 담대한 것이 이것이니 그의 뜻대로 무엇을 구하면 들으심이라 우리가 무엇이든지 구하는 바를 들으시는 줄을 안즉 우리가 그에게 구한 그것을 얻은 줄을 또한 아느니라"고 하였다.

⑶ 이웃과 화목하며 기도해야 함

마태복음 5장 24절에 "예물을 제단 앞에 두고 먼저 가서 형제와 화목하고 그 후에 와서 예물을 드리라"하였고, 베드로전서 3장 7절에는 "남편들로 하여금 아내를 귀히 여기고 부부간의 사랑과 화목을 유지하므로써 기도가 막히지 않도록 하라"고 권면하였다.

마가복음 11장 25절에는 "서서 기도할 때에 아무에게나 혐의가 있거든 용서하라"고 하였다(마 6 : 12 참조).

⑷ 개인 기도는 은밀해야 함 (마 6 : 5-6)

기도는 사람에게 보이려고 하는 것이 아니고 은밀한 중에 보시고 갚으시는 하나님께 하는 것이다.

딕 이스트만은 "은밀한 기도에는 내 마음의 골방에 하나님의 은밀한 역사가 따른다"라고 하였다. 은밀한 기도란 형식적이고 습관적인 기도가 아니고 진실하고 실질적인 기도를 의미한다.

마태복음 6장 6절에 주님께서는 "너는 기도할 때에 네 골방에 들어가 문을 닫고 은밀한 중에 계신 네 아버지께 기도하라"고 하였다.

성도의 "골방 기도는 깊이가 있는 기도, 비밀을 속삭이는 기도, 애정이 통하는 기도"라고 했다.

⑸ 중언부언하지 말아야 함

하나님 앞에 기도하는 자는 정신을 차리고 근신하여 정중하고, 경건하게 전심전력으로 자기의 소원하는 바를 분명히 구할 것이며, 횡설수설하며 빈말로 기도하지 말아야 한다. 하나님께서는 중언부언하는 그런 기도를 듣지 아니하신다(마 6 : 7; 벧전 4 : 7; 렘 29 : 13).

마 6 : 7	또 기도할 때에 이방인과 같이 중언부언하지 말라 저희는 말을 많이 하여야 들으실 줄 생각하느니라
벧전 4 : 7	만물의 마지막이 가까웠으니 그러므로 너희는 정신을 차리고 근신하여 기도하라

렘 29 : 13   너희가 전심으로 나를 찾고 찾으면 나를 만나리라

(6) 의심하지 말고 구해야 함

하나님께 기도하는 자는 오직 믿음으로 구하고 조금도 의심하지 말아야 한다(약 1 : 6-7). 주님께서는 우리가 "무엇이든지 기도하고 구하는 것은 받은 줄로 믿으라"고 하셨다(마 11 : 24, 21 : 22; 약 5 : 15).

약 1 : 6-7   오직 믿음으로 구하고 조금도 의심하지 말라 의심하는 자는 마치 바람에 밀려 요동하는 바다 물결 같으니 이런 사람은 무엇이든지 주께 얻기를 생각하지 말라

마 11 : 24   내가 너희에게 이르노니 심판 날에 소돔 땅이 나보다 견디기 쉬우리라 하시니라

마 21 : 22   너희가 기도할 때에 무엇이든지 믿고 구하는 것은 다 받으리라 하시니라

약 5 : 15   믿음의 기도는 병든 자를 구원하리니 주께서 저를 일으키시리라 혹시 죄를 범하였을지라도 사하심을 얻으리라

(7) 정욕으로 구하지 말아야 함

야고보서 4장 3절에 "구하여도 얻지 못함은 정욕으로 쓰려고 잘못 구함이라"고 하였다. 내 육체의 욕망을 채우려고 기도하면 그 기도는 이루어지지 아니한다. 그러기에 우리는 언제나 "먼저 그의 나라와 그의 의를 구하는" 정신과 자세로 기도해야 한다(마 6 : 33).

마 6 : 33   너희는 먼저 그의 나라와 그의 의를 구하라 그리하면 이 모든 것을 너희에게 더하시리라

(8) 강청하는 기도를 해야 함

강청하는 기도는 염치 불구하고 떼를 쓰며 구하는 기도를 의미한다(눅 11 : 8). 성경에 나타난 "불의한 법관과 억울한 과부"(눅 18 : 1-6 참조)의 이야기나 "밤중에

찾아온 벗을 위해 떡 세 덩이를 구한 사람"(눅 11 : 5-8 참조)의 이야기는 강청하는
기도의 좋은 본보기이다.

> 눅 11 : 8   내가 너희에게 말하노니 비록 벗됨을 인하여서는 일어나 주지
> 아니할지라도 그 강청함을 인하여 일어나 그 소용대로 주리라

⑼ 끝까지 낙심말고 구해야 함

기도는 이루어질 때까지 인내하며 낙심하지 말고 구해야 한다(눅 18 : 7; 마
15 : 21-28, 32 : 24-32 참조).

> 눅 18 : 7   하물며 하나님께서 그 밤낮 부르짖는 택하신 자들의 원한을 풀어
> 주지 아니하시겠느냐 저희에게 오래 참으시겠느냐

⑽ 감사함으로 구해야 함

하나님께 기도하는 자는 염려함으로 하지 말고 확신과 감사함으로 소원을 아뢰
라고 하였다(빌 4 : 6).

> 빌 4 : 6   아무 것도 염려하지 말고 오직 모든 일에 기도와 간구로, 너희
> 구할 것을 감사함으로 하나님께 아뢰라

2. 대표 기도자가 주의할 점

1) 평이한 언어를 사용해야 함

회중을 대표하여 기도하는 자는 일반이 알지 못하는 전문적인 용어나 신학적인
용어를 사용하면 그 분야에 조예가 없거나 혹은 신학자가 아닌 사람들은 무슨 말
인지 전혀 알아들을 수가 없다. 대표 기도에서 회중이 알아들을 수 없는 용어를
사용하면 좋은 기도가 되지 못한다(고전 14 : 9-19 참조).

2) 바른 존칭을 사용해야 함

하나님께 기도를 드릴 때 "그대"나 혹은 "당신(you)"이라는 2인칭 호칭이 좋지

않다고 생각하는 사람들이 많다. 헬라어와 히브리어의 2인칭 단수형에는 존경의 의미가 전혀 없다. 그것은 타인에게 말을 할 때 쓰여진 보통형이기 때문이다.

한국어에서도 "그대"나 '당신'은 "~하오" 할 자리에 있는 상대의 사람을 호칭하는 말이다. 그리고 웃어른을 높여서 호칭하는 경우에는 3인칭으로만 쓴다. 우리가 하나님께 기도드릴 때에는 그 시대의 정서에 맞는 언어를 사용하는 것이 적당하며 그 시대에 사용되는 최선의 존칭을 사용함이 마땅하다.

3) 언어의 발음을 똑똑히 해야 함

기도에 있어서 언어의 발음은 중요한 문제 중의 하나이다. 대표 기도자의 발음이 분명치 않으면 회중이 그 기도의 내용을 이해하고 공감할 수 없기 때문이다.

4) 관련성과 적절성이 있어야 함

대표 기도자는 자기가 하고 있는 그 기도가 자신의 기도만이 아니라 자기를 포함한 회중 전체의 기도이며, 그것을 자기가 대표해서 하나님께 구하는 임무와 특권을 부여받고 있다는 것을 명심해야 한다. 그러기에 대표 기도자는 회중 각 개인의 문제, 즉 기쁨과 슬픔, 성공과 실패, 취미와 우정, 유혹과 시련 등을 잘 생각해서 관련성 있는 적절한 기도를 해야 한다.

대표 기도는 회중의 신변에 관한 일은 물론 그와 관련된 분야, 즉 교회나 국가, 지역 사회, 세계 선교 등에 관한 내용도 빼놓지 말아야 한다.

회중에게 관련성이나 적절성이 없는 대표 기도는 실감이나 공감을 가져다주지 못한다.

5) 일반적이면서 상세히 해야 함

대표 기도자는 일반적인 기도말 속에 예배드리는 각자의 감사와 참회와 소원과 헌신을 포함하도록 하여야 하며, 모든 회중의 형편과 처지를 상세히 대변하는 기도를 해야 한다.

6) 기도가 간결해야 함

주님께서 가르쳐 주신 기도문(영어 주기도문)도 불과 70마디로 되어 있다. 기도나 설교, 강연, 예배 등에서 짧아서 문제되거나 나쁜 것은 거의 없다(William Barclay). 시간을 초과하는 것은 서투른 기술이며 부적당한 준비의 결과이다.

시간을 초과하는 것보다는 짧게 하는 편이 낫다고 하는 이유는 인간의 집중력이 극히 한정되어 있고 또 지루한 생각이 들게 하는 것보다는 좀더 듣고 싶다고 생각하도록 아쉬움을 남겨 주는 것이 좋기 때문이다.

3. 기도말 구성 요령
1) 개인 기도의 경우
(1) 하나님께 감사하는 말을 할 것

(2) 잘못을 뉘우치는 말을 할 것

(3) 하나님께 요구사항을 말할 것

(4) 하나님의 은총을 받게 하고 싶은 사람들의 일을 말할 것

(5) 예수님의 이름으로 끝맺을 것(요 14 : 13-14, 16 : 23-24; 엡 5 : 20)

(6) "아멘" 할 것. 아멘은 동의와 확신, 소망의 표시이다. 또 아멘은 그리스도의 이름이며 은혜에 대한 감사와 감격의 표현이다.

요 14 : 13-14	너희가 내 이름으로 무엇을 구하든지 내가 시행하리니 이는 아버지로 하여금 아들을 인하여 영광을 얻으시게 하려 함이라 내 이름으로 무엇이든지 내게 구하면 내가 시행하리라
요 16 : 23-24	그 날에는 너희가 아무 것도 내게 묻지 아니하리라 내가 진실로 진실로 너희에게 이르노니 너희가 무엇이든지 아버지께 구하는 것을 내 이름으로 주시리라 지금까지는 너희가 내 이름으로 아무 것도 구하지 아니하였으나 구하라 그리하면 받으리니 너희 기쁨이 충만하리라
엡 5 : 20	범사에 우리 주 예수 그리스도의 이름으로 항상 아버지 하나님께 감사하며

2) 공적 기도(公的 祈禱)의 경우

(1) 하나님께 감사와 영광을 돌릴 것

(2) 그 모임의 목적을 분명하게 제시할 것

(3) 그 모임의 목적 달성을 위해 간구할 것

(4) 사회자를 위해 구할 것

(5) 설교자를 위해 구할 것

(6) 회중들을 위해 구할 것

(7) 중요한 순서(찬양, 헌금, 축도 등)을 위해 구할 것

(8) 예수님의 이름으로 끝맺을 것

(9) "아멘" 할 것

3) 규례적인 기도의 경우

아침 기도

(1) 지난 밤의 보호와 은총을 감사할 것

(2) 오늘 하루의 일과가 형통하도록 구할 것(중요한 것부터)

(3) 세상의 빛과 소금이 되도록 구할 것

(4) 영과 육을 보호해 주실 것을 구할 것

(5) 가정과 가족들을 위해 구할 것

(6) 예수님의 이름으로 끝맺을 것

(7) "아멘" 할 것

취침 기도

(1) 오늘 하루의 은혜를 생각하며 감사할 것

(2) 오늘 하루의 과오를 반성하며 회개할 것

(3) 오늘 밤 잠잘 때 보호를 하나님께 부탁할 것

(4) 내일 새벽에 건강한 몸으로 일어나 새벽 기도회에 참석하고 유쾌한 하루의 삶을 시작할 수 있도록 해 달라고 구할 것

(5) 예수님의 이름으로 끝맺을 것

(6) "아멘" 할 것

식사 기도

(1) 때를 따라 양식 주심을 감사할 것

(2) 이 음식에 담긴 정성을 먼저 주님께서 취하시기를 구할 것

(3) 이 음식을 맛있게 먹고 건강하기를 구할 것

(4) 이 음식을 먹고 음식에 부끄럽지 않게 살도록 구할 것

(5) 이 식탁을 준비하기에 수고한 손길을 위해 구할 것

(6) 초청 식사 때는 그 가정의 축복을 위해 구할 것

(7) 가난과 기근으로 음식을 못 먹어 주리고 배고픈 이웃들을 위해 구할 것

(8) 예수님의 이름으로 끝맺을 것

(9) "아멘" 할 것

4. 찬송 기도의 경우

(1) 찬송은 곡조가 붙은 기도임

(2) 찬송가 가사는 곧 기도의 내용임

(3) 기도의 내용이 풍부한 찬송을 골라서 부를 것

(4) 기도하는 마음으로 열심히 부를 것

(5) 찬송을 부르다가 기도가 열리면 찬송은 중지하고 기도에 열중할 것

(6) 기도가 안 될 때 기도를 대신 할 수 있는 찬송은 우리 신앙 생활에 매우 유익이 됨

(7) 찬송을 부르는 동안 성령의 감동을 받게 됨

(8) 찬송을 부르노라면 자신도 모르게 기도의 문이 열리는 것을 체험하게 됨

(9) 찬송 중에도 기도 때와 같은 기사와 이적이 나타날 수 있음(수 6 : 20; 행 16 : 25-26).

수 6 : 20   **이에 백성은 외치고 제사장들은 나팔을 불매 백성이 나팔 소리를**

> 듣는 동시에 크게 소리질러 외치니 성벽이 무너져 내린지라 백성이
> 각기 앞으로 나아가 성에 들어가서 그 성을 취하고
> 행 16 : 25-26 밤중쯤 되어 바울과 실라가 기도하고 하나님을 찬미하매 죄수들이
> 듣더라 이에 홀연히 큰 지진이 나서 옥터가 움직이고 문이 곧 다
> 열리며 모든 사람의 매인 것이 다 벗어진지라

5. 기도말 구성에 주의할 점

1) 자연스런 용어를 구사할 것

기도는 우리의 특권이다. 기도는 구원받고 하나님의 자녀된 성도가 성령님께 의지하여 나의 생각과 필요를 예수님의 이름으로 하나님께 아뢰는 것이다. 그러므로 기도말을 구성할 때에는 하나님 아버지께 아뢰올 말씀과 요구 사항을 생각나는 대로 다음과 같은 요령으로 정리하여 서술하면 된다.

(1) 하나님 앞에 자신의 처지와 상태를 있는 그대로 솔직히 말해야 함

(2) 하나님의 긍휼과 자비를 믿고 어떤 어려운 문제도 해결해 주십사고 아뢸 수 있음

(3) 자녀가 부모에게 말하듯 정중하면서도 다정다감한 말로 기도할 수 있음

(4) 자기를 자랑하거나 거만한 말투를 쓰지 말아야 함

(5) 기도는 하나님께 연설하는 것이 아니고, 하나님의 자비와 긍휼하심에 호소하며 자신의 소원을 아뢰고 도움을 청하는 것이므로 겸허한 자세로 해야 함

(6) 기도말을 미사여구로 꾸며서 하나님을 감동시키려 하거나 상투적인 말투나 표현을 쓰지 않도록 해야 함

(7) 기도는 하나님께 아뢰는 말이지 회중들에게 하는 설교나 광고가 아님을 명심해야 함

2) 용어 사용에 주의할 것

(1) 기도에 있어서 "전지 전능하시고 무소 부재하시고 지존 무상하신 하나님"이란 표현은 너무 오래된 용어로서 현대인들의 정서에 맞지 않으므로 피하는 것이 좋음.

(2) 대표 기도 중에 남성이나 여성만을 지칭하는 언어 사용을 삼갈 것이다. 예컨대 "아버지 하나님"은 "창조주 하나님"으로, "아들 예수"보다는 "구주 예수"로, "형제들" 보다는 "형제 자매들" 등으로 보편 타당성 있는 용어를 사용함이 좋음.

(3) 기도 중에 피해야 할 관용어나 잘못된 표현들이 있음을 유의해야 함. 예컨대 "만물의 때만도 못한 이 죄인" 보다는 "죽을 수밖에 없는 이 죄인"으로, "사랑하시는 하나님" 보다는 "우리를 사랑하시는 하나님"으로 표현함이 좋고 말끝마다 "아버지 하나님"을 반복하거나 "간절히 바라옵고 심히 원하옵나이다" 혹은 "구하옵고 구하옵나니"와 "일일이 다 구하지 못하오나" 또는 "구할 것 많사오나 시간 관계상 이만…" 등의 용어는 사용치 않는 것이 좋음.

(4) 성경 구절을 인용하는 것은 될 수 있는 대로 피하는 것이 좋고 "야곱인지 요셉인지 알지 못하오나" 혹은 "그의 사정을 우리는 자세히 알지 못하오나 당신은 아시오니" 그리고 "저같이 부족한 자식이 기도할 자격 없사오나" 등은 피함이 좋음.

주 제 색 인

 예배와 삶의 일치

복음에는 하나님의 의가 나타나서 믿음으로 믿음에

이르게 하나니 기록된 바 **오직** 의인은 **믿음**으로

말미암아 살리라 함과 같으니라

로마서 1 : 17

비전북은 **줄과추** 도서출판 와 **하늘사다리** 가 연합하여 설립한 출판사로서

이 땅에 하나님 나라의 확장을 위하여 존재하며

오직 믿음으로 주님 오실 그날까지 주님을 외치며 꿈과 비전을 가지고

모든 삶의 영역 속에서 예배와 삶의 일치를 이루어 갈 것입니다.

십게 풀어쓴 **기독교 신학**

Ⅳ. 교회와 성례전과 기도

저자 : 박 재 호

발행처 : **비전북출판사**

전화 : (02)3141-9090 / 팩스 : (02)3144-6620

공급처 : **비전북**

전화 : (031)907-3927 / 팩스 : (080)403-1004

값 9,000원

예배와 삶의 일치

복음에는 하나님의 의가 나타나서 믿음으로 믿음에

이르게 하나니 기록된 바 오직 의인은 믿음으로

말미암아 살리라 함과 같으니라

로마서 1 : 17